前　言

到今天，中国现代广告业走过了30多年的历程，中国广告教育事业也在这30多年的历史里留下了自己不断前进的足迹。在这段不算长的时间里，广告业界和教育界相互支持为中国的经济和教育增光添彩。电视广告就是其中发展最快的一个内容，不论在业界还是在教育界，都是如此。笔者从事广告教育十多年，有幸见证了这一过程，很是激动，也特别希望能为广告事业有所贡献。因此，不揣浅陋，撰写了这本关于《电视广告》课程的教材，以供大家参考和批评指正。

《电视广告》课程是广告学专业必修的内容，这几年相关的教材资料已有一些，它们通过借鉴国外的一些参考资料，从不同的角度对这一专业课程进行详尽的阐述，以满足广告专业师生的需要。笔者通过多年的教学实践，较全面地研读了相关教学资料和参考资料，结合不断变化发展的电视广告实践，并针对广告专业学生的需求和认知水平，完成了这本教材的写作，其特点主要有以下几个方面。

一、以案例教学为特色，深入浅出地解读《电视广告》创作的原理

《电视广告》作为一门课程，它本身的创作基础主要是影视理论和广告理论，而学生大学之前没有系统地接触过这些理论，因此，要把这些理论阐述清楚，就必须引用大量的案例材料进行解读，以形象的形式和内容来帮助学生理解电视广告作品的内容与意义。为了更好地发挥这种案例教学的作用，本书所选的案例资料主要是历年来的经典作品和最新作品，如近几年的莫比广告奖作品、广告饕餮之夜的作品、网络评出的有代表性的作品等，并在出版社的网站有相关的教案与视频资料链接，《电视广告》视频课件网址 http://www.cucp.com.cn/WebSites/CMDX/jczl/jxzlxz/，以方便师生使用。

二、渗入新的理论，突出教学与时俱进的特色

广告学本身就是一个综合性的学科体系，与它相关的理论也不少，如心理学、市场学、经济学、统计学等。随着时代的发展，一些新的理论不断出现，这对广告业有一定的借鉴意义。在这本教材的编著中，笔者注重了对新理论的吸收和利用，增添了“电视广告生态学”、“电视广告中的拟态环境建构”、“电视广告美学”、“电视广告的人文创意”等内容，为读者提供了一个思考的新视角和新思路，以此来体现教学与时代同步的现实意义。

三、强调以影视理论为基础，突出电视媒体本身的特色

目前，《电视广告》相关的教材主要有几个不同的重点内容：一是侧重于制作的内容，作者一般是从事过电视广告实际创作工作的人员，他们借鉴美国霍珀·怀特著的《如何制作有效的广告影片》进行编写；二是侧重于广告创意的内容，作者一般是从事广告教学工作的，主要是借鉴一些关于广告创意参考资料；三是侧重于影视理论内容，作者一般是从事过影视创作和影视理论教学的，他们更多是借鉴一些影视理论的相关资料。这三个侧重点都有一定的价值，对电视广告的教学都有不同的意义。

众所周知，电视广告是借助于影视理论来创作的，而这一理论正是学生缺乏的。同时，广告学的专业课中有专门关于广告创意、文案写作、广告设计等课程，这些内容中都会涉及电视广告的部分，如果《电视广告》教材还侧重于从广告创意的角度去写，就不太适合学生的实际需要，而侧重于从实战的角度去写也很难与学生原有的知识基础形成链接。因此，这本教材侧重于用影视理论的内容来解读《电视广告》，但同时也注重突出广告专业的特色，强化专业课程之间的链接关系，以满足广告专业的师生与广告从业者和爱好者的需求。

相比于传统学科，广告是一个新兴的专业，也是一个发展最快、影响最大的专业，教学要保证能对市场发展有所贡献，就必须紧跟市场，时刻保持与时俱进的积极态势，努力培养服务于社会的广告人才，笔者愿为此贡献微薄之力。

愿中国的广告事业明天更美好！

孙会

2012年2月

目　录 Contents

第一章　电视与电视广告概说

本章重点

- 国内外电视广告发展的历程
- 国内外电视广告的不同特色
- 电视广告生态学的内容规律、特征
- 电视广告生态特征和生态规律

电视的出现是电视广告产生的前提，也是人类社会的一项重大进步。在介绍电视广告的发展历程之前，就必须先从电视的沿革说起。

第一节　电视的诞生与发展

电视是以技术作为手段，以画面和声音作为媒介，在屏幕上运动的时间和空间里创造形象、再现和反映生活的一种媒体艺术。它的出现是人类科技进步的结果。

一、电视的诞生与发展

电视的诞生是与19世纪中期的几项重要的科技成果密切相关的。

1.1865年英国工程师约瑟夫·梅发现硒有光电效应，1873年他正式发表了有关硒的光电效应的报告，为电视的诞生奠定了科学基础。

2.1884年德国科学家保罗·尼普柯夫发明电视扫描盘，这是电视机荧光屏的雏形。

3.1923年美籍俄裔工程师左瑞金发明了光电管，为电视摄像机的设计作出了贡献。

4. 1926年1月6日英国科学家约翰·L.贝尔德在伦敦演示了电视画面的完整组合及播送。1927、1928年他将电视画面由伦敦发射到格拉斯加和纽约，以此证明电视画面的长途传递成功。

5. 1930年英国广播公司与贝尔德合作试验成功完成了有声的电视图像广播。1936年英国广播公司在伦敦亚历山大宫建立了全世界第一个公众电视发射台，于11月2日开始了电视节目的定期播出。1930年美国全国广播公司就开始了电视试播。1941年6月17日美国第一家商业电视台成立。1953年以后电视台在美国全面普及起来。

应该说，经过无数科学研究者的不懈努力，到20世纪三四十年代电视进入到成型时代，电视成为一种大众传播媒介。在二战结束后，各国都相继开始了电视的播出。20世纪五六十年代是电视蓬勃发展的时期。

1940年美国无线电公司首先试制成功彩色电视。此后彩色电视、有线电视、卫星电视相继兴起并发展起来。

二、我国电视事业的发展

由于种种历史原因，我国的电视事业兴起较晚。1958年5月1日我国第一座电视台——北京电视台开始实验播出。10月1日上海电视台建成并试播，12月20日哈尔滨电视台建成试播。之后，很多省会电视台开播。但由于当时电视数量稀少，国家经济又处于困难时期，我国电视事业受到限制，没能很快发展起来。

改革开放后才真正迎来电视事业发展的春天。1983年在第十一次全国广播电视工作会议上，为促进我国广播电视事业的发展，确定了实行分级建设、“四级办广播、四级办电视、四级混合覆盖”的方针，极大地推进了电视事业的发展。1992年邓小平南巡讲话后，电视事业进入到飞速发展时期。到21世纪，“村村通广播、村村通电视”已经实现，在全国各大城市有线数字电视已经普及。

第二节　电视广告的兴起与发展

电视广告的兴起和发展是有一个过程的，在国外与国内都有不同的发展历程。

一、国外电视广告的兴起与发展

电视广告是由特定的出资者(广告主)以付费的方式委托广告代理公司创意、制作，并通过电视台播出，对商品、劳务或观念所做的非人员的推销方式。实际上就是：电视＋广告。它是广告客户选择以电视作为传播媒体来向公众传递商业或劳务等广告信息的形式。

国外也称电视广告为CF(COMMERCIAL FILM)，原意是"商业影片"，是指使用电影胶片拍摄的广告，可在电影、电视上播放，国际上通称影视广告，但因在国内它多是在电视上播放，故CF在国内即指电视广告。

还有一种叫法是TVC(TELEVISION COMMERCIAL)，原意是"电视广告影片"，是指以电视为媒体的广告形式。

可以说，电视广告的兴起和发展是与经济和科技的兴盛密切相关的，具体地说是与市场的发展、营销观念的改变及影像设备等新技术的出现不可分割的。正是二战后西方社会的迅猛发展，在市场经济和影像技术上都有突出的成就，这为电视广告事业提供了基础和保证。

1. 1953年前电视广告初创时期

二战后，各国相继发展了电视事业，1953年以美国为代表的西方电视事业进入到一个鼎盛时期。这一时期营销观念主要经历了一个从推销理念走向市场营销理念的过程，电视广告从无到有。其间主要是现场直播式或广播加图片的图解式广告，电视广告处于萌芽期。

概括地说，这一时期西方的电视广告经历了以下几个阶段：

(1)现场演出广告：最初的广告(40至50年代)电视节目只是画面的广播化，播音员通常手拿稿子在麦克风前念广告词，或是由歌手边弹吉他边诉说商品的好处。

(2)影片广告：初期是卡通影片，不过是广播广告的视觉化。由迪斯尼之类的好莱坞制片公司制作，配音是广播广告的录音带内容。

(3)录像带广告：1958年1月录像带广告出现在美国，但不进行剪辑。后来被摄影机摄制和经过后期编辑的广告所代替。

案 例

1952年一家生产STOPETTE除臭剂的客户要求在现场广告结尾一定要有一个以手挤压喷雾头的特写镜头，而且罐头喷出的雾一定要清晰漂亮。李奥贝纳(LEO BURNETT)广告公司为了保证效果，用35mm黑白胶片拍了一条五秒无声影片，这是世界上第一条实景广告影片。播出时它紧接现场表演广告，播音员恰到好处地说："啊！STOPETTE，汗臭全消。"这个广告的拍摄取得满意的效果。

有一种说法认为第一则电视广告出现在1941年7月1日晚间2点29分，纽约市的全国广播公司(NBC)旗下的"WNBC"电视台在棒球赛播出前的10秒钟时段播出了宝路华钟表公司（Bulova Watch Company）的广告。当时的电视广告内容十分简单，仅是一支宝路华的手表显示在一幅美国地图前面，并搭配了公司的口号（旁白）："美国以宝路华的时间运行！"这则广告宝路华仅仅花费9美元。

2. 20世纪70年代电视广告开始进入成熟时期

这一时期利用电影胶片或录像带，通过摄影（像）机的广告影片制作已经成熟。除了在技术上的更新外，广告的创意上更注重消费者的心理和消费观念变化。同时还将广告与各种多样的电视节目结合播出，增强了广告注目率。此时，电视广告已经成为一门具有自身独特语言、创意思想和表现技巧的视听综合艺术，成为真正的广告四大媒体。

3. 20世纪90年代以来，电视广告进入繁盛时期

由于这一时期许多新技术和设备不断涌现，电视广告在制作技术上更先进，表现手法也更精良和巧妙，其艺术感染力和效果越来越理想。同时，远程传播技术也为电视广告的普及传达提供了物质基础，使其传播的空间性更为广阔。在营销理念和广告意识上，这时期社会营销的观念盛行，电视广告表现内容由以商品信息、生活信息为中心变为以社会信息为中心，传达企业的社会观念和人文意识为终极关怀。企业形象广告、公益广告不断增多。可以说在这一时期，无论在创意和表现上电视广告都呈现出繁盛发展的态势。

4. 20世纪90年代电视广告不断创新发展时期

这一时期网络及新媒体出现并迅速发展，改变了传统四大媒体的垄断局面。同时新的技术和理念也在推动电视广告向前发展。在营销理念上，整合营销观念形成，这也为电视广告的发展提出了新的要求和挑战，电视广告在创意和表现上更注重与其他媒体的配合、与整体的广告策略相一致、与长期的营销战略相符合。电视广告进入到一个创新发展的新时期。

二、中国电视广告的兴起与发展

由于多种历史原因，我国电视广告事业的发展有自身的特点，并主要表现有以下几个时期：

1. 初创期

虽然我国在1958年就出现了电视台，但开始在电视上做广告应该是在1979年，这一年是电视广告的春天，也是中国电视广告的新纪元。具体表现是：

1979年1月28日（农历正月初一）17时05分，上海电视台以幻灯片形式首播中国电视第一条广告"参桂补酒"，片长1分30秒。见图1—1。

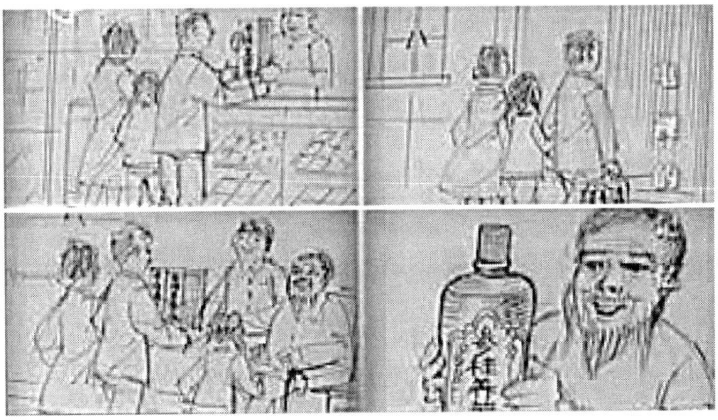

图1—1

1979年3月15日晚，上海电视台播出第一条外商广告“瑞士雷达表”。

案 例

中国第一条外商广告“瑞士雷达表”(15秒)

镜头1:一个外国人正在穿西服系领带。

镜头2:这个人的一只手臂上戴着一块手表。

镜头3:一个外国女士展示她手上戴的一块手表。

镜头4:那个男人正从那个女人身后窥视她手腕上戴的什么。

镜头5:一块雷达手表。

镜头6:一只精美的盒子里装着一块雷达手表。

1979年12月中央电视台在两套节目中开办电视广告业务，各地电视台纷纷效仿，电视广告如雨后春笋般蓬勃发展起来。

这一时期，电视广告基本上是广播广告的视觉化，其内容主要是介绍企业和产品的基本情况。因为经历了一个长期的计划经济时代，企业、市场和消费者处于一种不发育的被动状态下，“统购统销”的经营管理模式让这三者之间没有直接的联系，而改革开放后企业要生存就必须走向市场，主动与消费者沟通，广告成了重要的沟通渠道，这时的电视广告也同样肩负着这一重任。告知式、叫卖式、新闻式广告就成了主要形式。

2. 80年代～90年代中期，以叫卖声为主的、各种形式的电视广告迅速发展

电视广告发展速度惊人，开始是告知式加“获奖式”，金奖、银奖满天飞的时期，之后电视广告开始注重创意，但更多的还是强调理性诉求，因为中国人惯于接受以理服人的说服模式，这类广告就更有市场。

3. 90 年代后电视广告进入到创意阶段

电视广告更注重创意的意义，特别是情感诉求开始为人们所青睐。这时随着电视剧《北京人在纽约》的播出，孔府家酒聘请明星做了“孔府家酒，让人想家”的电视广告，给人以深刻印象。之后多样化的创意和丰富的电视表现让广告更绚丽多彩。

4. 新世纪后，电视广告也进入到整合营销时代

新世纪到来，环保、健康、人权等社会问题不断涌现，市场竞争不断加剧，企业与社会如何协调发展，互利共赢成为广告关注的话题，市场营销和广告创意更侧重于整合营销，密切企业、广告与社会的关系，从更广阔的视角和更长远的发展趋势来建构电视广告的未来。

案　例

中国电视广告 30 而立（2009－2－17 21:07:28）

中国广告起步相比国外起码晚 70 年。但迅猛发展的中国经济从一开始就把中国广告推到风口浪尖，没有也不可能给时间让中国广告平缓稳步发展。于是，人们看到中国广告还没断奶就要学步，正在学步就要飞跑。中国广告 30 年时间所走的路程堪比发达国家 100 年的历程。时代的脚步如飞，这个寄生依附产业一直被催促裹挟着往前走，走到一个眼花缭乱的新局面。

其实，在上个世纪 20 年代，真正意义上的广告事业，已经在上海繁荣异常，鳞次栉比的户外广告牌和灿若繁星的招贴画成了当年十里洋场的标志，但十年“文革”，所有的广告都被定性为“资本主义的生意经”扫进了“历史的垃圾堆”，直到 1979 年 1 月 14 日，上海广告公司广告科 38 岁的丁允朋在《文汇报》上发表了《为广告正名》的文章，称广告并非“摆噱头、吹牛皮，资本主义生意经”，公开为广告辩护。这被看成是新中国广告业恢复的第一声号角，迅即在全国产生了强烈反响。

第一则电视广告，比美国晚了整整 38 年

1979 年 1 月 28 日，在邓小平访美的那天 15 时 05 分，上海电视台宣布“即日起受理广告业务”，并播出了长为 1 分 30 秒的大陆第一条电视广告“参桂补酒”。这一天，距十一届三中全会召开差不多 1 个月。

上海市广告公司原总经理王庆元和上海电视台原广告科负责人汪志诚回忆了广告播出的台前幕后：“原来，上海广告公司负责人有个熟人想推销‘参桂补酒’，而当时上海电视台经费来源完全依靠财政，日子十分艰难，1978 年所得的日常经费比一部电影的摄制费还少。穷则思变，就有些人建议播放电视广告：这既能增加收入，把荧屏节目办得更好，符合为人民服务的宗旨，同时还改变了捧着金饭碗讨饭吃的尴尬局面。

于是，电视台于1月25日向上级部门申请播出广告，没想到报告第二天就批了下来。但是这条广告的播出也几经波折”，上海电视台广告科一位退休老同志回忆道：“广告在当时堪称精美，可就在广告播出前的半分钟，主管技术的一位负责人却以‘要犯大错误’为由，阻止了技术人员。汪志诚则以领导已批准为据，极力坚持，广告终于按计划播出了。”这比1941年美国播出的世界第一则电视广告，晚了整整38年。在国外，电视业与商业电视广告几乎是同步发展的。1920年，美国率先研试电视机，1936年英国开始在伦敦建立第一座电视台，1940年，美国造出了世界上第一台电视，次年，美国的电视广告就开始了，而直到1958年5月1日，北京电视台才开始试播。

广告恢复之初，最兴奋的莫过于外国广告商

1979年3月15日下午6点，“瑞士雷达表”这条外企商业广告在“出卖主权”的非议声中，通过上海广告公司的代理在上海电视台播出了。“由于时间和操作上的诸多原因，这条广告甚至是用英文解说，配以中文字幕。但它却成为中国最早的外企商业广告之一。”上海某广告公司的一位经理告诉《小康》记者。

瑞士雷达表中国区副总裁郑世爵回忆道：“当时中国还没有完全开放，但我们意识到了中国市场的广阔。我们应用了争做市场第一人的‘第一品牌’理论，在没有竞争者的情况下，可以用较少的资源和时间建立很高的品牌知名度。”同一天，《文汇报》也发出了雷达表的广告。在3天内，到上海黄浦区商场询问雷达表的竟超过了700人。

3月20日，《工人日报》刊登了日本东芝的广告，27日刊登了精工表的广告。

7月18日，《人民日报》刊登了《一条广告的启示》：“我们国家这么大，各项建设事业的需要，包括人民生活的需要，五花八门，如果单是依靠行政手段去安排组织，不免挂一漏万；利用市场经济，做一些补充调剂，只会有好处。大有好处的事，何乐而不为呢？”国内广告界和外国广告商均把这理解为《人民日报》的表态，从此，电视广告和纸媒广告遍及全国各大城市，户外广告牌在北京长安街和上海南京路上林立了，中国广告的大门终于被完全打开。

日本《读卖新闻》的记者密切关注着中国变化：“僵化的中国，现在大大解放了”。

在模仿中成长

从1982年起，随着黑白电视机的普及，中国影视广告进入到为期10年左右带有明显模仿特质的发展期。广告人迫切要解决的是“怎样做广告”的问题，老办法“拿来主义”，先模仿再说！而且，国际广告理论和广告公司的进入，也使模仿变为可能。

先成立一个“学会”研究研究

“×厂长×经理携全体职工向×致以亲切的问候！”这是大陆早期广告的普遍模式，很多人把大陆电视广告分为原始期、发展期、初成期3个阶段，昌荣传播机构策略研究总监赵一鹤说：“大陆电视广告是在大棒中开始，在模仿中发展，在兼容中初成的。”

自1979年首个广告播出，到1982年前后，中国电视广告处于稚嫩的原始期。以"信息告白+产品图像"为广告的主要模式，总体上十分粗糙。

那时的广告不仅受到严格管制，还面临"姓社姓资"的政治困扰。日本精工表当时在北京站立了第一块标牌广告，写着："欢迎您到北京来"。谁知，一位归国华侨给全国人大写信，很尖锐地问："我还在中国的土地上吗？他精工表凭什么欢迎我到北京？"

"'文革'没过去几年，大家脑子里还是阶级斗争的那根弦。"贾玉斌回忆道。1980年召开的全国第二次广告管理工作会议规定，报纸广告不得超过八分之一版面，电视广告每晚不得超过10分钟。当时的国家经贸委不知道中国广告协会成立后可以干什么，就让先成立一个"学会"研究研究。1981年2月21日，中国广告学会成立。一年后中国广告协会成立。

"1982年，由日本广告商提供动画片《森林大帝》在央视开播，他们获得了在节目进行30分钟后插播1分钟商业广告的权力，这标志着中国广告业进入新时代，"一位学者告诉《小康》记者："高水准的日本产品广告，给中国的业界上了启蒙课。"

本土化与国际化

20世纪调查显示，全球最流行的三个词分别是上帝(God)，她(her)和可口可乐(CocaCola)。

起初，可口可乐试图凭借亚特兰大版本，采取无差异市场涵盖策略，以美国思维来引导中国消费者，结果未如人意。文化是一个民族的根，可口可乐开始实施广告本土化策略，首先抓住中国传统的"年"文化。在1997至2002年，推出了一系列的"年"广告。选择的是对联、木偶、剪纸等典型的中国情境，通过贴春联、放烟花等民俗活动，把可口可乐这一洋货，融入了中国的传统中。

"一个金发碧眼的可口可乐，经过中国本土化之后，已经变成了黑发黑眼，俨然就是中国的本土产品，这就是可口可乐的聪明所在。"赵一鹤说："据某权威部门调查数据显示，可口可乐连续7年在市场占有率、最佳品牌认同比例和品牌知名度名列第一，中国90%的消费者认识可口可乐。"

"本土化是必由之路，国际化是必然趋势，更精致、更专业是主要特征"，北京电通广告有限公司董事长吴子华认为，这是中国广告未来的走向。

离开老板台，吴子华坐到了记者对面，娓娓回忆：1980年，日本乃至世界最著名的广告公司——电通广告公司进入中国，最早在北京和上海设立了事务所。电通中国事务所的主要业务是为日本企业在中国做"来华广告"。

20世纪90年代，中国广告业进入了快速发展期，日本企业将中国市场列为重点发展方向。北京电通于1994年5月成立。回看电通在中国拓展的进程，几乎与中国现代广告的发展同步。成立初期，北京电通新客户的争取方向还是日本企业。那时候，松下电器、日清食品、丰田香港、花王、佳能等这些拥有良好业绩的客户为初创时期的北京电通做出了重要的贡献。

20 世纪 90 年代中后期，日本经济持续不景气，日本企业来华业务逐渐减少；而中国企业则正在迅速崛起。北京电通重要的业务战略转型开始了——1996 年，北京电通开始着力寻找具有强劲发展潜力的本土企业。联想、海尔等数十家本土企业成为北京电通的第一批客户。至 1998 年，中国本土广告客户的业务量比重达到了 36%。

2000 年，吴子华开始担任北京电通广告有限公司的董事长。这一年，北京电通公司营业额首次进入中国广告业营业额排行前 10 名，本土客户营业额也首次超过日资客户营业额。2001 年，公司营业额进入中国广告业排行前三名。直至 2007 年，北京电通已经连续四年在中国广告业营业收入排名中位居第一位。

"正所谓生而逢时，北京电通广告有限公司赶上了中国广告业的绝佳发展期。"吴子华说，"单就广告行业自身而言，我们这 30 年时间所走的路程堪比发达国家 100 年的历程。"

吴子华总结道，北京电通的发展一方面离不开日本电通的经营方针与服务理念，另一方面，本土化的发展战略以及管理策略才是其得以发展的重要原因。

中国广告市场正在成为全球广告业的战略高地。人们普遍相信，拥有了中国广告市场，就拥有了广告业的未来。安吉斯集团亚太区总裁 PatrickStahle 说：谁想要了解传媒和广告的未来，一定要到中国来。而安吉斯集团的大中华区首席执行官李桂芬接受《小康》记者采访时认为，未来中国广告市场的竞争，将是品牌的竞争。

（资料来源：http://blog. sina. com. cn/zuoshafawang）

三、中西电视广告发展的特色比较

中国和西方的电视广告因历史发展不同、生存背景不同和创意理念不同等，分别表现出自己的特色。

（一）西方电视广告的特点

1. 技术水平高：许多最新的技术手段和设备用于电视广告的拍摄和编辑中，如电脑、非线编、3D 等技术的运用。

2. 创意水准高：西方广告的创作主要受市场的影响，创意的思路和理念更为广阔和开放；另外它的创意历史也长，有一定的发展基础。

3. 可视性强：强调受众的主体性，综合运用视听元素，突出电视广告的特色。

4. 情感诉求为主：注重对受众情感的影响，在电视广告中以情感元素为主。

5. 受众文化素质高：由于广告发展时间长，受众文化水平与对广告的认识水平高。

(二)国内电视广告存在的问题

电视广告的发展水平和特色与市场的发育、企业的成长、消费者的成熟都有密切的关系,可以说由于种种原因,我国电视广告起步晚,发展中存在着许多问题:

1. 无创意的简单叫卖多:由于种种原因,市场的效果与广告的质量常常不相符合,简单无创意的叫卖广告不少,而这也限制了广告的发展和创新。

2. 创意与商品定位不相符:有的电视广告片面追求市场的效果和创意的新奇性,导致创意与商品的定位不相符。

3. 没有一贯的广告策略和创意主线:一时即兴的创意更多,缺乏广告战略的规划和长远的考虑,使商品广告不能呈现出自己的特色。

4. 注重一点而忽视促销的主题:广告与商品的整体促销策略不相符合,广告与其他促销策略脱离。

5. 没有深厚的文化底蕴:广告创意和表现缺乏文化的支持,对西方广告的学习往往停留在表层上。

可见,我国电视广告的发展过程中,还存在着一些不尽如人意的问题和缺陷,这也正是广告人今后努力的方向。

第三节　电视广告生态观

在生态学的视角下,对电视广告的重新审视,即是电视广告生态观。所谓生态学是研究生物和人与环境之间相互关系及其互动规律,研究自然生态系统和人类生态系统的结构和功能的一门科学。电视广告生态学就是用生态学的观点和方法来探索和揭示企业、广告、社会、自然四者之间的相互关系及其变化的本质和规律的科学。

一、电视广告的生态构成

电视广告的生态构成,分为宏观和微观两大系统。

1. 宏观系统

这主要包括:政治、经济、文化、广告竞争环境、市场环境等。

(1)政治背景:这是电视广告生存和发展的政治前提,主要包括与广告、企业、市场和消费者相关的政策、法规、国家发展的大政方针、战略规划等,它从政策层面给电视广告以促动与影响,对整个广告的生态环境有一定的制约、规范、导向作用。因此,这也是电视广告创作者必须研究和认识的重要内容。

(2)经济基础:这是电视广告发展的根本动力和根源,经济与广告直接相关,它的发展模式、经营状态和经营成果直接影响整个广告事业的生存现状与未来前景。它是整个广告生态环境生存状态和发展态势的决定因素，它的好坏直接影响广告的生态环境。如在我国长期的计划经济模式下，广告就成为一种没有生存基础的现象，自然也就失去了存在的必要。因此，电视广告的制作者对经济发展的趋势和现状要十分清楚，以便更好地为广告事业服务。

(3)文化底蕴：广告的创意和表现都离不开文化底蕴，"广告与文化是一种相互作用的双向关系，从人类生态学的观点来看，广告与文化的作用是双重的：广告反映了不断变化的文化，同时，反过来也改变了文化"。美国广告人迪诺·贝蒂也曾指出："如果没有人做广告，谁能创造今天的文化？你又能从哪儿为文化活动找到比一种广告媒介更生动的宣传方式呢？"广告创意本身是在一定的文化背景下产生的，它通过研读消费者、商品、市场存在的特定文化环境进行创意，而由此产生的广告文化又成为文化的一个部分，广告与文化交织在一起。因此，在分析和解读广告的生态环境时，文化是深层的、必然的、不可或缺的因素。

(4)广告竞争环境：是指在同类行业的广告中形成的竞争市场。如手机行业，各种不同的品牌手机广告在电视上展开竞争的态势，这对电视广告整体的生存和发展有一定的影响。目前我国的电视广告竞争主要表现出同质化严重的问题，这是生态环境中不良的现象，是一个亟待解决的问题。

(5)市场环境：与广告生存最直接、最密切的相关因素就是市场，市场的发育、生存状态、前景都会直接反映在广告中。同时广告也在一定意义上影响和引导着市场的发展，广告与市场之间的互动关系是对广告生态环境有直接意义的。

2. 微观系统

它主要包括受众、电视、广告人、广告主、广告商品及广告作品。

(1)受众：是指电视广告的接受者，也是电视广告企图直接影响并促其完成消费行为的目标人群。在电视广告的生态系统中，受众是广告效果的最终评判者，对广告的生存与发展有最终的影响意义。

(2)电视：它是电视广告的媒体，与广告之间互惠互利。一方面，电视广告为电视提供经济支持；另一方面，电视为广告提供传播渠道的支持。同时，电视节目制作的好坏也直接影响广告的收视率，电视台要将电视节目做得更专业、可视性高、影响力大才会吸引更多的受众和广告客户。同时广告从经济上大力支持电视的发展才会使电视台有能力不断创新和引入新的节目，增加收视率。

(3)广告人：即广告公司，它是电视广告生态环境中的主体环节，广告人要不断有新的创意和作品才能提升广告效果，保证广告客户赢利，也就保障了自身的生存和发展。

(4)广告主:即广告客户,这是决定电视广告存在与发展的关键因素。广告主的投资是电视广告制作和播放的资金支持,而他对电视媒体的选择则要看电视媒体的收视率和媒体特色。

(5)广告商品:这是电视广告中的主角,是整个生态环境中的核心要素,产品质量好、性价比高,是广告成功的根本所在。而产品不好,广告好,那必是虚假广告,而电视台一旦播出这样的广告,必会影响企业形象,损害受众利益,导致广告制作者受到社会的谴责而最终失去受众的信任,这就破坏了整个生态系统的平衡。可见企业生产好的产品是保证整个生态系统维持平衡状态的前提和基础。

(6)广告作品:电视广告就是广告人的作品,它一旦流入社会就已经被纳入到整个广告的生态环境中。它主要从创意和表现两个方面影响生态环境的好坏。如一个广告作品本身创意缺乏文化底蕴,表现上也很低俗,自然会遭到受众的抵触,影响市场效果,从而导致广告主利益受损,同时也会直接影响电视台的形象和收入。

总之,在一个完整的电视广告生态环境中,每个要素都有不同的意义和影响力,只有将它们有机地整合为一个平衡系统,才能有序地运行。

二、电视广告生态特征

电视广告的生态特征具体表现为以下几方面。

1. 整体观

即指所有的构成要素有机地结合为一个整体,电视广告中的所有构成元素:广告主、广告制作者、广告产品、广告受众、广告作品、广告市场环境等有机地组成一个整体。每个元素都会对整体产生不同意义上的影响,并最终形成一个整体性的功能特征。

2. 互动观

即指所有构成要素间相互依存,密切联系,分工协助,互惠互利。电视广告中的构成元素呈网络化、动态化构建模式,表现出"牵一而动万"的特征,也许是一个不起眼的元素发生了变化,整体电视广告就可能会发生不一样的功能效果和品质特征。如同样的电视广告作品在不同的区域就会产生不一样的效果,原因就是受众元素发生变化了。

3. 平衡观

电视广告的发展是一种动态的平衡发展,即随着生态环境的变化而发生变化,以保持平衡。而要保持这种平衡就必须做到以下几点:

一是各要素平等,各种电视广告平等,任何一个电视广告都没有不同于其他广告的特权;二要不断创新,推动广告的动态平衡发展态势;三是倡导绿色,即要具备无污染、优质生态的标志，电视广告要传播绿色的、有生机活力的信息，反对和禁止黄色、不文明、不健康、不环保的垃圾广告播出；四是提倡多元发展，避免同质，反对抄袭和无创意、无新意的模仿、重复。电视广告是一个相对平衡存在的整体，如果有元素发生变化，就会打破现有的平衡，影响广告的效力。但这种平衡是一种动态存在的，如果总是墨守成规地保持平衡，也是对它的一种破坏。如广告市场发生变化了，但广告本身还保持静态平衡，这就会使原本有效的广告失去原有的市场效力。因此，广告一定是在发展中寻求平衡，在平衡中创新发展。

4. 循环观

电视广告是处于一个循环发展的状态中，这主要可以从以下几个方面理解：

(1)连锁性：各元素之间有连锁关系，相互影响，形成一种链条式的关系。

广告主⟷广告人⟷广告媒体⟷广告受众⟷广告商品⟷广告主。

(2)流动性：电视广告有一个产生、发展、衰落、消失的过程。

(3)衰减性：广告信息也是信息的一种，其变化呈现出衰减性。

电视广告在经历这种循环过程中，也不是原地的、不变的重复。它应该是根据市场的不断发展变化，保持持续上升式、螺旋式的循环态势，以保证其效力的永存。

三、电视广告生态规律

根据生态规律的特征内容，分析电视广告生态规律主要有以下几方面：

(一)广告生态位规律

生态位是指一个生物在群落和生态系统中的位置与状况，而这种位置和状况决定于该生物的形态适应与特有的行为(包括本能行为和学习行为)。一个生物的生态不仅决定它生活在什么地方，而且决定于它干些什么，即生态定位。相对于广告而言就是广告定位。

在广告资源竞争激烈的时代，为了推进广告的发展，促进更好、更有创意的广告出现，尽量避免同质化趋势的加剧，依据广告生态位规律，广告公司应该考虑以下策略：

1. 生态位分离策略，避免广告同质

生态位分离策略是指两个以上广告物种在争夺并不丰富的同一生态位时，要避免高强度的竞争，针对不同生态位序列或层级所蕴涵的资源量所采取的合理规避、彼此分离甚至彻底剥离的竞争机制和手段，其主要竞争方式有：广告信息内容的分化、广告形式的分化、广告与其他营销方式结合方式的分化等。在目前这种产品同质化严重的时代，广告同质化也不容忽视，许多广告从创意到表现如出一辙，使原本很有创意的广告也让人厌烦。因此，强调广告生态位分离是很有意义的理念，也是确保广告有效性的原则和策略。

2. 生态位整合策略，提高广告资源的利用率

生态位整合策略是指广告公司要品牌化经营，集团化动作，在整个广告生态环境中确定自身的生态位，众多广告公司最终的竞争结果必是重新组合、优势发展，规模大的、有实力的广告公司要对小的广告公司进行整合，组建有一定竞争实力和前景的大公司，使广告行业呈集团化发展的趋势，避免不必要的竞争和资源耗费，提高有限的广告资源的利用率，这也是国外广告行业发展的经验，值得借鉴。

3. 生态位细分策略，明确广告定位原则

生态位细分策略，就是指根据广告主、广告产品的特点、消费需求的内容、竞争市场的情况等，按不同层次和目标进行广告市场细分，使每个电视广告都有自己的不同定位和特色，吸引不同的受众群体，达到不同的目标效果。

4. 生态位创造策略，强调广告要创新，不断开拓新的生态位

这一策略是指广告人要在研究市场、产品和消费者的前提下，避免制作众多雷同、模仿和无创意的广告，给自己的广告寻求一个“空白”，创造一个属于自身的发展空间。如许多方便面广告都在强调口味，而“五谷道场”就从另一个角度提出“非油炸的”概念，让消费者很容易从众多质同而无法选择的方便面中，选出这一个独特的品牌。因此，广告要勇于创新，不断开拓新的生态位，这样既可以避免同质化竞争的加剧，又可以让品牌给消费者以深刻印象，强化广告的效果。

以上所说就是广告生态位的策略，它们都是要实现一个广告在生态环境中确定自身生态位的目的，也是广告向前发展的策略。

(二)生物钟规律

每个生物都会有自己的生物钟，即生物本身会随着自然界春去冬来、日出日落、月圆月缺等节奏性的循环往复运动而发生改变。同样，广告也具有时间性，如广告的季节变化，即广告会随着不同的季节有不同的内容和信息，如冬天卖暖气、保暖内衣、羽绒服、加湿器等，夏天就换成空调、冰箱、防晒霜等，不同的节日来临，广告也会变化，而且有时节日必需品的广告会集中出现，如元宵节中的元宵、端午节的粽子、中秋节的月饼等，这些都表现出广告的生物钟规律。

(三)最小量规律

在电视广告的创作中，有许多的产品优势及相关信息需要让消费者知道，但是突出核心信息、注重 USP 策略的运用是一个重要的原则。因为电视广告的时间有限，一般只有十几秒的时间，而要在这么短的时间内，达到让受众看到、记住并产生购买欲望的目的，实在是要在所传达信息的选择上多下工夫。最小量的信息会使它的冲击力表现最强。因此，最小量规律在电视广告中的体现就是以最小量而最具冲击力的信息来表

现，以求达到最佳效果。

（四）适应性规律

广告本身是时尚的体现和领导者。适应环境的变化去不断地满足消费者的心理需求，就是一个始终不变的原则。如手机消费中，消费者现在已经开始有了明显的需求分化：年轻人以时尚、上网、听音乐、玩游戏为主要需求，而中老年人则以实用、接打电话、字体大、声音响等为主要需求，这样电视广告在传播产品信息时就要考虑到不同消费群体的心理需求特点，分别进行有的放矢的宣传，而不是像过去一样没有任何区别地做一般性的产品信息广告，一定要在广告中突出产品特色，如音乐手机、3G 手机、智能学习机等产品，这样才会有更准确的目标定位，才会有更好的广告效果。

思考题：

1. 通过学习国内外电视广告发展的不同历程分析其表现的特色及形成原因？
2. 电视广告生态中的构成元素有哪些？它们之间有什么关系？
3. 电视广告生态特征和生态规律有哪些？

第二章　电视广告的特色和分类

本章重点

- 拟态环境与电视广告的关系
- 电视广告的媒介特色及广告特色
- 电视广告不同的表现形式及各自的特色

了解和认识电视广告的特色和分类，是深入剖析、学习和创意电视广告的前提，也是从整体上把握这一学科内容的关键。

第一节　电视广告的特色、优势及劣势

电视广告以其特色和强大的优势成为最有效的广告形式，剖析和研究电视广告的这些特点，是科学地进行广告创意的前提和基础。

一、电视广告的特色

借助电视媒体的强大优势，其广告表现出自身的许多特色。

(一)从电视媒体的角度看，电视广告具有视听综合媒体的特色

电视媒体依靠它的技术支持，集视听效果为一体，表现出独具特色的优势：

1. 电视广告视觉冲击力强

电视广告通过画面逼真地展示商品的外观、质地、使用方法等信息，并可通过高科技手法展示商品的构造、原理和效能等内容，它的传播效果使受众的文化程度、生活地

域和年龄经历不受限制。它能调动受众的所有感官和情绪，以声音和画面来吸引广泛的受众关注。

2. 电视广告的现场感强

电视广告可通过形状、色彩、文字、语言、音效、动作等丰富的形式对人们的视觉、听觉和运动觉同时进行刺激，容易使人产生身临其境的感受，具有很强的现场感，能大大缩短与受众的心理距离。

3. 电视广告的传感性强

与电影相比，电视接受环境现场感与传感性强，电影具有分离感，也不能及时互相讨论和传播信息，这样，电视广告的收视环境更利于受众的理解和接受。

案　例

CHEER 洗衣粉广告·洗脏手帕篇

画面中首先出现一位男士，站在一个桌子前，桌子上放着一袋 CHEER 洗衣粉和三个杯子，一个杯子有水，一个杯子有冰块，还有一个空杯子。只见男士从上衣口袋中掏出一块洁白的手帕，在自己的鞋底上擦了擦，然后举起来让大家看清楚上面已经有手掌大的黑印。然后，他又将脏手帕放在一个空杯子中，先把另一个杯中的水倒了一些在手帕上，又将冰块取出一些放入有手帕的杯中。接着，他将桌子上的 CHEER 洗衣粉倒入杯中，并用手盖住杯子的口，另一只手用力晃动杯子，一会儿从杯中取出那个脏手帕，这时手帕已经白净如初了。最后出现广告语。整个广告过程简单而明确，洗衣粉的强力洗涤效果通过屏幕上清晰的画面展示出来，让人有如亲临现场、亲自试验的感觉，加上广告语的点题，效果显著。这样的广告在电视上播放，家庭成员一起收看，互相评说，自然会相互影响和感染，增大了广告的促销意义。

(二)从艺术审美的角度看，电视广告是艺术审美和功利实用完美地结合

电视是创作主体按照审美的规律对客观世界予以艺术地把握，即艺术地通过充满动感、充满活力的美学形态对物质世界和感情世界的审美关照。电视将声音和画面融为一体，构成交相扶持、互为补充的符号系统。电视广告正是充分运用了这一媒体优势，将广告信息融入其中，从而创意出艺术审美与功利实用相结合的传播方式。

案 例

央视推出的形象电视广告：相信品牌的力量《水墨篇》（见图 2－1）

图 2—1

水至柔，然后以柔克刚

——央视广告部推出“相信品牌的力量”新形象片《水墨篇》

近日，中央电视台广告部推出由广而告之广告公司创意、著名广告创意人莫康孙担任艺术指导、享誉欧洲的德国顶级视觉效果导演 Niko 亲自操刀的“相信品牌的力量”新形象片《水墨篇》，获得众多观众和业界的广泛好评。

有形世界，无限创意

该片采用中国传统水墨元素，运用极强的画面表现力，将大气的中国传统的水墨画，与现代的动画技术结合，通过一滴墨在水中晕染开来，不断变幻为连绵起伏的山峦，生动有形的游鱼，腾飞而起的祥龙，万里长城、太极舞者、动感有力的列车等给观众带来极具中国特色的视觉冲击，完美地诠释了“从无形到有形，从有界到无疆”的创意内涵，揭示“相信品牌的力量”主题。

艺术指导莫康孙：中国传统水墨画与现代的动画技术结合，赋予中国文化以新的生命力。将古代文明（艺术，建筑等）通过灵动的水墨与现代社会（科技）有机串联，突破时间和空间的界限，配以雄浑的交响乐，产生出一种崭新的、富有和谐社会精神的力量，令人耳目一新，同时很好地诠释了“从无形到有形”的理念。品牌的建立本身就是一个从无到有的过程。从无形的概念，到有形的资产，品牌的发展无限壮大，所以，我们有理由相信品牌蕴含着无穷的力量。

导演 Niko：非常自豪能有机会为中央电视台制作如此伟大精美的作品，它将古老的东方艺术与先进的现代科技完美结合，整部片子有机的融合了古老的东方文明和现代文明让人感到鼓舞、振奋！

创意总监周嘉鸿：我们希望找到一种震撼的方式来阐述国际化背景下中国品牌崛起的力量，经过创意团队多次的头脑激荡，我们《水墨篇》的表现风格别出心裁，以水墨这一中国典型的元素，融合太极的武术韵味，表现中央电视台“相信品牌的力量”的理念。我以为，创意思想的深处，其实是对于柔与刚的辩证关系的深刻把握。“水至柔，然后以柔克刚”。大象无形，大音希声，至柔则刚。中央电视台的优势尽人皆知，品牌的力量也毋庸置疑，但是当力量与优势以柔性的方式表达时，恰恰表现了一种中国式的博大与气度。而这种气度是正在实现品质提升的央视需要的。选择了中国传统的水墨作为视觉符号，辅以极具震撼力的动态视觉表现，带给观众一种油然而发的力量感。片中无论是鱼幻化为仙鹤还是龙转换为长城，还是太极和鸟巢以及城市的出现，无不带领着观众进入一个神奇的视觉世界，感受强烈的视觉刺激的同时，也真切感受到中国品牌的力量！

大象无形，与企业共舞

在今年评出的全球500强名单中，中国企业频现身影。它们正在或者将要以全新的姿态亮相在国际舞台上，正好印证了“相信品牌的力量”的理念精髓。虽然这只是中央电视台的形象宣传片的一句广告词，但这家国内最有影响力的电视媒体的胸怀与我们企业的抱负不谋而合。而它们在打造中国有影响力的品牌之路上的携手更让我们记忆深刻。2005年，中央电视台广告部创新提出“相信品牌的力量”理念，并配合主题需要制作第一部形象片《超越梦想，不是梦想》，激发企业树立品牌意识，为品牌梦想而奋斗。它表达出了千千万万企业的心声，梦想永远在前方，但它也在我们自己手中。

2008年中国北京举办奥运会，这是企业百年难遇的好机会，在这个搏击场上，考验企业的耐力、毅力和智慧，没有谁能随随便便成功。央视提前一年，也就是在2007年就推出“相信品牌的力量”新形象片《号角篇》，鼓舞企业抓住奥运机遇，在人生赛场上，为赢得梦想拼搏冲刺！与企业共舞，在企业打造品牌的马拉松的跑道上，央视不仅摇旗呐喊、擂鼓助威，更加亲身参与了这场动人心魄而又富有魅力和激情的“战场”。

2009年，大到国家，小到个人，更是进入了一个全新的轨道。在各种不确定和观望的氛围中，央视再次起航，开始大踏步地与国内企业一道实践着国际化的战略突围。在这种大背景下，中央电视台继续擎起“相信品牌的力量”大旗，并且试图以全新的角度和韵律探索国际化的规律。《水墨篇》正是反映这一思想的全新之作。这部囊括了国内顶尖创意人和国际顶尖制作班底的广告片已于8月底在中央电视台黄金时间与广大观众见面。

精心才能缔造精品，《水墨篇》将古代文明（艺术，建筑等）通过灵动的水墨与现代社会（科技）有机串联，突破时间和空间的界限，配以雄浑的交响乐，产生出一种崭新的、富有和谐社会精神的力量，令人耳目一新；同时很好地诠释了“从无形到有形，从有界到无疆”的创意内涵，而品牌的建立，本身就是一个从无到有的过程；从无形的概念，到有形的资产，到品牌的发展无限壮大。任何有“界”的平台，都未有“无疆”之境界深远。任何“有形”的广阔，都莫如“无形”的包罗万象。广告片中随着墨在水中晕染成不同形态，中国龙、长城、太极等等体现中国文化的元素一一呈现，山峦、大海也将我们带入更加广阔的天地，大相无形却更加有穿透力。这种胸怀也正是当下很多企业的内心独白和写照。

——中国广告杂志社社长兼主编：张惠辛

资料来源：《中国广告》2009 年 10 期

（三）从传播学的角度看，电视广告是通过再现真实与建构拟态环境的统一来传播信息的

拟态环境是传播学的概念，它是美国著名专栏作家、新闻工作者李普曼在其名著《舆论学》一书中首次提出的。他把由大众传播媒介所塑造的符号式虚拟环境称为“拟态环境”。此说源于柏拉图的“洞穴理论”——“那些缺乏哲学的人可以比作是关在洞穴里的囚犯，他们只能朝着一个方向看，因为他们是被锁着的；他们的背后燃烧着一堆火，他们的面前是一座墙。在他们与墙之间什么东西都没有，他们所看见的只有他们自己和他们背后的东西的影子，这些都是由火光投射到墙上来的。他们不可避免地把这些影子看成是实在的，而对于造成这些影子的东西却毫无观念。最后有一个人逃出了洞穴来到光天化日之下，他第一次看到了实在的事物，才察觉到他此前一直是被影像所欺骗的。”这个影像在传播学里就是拟态环境，囚犯就好比受众，火光好比是大众媒介。在消费现实中，消费者不可避免地生存在两个世界中：即上帝创造的第一个世界（现实世界）和大众传媒创造的第二个世界（拟态环境或说媒介环境）。

视像是对现实的再现，但它是通过建构拟态环境来再现这种“真实”的，实质上是一种“媒介环境”，实际上，屏幕上的视像只是用一种类似于我们感知世界、解释世界的方式来再现现实世界的，它只是“真实”世界里部分事物的一种“主观”映象，它是一种被电视节目的制作者以一定的方式程式化了、符号化了的人、物和事件。

也就是说，电视所呈现的是一种被加工过的真实，即拟态环境。电视在真实现实与拟态环境之间搭建一个桥梁，这也是电视传递信息的方式。而电视广告都是借助于不同的物质手段，通过逼真的画面、诱人的语言、多变的色彩，形象地展示不同创意所建构的各种消费拟态环境，概括地说主要有以下情况：

1. 问题——需求环境

这是广告通过设置生活中的问题来针对消费者的需求，推出自己的产品或服务，常见于功效明显的消费品，如医药、化妆品、洗涤用品等。在一则洗衣粉广告中，再现

生活中常见的困境——一个家庭主妇正在为很多难以洗干净的污渍发愁，这时产品出现，画外音介绍产品的成分及功效，最后是主妇用这种产品后十分满意的样子。在这种模版化的广告中，拟态环境是一种生活的再现，针对的是消费者对去污的实际需要，让消费者感受到产品功效的强大，从而促成消费者的认可和选购。

2. 感知——情感环境

这是通过设置一种特定的环境或意境来表达一种情感，以此吸引消费者的注意和兴趣。它常见于情感诉求广告中。如统一牦牛肉面的电视广告，镜头中有喜气洋洋的藏族孩子、古朴而有特色的藏族民居、环境优美的藏族风情等，每个镜头都是西藏风情的表现，从而让消费者感受到产品特有的西藏味道。这种广告所设置的拟态环境是通过多个客观的自然景观累积，为受众营造出浓浓的西藏风情，这种方式直接针对受众的情感心理，不需要更多的理性诉求。

3. 信念——态度环境

电视广告通过设置一种拟态环境，让受众感受到产品或服务带给自己的信念，从而形成积极的态度。它常用于表现企业形象和企业文化的内容。如奶制品的广告中，把产品原料、生产线、检验等环节，用多个镜头来表现，塑造出一种原料绿色、生产先进、检验严格的信念，帮助消费者建立对这种产品的信任态度，影响其消费决策。

4. 想象——超我环境

弗洛伊德认为，人格结构由“本我”、“自我”、“超我”三部分组成。“本我”即原我，是指原始的自己，是一切心理能量之源。“自我”，即指“自己”，是自己可意识到的思考、感觉、判断或记忆的部分，“超我”则是人格结构中代表理想的部分。它是个体在成长过程中，通过内化道德规范，内化社会及文化环境的价值观念而形成，其机能主要在监督、批判及管束自己的行为，“超我”的特点是追求完美。在现实的消费活动中，人们会通过对消费对象的理解来实现或表现自己的理想，展露“超我”的一面。电视广告通过模特的消费感受，来展示消费后所呈现的自我实现的梦想。它常用于旨在传递某种消费观念和精神感受方面的内容。如在福特蒙迪欧“世界就看我的”广告中，将产品定位于“时尚、优雅、沉稳，一个成功人士的工作和生活伙伴”。在创意表现上更是侧重于感性诉求，以“世界就看我的”为主题，分别推出“世界，看我怎么走”、“世界，看我耀世之美”和“世界，随我自在”的系列广告，从而达到引起消费欲求的目的。

当然，以上只是常见的几种情况，电视广告中所设置的拟态环境会随着时代的发展不断创新并日益丰富。

值得一提的是，电视中建构拟态环境的手法就是利用蒙太奇技巧和镜头语言，它可以打破时间和空间的自然连续性，创造出有别于生活原貌的时间与空间，可以运用各种摄影技巧和特技摄影，纵横驰骋，从而使所创造的屏幕形象与生活原貌之间产生差异，甚至变形。

案　例

剑南春电视广告·千年酒篇

这则广告由几组镜头构成：第一组镜头是一个青铜的提梁酒壶（字幕：提梁酒壶，绵竹出土。古筝演奏的音乐）、一个陶塑的古人（字幕：调酒师，绵竹出土），解说词：千年之物。第二组镜头是一只酒壶（字幕：白釉凤头酒壶，绵竹出土）、一只酒灌、（字幕：唐三彩龙系象嘴酒罐，绵竹出土），一张发黄的古代地图由远及近呈现出来，地图上的蜀地绵竹，有一片金黄色的麦地和一片住房（字幕：绵竹），解说词：千年之城。第三组镜头是一本古书呈现（字幕：唐国史补），一排酒罐，上面写着："剑南春"，另有旗穗在风中摆动。解说词：千年之育。第四组镜头是一个"贡"字、一群身着古装的男人，解说词：千年之人。第五组镜头是一个酿酒的过程……解说词：千年敬一业，千日酿一春，唐时宫廷酒，盛世剑南春。

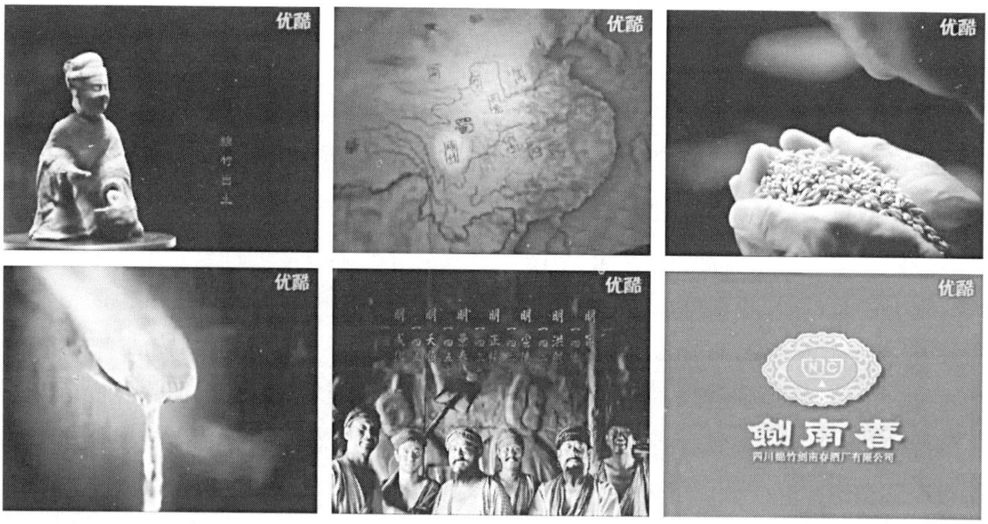

图 2—2

整个广告中就是通过一幅幅历史画面来建构出一个产品的特色情景：古代的文物、古代的书、古代的地图、古代的城市、古代的人物、古代的贡酒等等，让人们从这种拟态的电视环境中体会剑南春酒悠久的历史和高档的品味，以激发其购买欲望。见图 2－2。

综上，与其他形式的广告相比，电视广告的优势是突出而强大的，这就使它能够在很短的时间内成为四大传媒中重要的广告形式。

二、电视广告的优势及劣势

相比较而言，电视广告既有优势也有劣势，广告主在选择广告形式的时候要根据这些不同的特点，结合自身的情况和产品的特色来进行选择。

（一）电视广告的优势

从电视广告的特色中，可以看出它的主要优势有：

1. 视听合一，形象生动，感染力强

即电视广告能够通过光波和声波，将信息生动逼真、声画俱现、动态形象地传播出去，给受众以全方位、多感官的刺激，以达到极强势冲击力和感染力。这也是印刷广告、静态广告等无法比拟的。

2. 通俗易懂，覆盖范围和受众面广

电视广告声画并茂，对受众的接受程度和理解程度没有太多的要求，所以受众的文化水平、经历体验都不受限制，范围广泛。同时随着电视技术的普及，电视接受区域广泛，这也使它的受众面更为广泛。

3. 播出方式灵活多样，“随意性”强，广告播出效率高

电视广告的播出形式灵活多样，既可以单独播放，也可以借助其他节目来传播，如插播广告、随片广告、植入式广告等，这也就提高了广告播出的频次和效率。

电视广告的收视环境多是在社会的细胞——家庭中，它的内容多是推介一些日常消费品，因而它就像是连接家庭消费与外界市场的一座桥梁，不断提供消费信息，以满足家庭生活和各成员的需要。同时，在这样的收视环境非常有利于受众感受广告所设定的消费情景，更有利于受众就广告及产品进行及时的交流、沟通，使广告影响面广泛而深远。

而电视广告的“随意性”强是指它在传播时所处的随意性背景和受众环境，包含了方便、亲切、轻松的感觉，它的家庭化和日常化特征，正是能拥有全球性观众数量的根本原因所在。而心理学表明，人们在这种轻松的、亲切的环境中更容易接受外来的信息刺激，由此更有利于广告效果产生。

4. 连续播放，强化效果

电视广告的播出是可以在不同的时间、频道或节目中重复、连续地进行，甚至一个广告在一个高收视率的节目中会多次重复播出，这虽然有可能让人们对此产生抵触和不适，但它在强化广告的记忆效果、认同与接受效果上有积极的意义。

综上，电视广告以其强大的媒体技术支持，表现出极大的优势，这是企业在进行产品广告策划和选择媒体时必须考虑的重要因素。

(二)电视广告的劣势

任何事物都有正反两个方面的特点，电视广告虽然有极大的优势，但它同样有不可忽视的劣势。

1. 时间短，传播速度快，不易记忆

电视广告的时间一般有 5 秒、10 秒、15 秒，最多的也不超过 30 秒，即电视广告一闪即逝，是一种瞬时信息。同时，由于受众接受电视广告是在被动状态下开始的，所以多是在广告一开始还不知道广告所要宣传的内容是什么时，广告就演完了，这使广告的记忆效果差。

2. 被动、强制接受，受众卷入度低，容易产生厌烦感

电视广告的播出频繁，随意性强，特别是电视剧正在播出中的插播广告使受众处于被动接收状态。同时，受众多是不愿意收看广告而又不得不在收看其他节目时被强制性收看，人们常在广告时间换台，这就影响了电视广告的收视效果，并导致受众对广告的卷入程度低，容易产生厌烦感。

3. 电视广告的制作及播出的费用高，中小企业难以承受

电视广告从拍摄到播出有一个过程，这期间需要的场地、演员、技术人员、设备、后期制作及播出时间等，都要用资金购买。要是用胶片拍摄或在黄金收视时间内播出的费用更高，因此与其他的媒体相比较，电视广告的费用要高很多，这不是一般中小企业能承担的。

4. 电视广告中的信息含量有限，不太适合理性说服

电视广告的时间有限，其信息含量也只限于重要的内容，而对一些需要详细介绍原理、结构、功能等的产品就不合适。同时，电视作为视听媒体，它更长于表现感性诉求的内容，不像杂志、报纸更合适理性说服的需要。

总之，在广告媒体的选择和策划时，既要考虑到电视广告的优势，也不能忽视其不足，只有对它进行全面的认识和理解才能确保理想的广告效果。

第二节　电视广告的分类

分类是对一个事物进行细致深入了解的关键，电视广告的分类标准很多，一般常见的主要有以下几种分类情况：

一、依据诉求方式分类

可以分为理性诉求电视广告、感性诉求电视广告及感性与理性相结合的电视广告。

(一)理性诉求电视广告

1. 理性诉求电视广告的含义

它是指在电视广告中采用理性说服的方式来传播所要宣传的信息,如企业的理念、产品的特色、使用产品的方式、服务的特色等,是一种以理服人的创意思路。

2. 理性诉求电视广告的策略

理性诉求电视广告要有理论、有证据地全面论证企业或产品信息,它既要能给受众一定的商品知识,提高其判断商品的能力,促进其购买;又要能激发受众对广告本身的兴趣,从而提高广告的效果。从心理学的角度分析,理性的电视广告诉求策略可以从以下几方面内容着手:

(1)提出产品的利益点

广告必须能说出产品的利益点,即产品能够为消费者带来的好处。

(2)说出消费者的需求点

就是要在广告诉求中,从消费者的角度出发,找到他们的需求点进行说服。

(3)提供充足的论据

要让消费者信服就不仅要提出重要的购买理由,还要有充分的说服材料,以此达到以理服人的效果。

(4)运用双向信息交流,增加可信度

广告因有“王婆卖瓜”的嫌疑,所以在诉求时要尽量避免太多的商业气息,多增加让消费者可信服的信息内容,即在广告中不要只从产品一方去诉求,而要能从消费者的角度去考量,双向的信息宣传才更有可信度。

(5)将理性广告情感化

即使是理性广告,其用词和语气也不能过于生硬、生涩、生僻,甚至让受众感到广告在教育人,给人以压力,这样容易让人产生逆反心理。因此,要注重在广告中融入情感,增加人性化的信息,以达到理想的效果。

案 例

竹林众生牌双黄莲口服液电视广告

画面中出现一个年轻妈妈正在整理孩子玩具的场景,并独白道:“我们家的小神童呀!”接着一个打喷嚏的声音,妈妈焦虑地问道:“感冒啦?”又一个画面出现一个正在厨房的男士说:“我们家的重点保护对象。”接着一个打喷嚏的声音,男士焦虑地问道:“啊! 感冒啦?”之后产品画面出现,广告词:“竹林众生牌双黄莲口服液,纯中药治疗感冒、咽痛,小孩、孕妇也适用。绿色的全家。”画面中随后出现“绿色盾牌、全家安心”的广告语。

这则广告主要从理性诉求的角度来影响受众，核心主题就是绿色，并以中药制剂、绿色、孩子、孕妇都适用、全家安心等理性诉求凸显这一特色，从而打动受众的心。这种广告方式对于药品消费这样严肃的事情具有很好的宣传效果。

3. 理性诉求的方法

理性诉求的方法很多，主要介绍以下几种：

(1)哲理性诉求

即通过诉说哲理来促使受众理解并购买广告中的产品或服务。

案 例

安踏电视广告·让世界的不公平，在你面前低头

广告以世界各类明星运动员与我国各类运动员的训练镜头进行平行比较，展示出我国运动员在没有国外运动员那么优越的物质条件下，艰苦训练，并以拼搏、奋进的精神，用汗水和泪水、毅力与坚持在世界竞技中同样取得骄人的成绩的情况，从而表明一个人生哲理：你没有他的天赋、你没有他的条件、你无人喝彩……世界，不公平？但你有梦想的权利，让心跳成为你的宣言，让疤痕成为你的勋章，让世界的不公平在你面前低头！

图 2—3

这则广告通过形象的画面语言，讲明一个哲理——有理想、有毅力、能坚持就能创造奇迹，这也是广告对企业理念的传达，让受众感受到产品的文化品位和价值意义。见图 2-3。

(2)劝诱

即劝说诱导,是在诉求中突出商品的功能和优点,以此满足受众的需求点和利益点。

案 例

娃哈哈健康花草茶·杭白菊电视广告

广告以黄色为主色调,并以2004年亚洲小姐吕晶晶为广告人物,画面有杭白菊、熏衣草和娃哈哈花草茶产品,字幕及广告词是:“杭白菊清新怡神,熏衣草舒缓身心。一口轻松自在,两口美丽滋养,三口海阔天空。娃哈哈健康花草茶。”

图 2—4

这则广告突出了产品的功能和优点,满足了消费者对产品的认知需求。见图2-4。

(3)告白

即直接向消费者诉说广告产品与服务的情况、特性及对消费者的利益点,动员消费者去购买。

案 例

新碧浪洗衣粉电视广告

广告画面以阳光下晾晒的衣物为背景,以一个巨大的碧浪产品为主体元素,广告词是："新碧浪洗出透亮如新，创新洁净剔透，蓝色能量条结合绿色离子，让衣服天天干净如新。新碧浪五星级洁净……"

图 2—5

整个广告直接向消费者表明了产品的特点是能够创新洁净，让衣服天天干净如新。因为它有蓝色能量条结合绿色离子，这就是典型的理性诉求广告模式。见图 2-5。

(4)对比

在广告的诉求中将多种产品进行比较，但一般为了不违背广告法规，大都是用自己的新旧产品进行比较。

案 例

新盖中盖高钙片电视广告·张少华篇

广告一开始就是张少华拿着药品对镜头说："要说补钙，还得是新盖中盖牌高钙片。现在买，厂家还多送咱 6 片，每盒加量 20%，加量不加价，真实惠。"

这则广告以新旧两种产品的对比为诉求点，用朴实、真诚的话语突出新产品的优势，吸引受众的关注。见图 2-6。

图 2—6

(5)类比

即先找到产品或服务与相关的事物存在的共通之处，再通过“以此喻彼”的方式来传递信息的电视广告。如冰红茶为了体现它的冰爽常用冰山、冰块等元素来进行形象、直观的比对。

案　例

ARISTON 海量洗衣机电视广告

画面从人们把脏衣服放入洗衣机开始，音乐声中，各种衣物在洗衣机中就像是大海中的各类生物：自由飘动的海藻、到处漫游的海鱼、色彩缤纷的海洋植物让人目不暇接。

图 2—7

广告中充分运用类比的手法，将洗衣机的海量特色逼真地展示出来，给人以形象化的印象和审美的体验，从而也强化了广告的主题和记忆效果。见图 2-7。

(6)证明

即在电视广告中通过实验、示范的方法来证明其效果，从而达到让受众信服的目的。

案 例

(美国)ISUZU电视广告

镜头1:一位男士对着镜头说:“ISUZU车速如飞,这听起来像是在撒谎。”他边说边拿出一只手枪,向前方射出一颗子弹。(嘭的一声)

镜头2:他迅速跑向一辆停在旁边的汽车,并说道:“但,请看!这辆车时速可达1000公里。”他上了车,并启动。

镜头3:子弹在空中飞驰。

镜头4:车中的男士正在车上照镜子、整理头发,并做出鬼脸。

镜头5:车轮飞速而驰,掀起一片尘土。

镜头6:子弹仍在空中飞驰。

镜头7:汽车飞驰而追。

镜头8:子弹仍在空中飞驰。

镜头9:汽车从各种障碍物中迅速穿过。

……

最后,汽车一加速超过子弹,男士停下车并从车上下来,用牙咬住飞来的子弹,并说道:“现在你知道了吧。”

这则广告就是以证明的方式,用射出的子弹与汽车的速度相比较,来证明车速之快。情节形象逼真,并赋以悬念、紧张的心理情绪,引起受众好奇和兴趣,同时也不失幽默的表现,给人以深刻印象。

综上,理性诉求的电视广告主要是理性的论证和说明,但它也有许多灵活运用的形式,随着广告的发展,它的形式会更多。

(二)感性诉求电视广告

即指以情感说服的方法,运用视听综合媒体的优势,依托感人的故事情节来传递信息的电视广告,是一种以情感人的创意思路。

案 例

三菱汽车电视广告·回家的路

画面以一个办公室的女士在现代都市忙于办公的情景开始,女士一边工作一边在给父亲打电话:“爸爸,我这个礼拜可能没办法回家了耶。对呀!对呀!比较忙呀!”这期间镜头闪回到过去,这个女士上小学的时候,爸爸骑自行车来接她回家的情景。接着，女士的声音以画外音的形式出现，镜头是父亲骑车带她回家的田间路上，一段动情的音乐同时响起。“爸爸的背是我回家经验里最深刻的记忆。每次回家的路上一定会经过的那个糖炒福利社，我记得那里冰棒的味道，像父亲背的味道。……他总是坚持要接我回家，后来我在台北念书放假回家，他也一定要来接我……”。镜头中相继出现女主人公在自行车的后座上逐渐长大的画面，最后镜头又拉回到现实的办公室，女士对着电话说：“喂，阿爸，我明天想回家。……不用啦！不用啦！我买车了。”画外音：“我第一次开车回家，快到家前，看到爸爸还是坚持来接我。”画面中一辆汽车奔驰在田野间，到了那个福利社门口，年迈的老父亲还是骑自行车来那里等着她啦！女士心疼地责怪道：“我说不用你来接我呀！会等多久呀！”接下来画面是父亲在前面骑自行车，后面是女士开车紧随。画外音：“我想他是怕我忘了回家的路吧。”镜头再次闪回到女士小时候，爸爸骑自行车带着她放学回家的镜头，广告语：“三菱汽车，全省 164 个家，欢迎你随时回家。”

图 2—8

这则广告在网上被誉为“最感人的广告”，在广告中，动情的音乐和动人的场景让人久久难忘。整个广告没有一句理性诉求，没有一点儿对产品本身的阐述和论证，完全依靠感人的情节来增大广告的吸引力和产品的附加值，所针对的受众也正好是有这样生活经历的一个群体，真不愧为一则最感人的广告。见图 2－8。

人类的情感是多方面的，在电视广告中要充分调动受众积极、美好的情感，抑制其消极、压抑的情感，因为积极、美好的情感能使人敞开心扉，接受信息更快、更多。相反，人们处于压抑、消极的情感时，容易封闭和禁锢思想，从而拒绝或反对所感知的信息。

(三)感性与理性相结合的电视广告

感性与理性相结合的电视广告是指在广告中既有以理说服的内容,也有以情感人的情节,常常是借助情感打动人的心理,再以理性的内容说服人去完成购买行动,这种广告形式现在用得最多。

案例

英特尔电视广告

英特尔生产车间里,清脆的音乐声中,广告语出现:"听全新英特尔迅驰处理器正说话呢!"这时车间里,不断展示英特尔生产线的镜头。同时,以拟人的手法引出一段对话。

男:嗨!你说去哪儿看电影最过瘾?

女:海边呀!绝对抢风头!

男:海边?

女:当然啦!能随时随地看高清电影,有45厘米的纳米技术,还能秀本本的苗条身材呢!哇!海滩见!

男:嗨!急性子!

这时广告词出现:让你和你的笔记本电脑一路超越。全新英特尔"迅驰",强劲的电脑核心。

整个广告中,以情感交流的语言为声音内容,以理性的产品生产线为画面内容,运用声音蒙太奇的手法,在理性中交织情感,在情感中体现理性,让受众既看到了生产的高科技情景,又聆听了有趣的对话,把产品的诉求放在对话中,把产品的生产放在画面中,更容易在轻松的氛围中感染受众,传达广告主题。

以上这三种形式是电视广告最常见的,是电视广告创作时主要的参考形式。

二、依据制作类型分类

电视广告可以分为现场直播广告、电影胶片广告、电视录播广告、幻灯片广告、字幕广告和电脑合成广告。

1. 现场直播广告

即把现场情景用电视摄影机和转播设备,直接送到观众的电视机屏幕上,观众看到的和现场发生的是同步。这类广告省钱、省工、省时,而且时效性强,但往往难以实现预期目标，最终效果不好把控。这是电视广告早期播出时的方式，主要是由于设备和技术条件限制的原因，后来就不使用了。

2. 电影胶片广告

即 CF，用摄影机将拍摄内容记录在 35mm 或 16mm 的电影胶片上，经过洗片、转磁（即把图像转到录像带上），即可在电视台播出。电影胶片广告的画面层次丰富，色彩还原性好，光效理想，宽容度也高，但价格昂贵。

3. 电视录播广告

用专业电视摄像机将广告内容拍摄在录像磁带上，再转到电视台的播出带上播出的广告。这种广告可以直接编辑，即时在电视台播放，制作过程简单，还可以做一些特效处理，或重新补录一些内容。

4. 幻灯片广告

即用专业照相机将信息内容拍在底片上，制成幻灯片，或将信息内容绘在纸上，再拍成幻灯片，拿到电视台播出的广告。这类广告画面上的照片或图画静止不动，可以加上字幕、音乐、画外音。它的优势是制作时间短，简便灵活，投资少，播放及时。单独使用不如其他的广告形式效果好，如和其他方式一起，效果更好。

5. 字幕广告

即将广告内容以字幕方式叠印在正播映的节目画面下方、边侧或其他不影响画面的角落广告。这类广告伴随节目的进程随时播映，灵活方便，常在不经意间影响着受众，不太容易造成受众的抵触心理。但在字幕的设计上要注意出字方式和字数多少，否则会影响广告效果。

6. 电脑合成广告

即采用电脑技术制作的广告片，拿到电视台播映的广告。这类广告主要是创意和技术的结合，它可以充分发挥人的想象力，打破时空限制，创造出许多神奇的效果，从而提高了电视广告的审美性和艺术性。

三、依据发布方式分类

电视广告可以分为贴片广告、插播广告、角标广告和植入式广告。

1. 贴片广告

即指随着节目连带播出的广告，这要先取得随片播出的资格。它的形式还可以分为冠名广告、赞助或特约播出广告、节目广告。冠名广告是指取得了电视台播放某个节目的冠名播出权的广告，这个节目可以是一个固定栏目，如“今日说法”由某某企业或品牌冠名播出；也可以是一个大型演出或连续剧，如元宵晚会由某某企业或品牌冠名播出；或是电视剧《大长今》由某某企业或品牌冠名播出等。赞助或特约播出广告是指广告主提前购买或赞助了这个节目的编播费用，也是一种企业或品牌的名称与节目名称一起出现的广告，有时这种广告中的企业或品牌名称统一放在节目最后，或是在节目中间插播，从而以多种方式减少观众收看时产生的厌烦心理。如“今麦郎面提醒您收看天气预报”，这样的形式普遍地使用。

2. 插播广告

即指穿插在一个节目或电视剧播出中的电视广告，这种广告常常是在一个节目播出一段时间后，看到它的收视率高，受众面广，才购买插播的时间资源，这种广告方式对广告主来说有更多的选择余地，很受企业的欢迎。

3. 角标广告

即在一定的时间内挂在电视屏幕的右下角的广告形式。

4. 植入式广告

即在一个节目播出时标明的广告形式，如有的新闻节目播出时，主持人用的电脑上注明“联想”，或出现字幕“主持人服装由李宁服饰提供”等。此外，电视剧中也会植入各种产品或服务的广告。

总之，现在的电视广告形式越来越新颖多样，这也是电视广告长期发展的结果。

四、依据画源性质分类

有实景式广告、动画式广告、实景与动画结合式广告和借用影视作品式广告。

（一）实景式广告

即指广告中拍摄的画面都是现实中的真实场景，其特点是现场感和真实性强，特别是一些宏大的场面很有震撼力，会给受众以深刻的印象。

案　例

（英国）LEVLS 501 牛仔裤电视广告

两个年轻人开车行进在出游途中，女士在旁边无奈地指了指汽车上的表盘，示意正在开车的男朋友，车要没油了。于是，小伙子把车靠路边停下来。他下了车，走进一家典当行。他先是拿出来一块手表，老板仔细看看后，摇摇头表示不收。他又从裤子后兜里掏出一副墨镜，但老板依旧摇头拒收。他很失望地向门外走去，这时老板突然叫住他，用手示意他可以用他的牛仔裤来典当……一会儿他走到车前，手中拿着钱向女朋友示意。可当他打开车门时，女朋友才发现他只穿了一条衬裤，他却摆出无奈的样子，女朋友开心地笑着……尾镜出现 LEVLS 501 牛仔裤及广告语：“有独创性的东西总是很抢手的。”

这则广告是以实景拍摄的效果来表现的，给人以真实而可信的感觉。

（二）动画式广告

即指运用电脑特技制作的动画效果来传递广告信息，其特点是更灵活，更有吸引力和趣味性，比较适合少儿类的产品广告。

案　例

法国依云矿泉水超级抽象动画电视广告·快乐的小水滴

在 we will rock you 的极富节奏的乐曲声中，一个可爱的抽象动画小水滴从一杯水中跳出来，开始了它的生命历程。它穿过一片花丛、滑过一块香皂、淋过一阵风雨，又经历了分离与整合、烈日的暴晒与寒冷的冰冻、冰山上的冻结与平锅里的沸腾……路上还遇到自己心爱的另一半，两个小水滴很快结合，并生下一群更小的水滴，在小水滴的带领下，全家快乐地走在生命的旅程中……

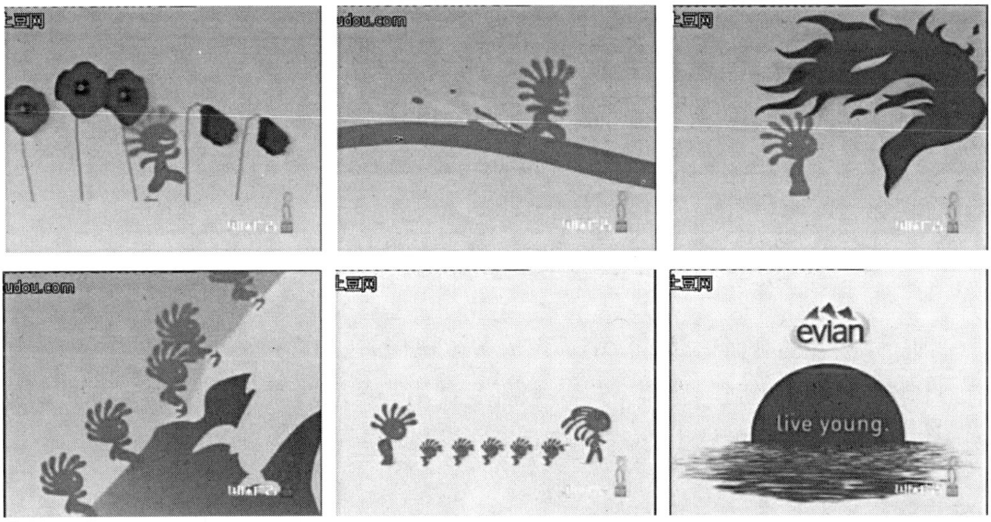

图 2—9

整个广告充满活力、快乐，体现出对人生的乐观态度，无论生命中经历了什么，都要快乐地生活下去。广告中可爱的、夸张的和抽象的、拟人化的小水滴形象，给人留下深刻印象，激发起人们对生活的热爱、对人生的思考，同时也体现出产品的天然品质和无处不在的快乐本性，给人留下美好印象。见图 2－9。

(三)实景与动画结合式广告

即指广告画面是既有实景拍摄的，也有动画制作的；或是在实景中就出现动画的形象。其特点是趣味性强，个性特色突出，易引起人们的好奇心和记忆效果。

案 例

惠氏奶粉电视广告

一个爸爸抱着孩子在沙发上坐着，孩子叫了声："爸爸！"爸爸高兴地说："儿子叫我爸爸了！"这时另有一个爸爸在沙发上看着自己的孩子说："你真幸福！他只会说波波，把我叫成这样。"画面中随着孩子一声："波波！"这位爸爸头变成了一个大足球。接下来一个画面是一个妈妈，她的头是一个向日葵，也在沙发上哄着自己的孩子说："唉！我这个看到什么都喊花花。"这时，孩子喊了一声："花花！"接着，头是台灯罩、西瓜、鱼缸的年轻父母们都坐在沙发上说道："我们岂不是更惨。"而另外两位头是鸡蛋的父母说道："总比我们的儿子强。他什么都不会说。"这时那位会叫爸爸的孩子和爸爸在沙发上很是开心，爸爸说道："幸亏你会叫爸爸。"画面出现惠氏动画小萝卜人物。广告语："惠氏金装幼儿乐，全港唯一加入AA和DHA的幼儿成长奶粉，有金装级营养，小朋友沟通能力高些，发展更理想。"

广告中动画与实景交织在一起，既体现了真实性，又充满了趣味性，利于引起人们的好奇心和注意力，激发了人们的消费情感。

(四)借用影视作品式广告

即指广告片的画面全部是借用了现成的影视作品，并将产品信息放置其中或其后。其特点是吸引力强，关注度高。一般都是借用一些刚热播过的大片，这样更容易引人注目和增强广告的感染力。

案 例

美的电视广告·山楂树之恋篇

广告从电影中男女主角一起骑车的画面开始，接着，他们手牵手来到一颗山楂树下，男主角从树上摘下一些山楂，手捧着送到女主角面前……画面中出现一台冰箱，画外音："爱她，就给她新鲜的。美的冰箱，品味精致生活。"

图 2—10

由于电影《山楂树之恋》刚热播不久，影片及男女主角都在人们头脑中留下极深的印象，广告借用受众对影片的心理情结和熟悉感，将产品能保持新鲜的品质形象而顺畅地表现出来，让人难忘。见图 2－10。

五、依据广告目的分类

可以分为公益电视广告、商业电视广告及商业与公益相结合的电视广告。

1. 公益电视广告

即指以服务于公益事业为目的，区别于商业性的目的，传递公益思想和理念，受众面更广泛，社会意义更突出，广告主题涉及各种公益活动或理念，如环保、健康、文明等多个方面。

案 例

公益电视广告·妈妈洗脚篇

广告中一位年轻妈妈正给自己的小孩子洗脚并讲故事，孩子坐在床上手里拿着书，高兴地笑着。当妈妈给孩子洗完脚后，端起洗脚盆对孩子说："妈妈待会儿给你讲。"说着走出房间。一会儿孩子看见妈妈又提了一桶水走进另一间屋子，他便好奇地走出来跟在后面，接下来画面出现妈妈正在给一位老人洗脚，老人心疼地说："劳动一天了，该歇歇了。"妈妈说："没事，不累。"孩子倚在门口看见了这一切，自己便去打来一盆水，并吃力地端着，水随着孩子的走动不断从盆中溅出，最后画面出现了小孩子给妈妈洗脚的情景，画外音："其实父母是孩子最好的老师。"字幕："将爱心传递下去。"

图 2—11

整个广告以孝敬父母、言传身教、传递爱心为主题，体现出中华传统文化中值得传承与学习的亲情元素，通过一个简单而平凡的广告故事，以最平易、最纯朴、最直白的方式达到了公益广告感人、育人的效果。见图 2－11。

2. 商业电视广告

即以商业为目的的电视广告，主要是促销或宣传企业形象两个方面的信息，但最终是以赢利为目的的。

案 例

某品牌啤酒电视广告

镜头 1：一个身穿黄袍的男人，在四面山体环抱的一片平地上，伴着音乐声，大声唱着："啊！啊！"并用手指向远方。

镜头 2：这个男人后面来了一群和他穿一样衣服的男人们，一起唱着。

镜头 3：大家在那个男人的带领下向前走去。

（字幕：It's a big ad. ）

镜头 4：又一些穿白色长袍的男人们加入到前行的队伍中，一起唱着，向前走去。

镜头 5：又一群穿红长袍的男人们，大声唱着，向前走去。

（字幕：Very big ad.）

镜头 6：远方那群身穿黄袍的人们正向前走着。

镜头 7：远方那群穿红袍的人们也正向前走着。

（字幕：It's a big ad we're in。）

镜头 8：成群的、穿着白袍子、红袍子、蓝袍子、黄袍子的人们正在向一处聚来。

（字幕：My God is bag. Can't believe how bag it is! ……）

接下来大家一起向前跑，越过障碍，最终聚集成一个庞大的图案，从空中看上去是一个人的上半身正在喝着啤酒，穿黄袍的人们正好就像是从那个人口中流入到身体中的液体。最后，人们手中举起满杯的某个品牌的啤酒。

（字幕：Made from Beer）

这则广告被网上评为超强创意的巨型广告，它的所有镜头都是强调一个主题："巨大，"以此达到广告的唯一目的——促销商品，这是典型的商业广告。

3. 商业与公益相结合的电视广告

即在电视广告中既传递了企业或产品的信息，又表达了社会公益的某种主题思想。现在常见的形式是在公益广告结束时，凸显企业或产品的信息。如哈药六厂赞助制作的公益广告"给妈妈洗脚"，就是在广告结束时推出"哈药六厂"的字幕，并辅以光效。这种广告的优势就在于它能通过对公益主题的提倡或关注吸引人们的注目，继而传递出商业信息，不会像一般的商业广告那样商业气息很浓，能消除受众一些抵触情绪，同时还能体现企业或产品自身的公益立场或观点，对其形象宣传也是有益的。

案 例

农夫山泉电视广告·"农夫山泉有点儿甜"

广告中出现一个系着红领巾的小学生杨蕾，她用一种平静的声音说出自己的"心愿"："我叫杨蕾，今年十一岁，我长大想当一名老师，我想上学。因为我家里的钱不够，上学，妈妈没有给老师钱。"画面出现大山的背景，画外音："一瓶水，一分钱，每喝一瓶农夫山泉，你就为水源地的贫困孩子捐出了一分钱。"字幕："一瓶水，一分钱，帮助水源地的贫困孩子。"镜头又出现杨蕾："我一定要好好读书。"画外音："饮水思源，农夫山泉。"字幕："饮水思源，感恩水源地人民，农夫山泉。"

这则广告以水源地山区一个贫困孩子的处境打动了受众的心，同时也体现出农夫山泉的生产企业对水源地人民生活现状的关心，展现了回馈社会、热心公益的企业形象，产品、企业、公益事业很顺畅地通过广告画面、语言和情境融为一体，清纯而自然，平淡而感人，没有造作与虚情，是一则不可多见的好广告。

综上，电视广告形式很多，并将不断地发展和创新。在进行电视广告的策划时，要根据广告的目的来选择，以期达到预定效果。

思考题：

1. 拟态环境与电视广告的关系是什么？
2. 电视广告的媒介特色及广告特色是什么？
3. 电视广告不同的表现形式及各自的特色有哪些？

第三章　电视广告的创作语言——影视语言

本章重点

- 影视语言的特点
- 蒙太奇的概念、分类及表现形式
- 镜头拍摄与运动镜头的内容
- 景别的类型及心理效应

电视广告因为借助了电视这一媒体，它的创作语言更多是运用了影视语言的手法和技巧，也就是说学习电视广告的创作语言，就是对影视语言的学习和理解。

第一节　影视语言的特点及构成

一、影视语言的特点

学习影视语言就是要探讨和解读这一语言方式如何突出主题思想、构成逼真的形象、传达完整的理念等内容，这首先要了解影视语言的特色。

1. 具象性和直观性

不同于文字语言，影视语言是一种具体的形象语言，可视性、可听性强，更为大众化、普及化，但缺乏理解度和理性深度。它是一种变深奥为轻松，变理性为感性的表现方式，同时它的导向性更强，主观性意义更大，完全不同于文字语言所导致的"一千个人眼里就有一千个哈姆雷特"的艺术效果，它更强调直接的、直观的、即效的感官冲击效果。如马致远的《秋思》和李白的《静夜思》，这样的文学作品可以被画家画出不同的情景，也会让人们联想出不尽相同的情景。但如果用画面表现，可能就只是确定的一种情

图 3—1

图 3—2

景，影视作品同样具有这样的特点(见图 3—1、3—2)。

影视语言更重要的一个特点就是它可以突破时空限制，可以把人的回忆、想象、现在和未来一起视觉化，使其效果超出其他一切艺术形式。

2. 运动性和现实性

影视艺术就是“活动照相机”。运动是与影视语言与生俱来的特点，马赛尔·马尔丹曾说：“首先，无疑是运动，正是这种运动使最早的电影观众看到树叶在微风中摇晃或一列火车向他们直冲而来时的惊叹不已。为此，运动正是电影画面最独特和最重要的特征。”

摄影机或摄像机具有客观记录现实的作用和“物质现实的复原”功能，可以为观众制造出一种真实的现场感，从而成就了影视语言这一特点。

3. 民族性和世界性

影视语言从画面构图、色彩、光影、表现技巧及后期剪辑都要考虑民族特色。但同时影视语言又可以冲破局限，而为世界观众所接受。

二、影视语言的构成

影视语言的构成主要有三部分：

1. 视觉部分：即屏幕画面，这其中包括人物、背景、字幕等可视的画面部分。

2. 听觉部分：即屏幕中出现的可听的部分，它包括语言、音乐、音效和音响。

3. 语法形式：即蒙太奇。这是影视语言的语法构成方式。

以上这三部分是影视语言不可或缺的内容，也是电视广告的构成元素。

第二节　电视广告的语言构成方式——蒙太奇

电视广告语言是影视语言，那么这些语言的构成方式也是影视语言构成的重要方式——蒙太奇。因此，学习和掌握蒙太奇的理论和技巧就是更好地运用电视广告语言的重要途径。

一、蒙太奇的概说

蒙太奇是影视语言的结构方式，是重要的影视创作概念，目前它不仅是一种艺术手法，而且已经发展成为一个重要的、系统的影视艺术理论，对这一技巧和理论的理解和运用直接影响到影视作品的效果和品质。

(一)蒙太奇的概念

蒙太奇(Montage)，法语音译词，它原指建筑结构与组合构成，后被借用为电影术语，指镜头的组接艺术。即是影视创作中的一种特有的思维方式，是镜头语言的构成方法，是导演的语言，是用画面说话的技巧。其思维的核心概念就是形象思维。

库里肖夫曾说："各个镜头在一定顺序下连接(装配)成一个完整的艺术作品，这就是蒙太奇。"它是电影语言最独特的基础，它就相当于文章的句法和章法。它的运用要依据人们的生活、思考习惯和规律。

(二)蒙太奇的功能

蒙太奇技巧的功能主要有以下几个方面：

1. 创造思想

即可以将单独无意义的画面组接成有思想内容的艺术作品，同时它还可以利用相同镜头的不同顺序接法来表达不同的思想。即库里肖夫效应：

通过试验证明两个以上的对列镜头连接在一起，能产生单个镜头无法产生的甚至是与单个镜头风马牛不相及的全新意义。

案例1

镜头1：某人在哈哈大笑(近景)。

镜头2：同一个人，但惊慌失措(近景)。

镜头3：一人手持手枪指着(近景)。

不同的蒙太奇方式：

蒙太奇方法一：镜头1、3、2

蒙太奇方法二：镜头2、3、1

如果按照第一种蒙太奇方法进行镜头的组接，表达的意义是这个人见了手枪后很恐惧。第二种蒙太奇的方法则表现这个人在见到手枪后的无畏。

案例2

镜头1：从屋顶看大街上的游行队伍（远景）。

镜头2：从窗户里看大街上的游行队伍（中景）。

镜头3：到大街上看游行的人（近景）。

蒙太奇方法一：按镜头1、2、3的顺序排列。

蒙太奇方法二：按镜头3、2、1的顺序排列。

第一种蒙太奇的方法给人的感觉是游行的队伍不断走近，有人要加入这个队伍中。第二种蒙太奇的方法则让人们感觉到游行的队伍不断远去，有人要离开这个游行的行列。

此外，蒙太奇创造思想还在于通过具有相关性、类比性的镜头的对列、组接，可以造成视觉的隐喻和象征意义。如少女与鲜花组合。在电视广告中隐喻和象征都极富有表现力，是重要的表现方法。如"太阳神"中口服液广告中初升的太阳、渐醒的雄狮都象征着企业奋斗的精神。

2. 创造一种情境或心境

通过几个镜头的组接，以形象的手法来体现心理的感受，如在镜头中放置消费者使用产品后的感觉镜头、产品生产背景和状况的镜头、消费者争相购买的镜头等，都会创造出一种消费情境，促进受众消费心理的形成。

案　例

蒙牛生态草原电视广告

镜头1：满眼绿色的草原。

镜头2：一片绿色的草原，远处有不高的山坡。

（字幕：每50平方米草地吸引1人1天呼出的CO_2。解说词：这是自然的生态，也是人类生存的源泉。）

镜头3、4：一片清水、绿地、远山，渐变为一片阳光笼罩下的树顶。

（解说词：这是哺育大地的母亲，也是万物生长的摇篮。字幕：哺育1.5万种野生植物，2000多种野生动物。）

镜头5、6、7：一片茂盛的绿草，一片清水中倒映着人们的身影。一片蓝天下，一片绿草原上，牛群在牧民的看护下吃草。

（解说词：这是引人入胜的美景，也是情牵梦系的家园。字幕：70%以上少数民族集中生活在草原区。）

镜头8：牛场中的一排排黑白相间的牛，耳朵上都有自己的编码。

镜头9：一只牛背上的白色毛皮渐变为一片白云在蓝色的天空中飘舞。

镜头10：天空中的白云汇集成三头牛在空中飘动，下面是一片绿色的草原。

（解说词：珍爱中国生态草原，我们生长发育的天与地，演绎和谐的大自然。蒙牛携手生态中国，共建生态草原。）

（字幕：中国生态草原。携手生态中国，共建生态草原。全国绿色委员会、国家林业局、中国绿色基金会、蒙牛乳业集团）

这则电视广告以绿色生态为主题，通过展示企业绿色生态的原料产地，从产品生产源上让受众放心。整个广告以多个镜头突出一个绿色、天然、干净的特色哺牛基地，营造出一种情景，从而在受众心中建构一种绿色盎然、纯朴自然的心境和美感，并加深了对产品和企业的特色认同。见图3－3。

图3—3

3. 创造运动

把静止的镜头或画面组合起来就会产生动感，从而提高作品的可视性和吸引力。

案　例

台湾电视公益广告——爱护树木·圣诞树篇

广告是由一幅幅静态画面构成，先是立着的一群圣诞卡，上面都画有一棵茂盛的绿色大树，乍一看很像是一片森林。歌声响起，是一个女童音在不断重复地唱着："Happy Christmas!"随着歌声，画面变成一棵棵不断消失的圣诞卡，好像是整个森林在消失，最后就只剩下一棵圣诞卡，也倒了下去，仿佛是森林中的最后一棵树被砍伐了。广告完全是运用静态画面，但却通过画面的不同和蒙太奇的手法，营造出一种动态的情景：树木因为人们过圣诞节的需要而面临逐渐被伐光的危险，它传递出那种危机感，警告着人们要少用圣诞卡，以减少对森林的破坏作用。广告形象而生动，虽是静态画面，但有动态的感觉和效果，再配以简单而有特色的音乐，给人以极大的触动。

二、蒙太奇的分类

蒙太奇主要有叙事和表现两大功能，因此，它可分为叙事和表现两大类。

(一)叙事蒙太奇

即用讲述故事的方式，交代情节，展示人物、环境、时间等的蒙太奇手法，这是蒙太奇中最基本、最简明和最直接的一种表现方式。它又可以具体分为：

1. 连续式

按时间顺序，顺理成章地将镜头组接到一起，这是比较常见的一种蒙太奇表现手法，这种形式的蒙太奇表现也很灵活，方式很少，其中有一种称为叫板蒙太奇的比较有代表性。叫板即是戏曲中把道白的最后一句节奏化，以便引入到下面的唱腔上去，有时用动作规定下面唱段的节奏也称为叫板。在影视作品中就是上一个镜头的台词最后一句能引起下个镜头的出现，这样的镜头组接有紧凑、顺畅和自然的特点，容易让受众接受和理解。

案 例

江中牌健胃消食片电视广告

广告一开始是一家人围坐在一起吃饭的情景，这时孙子拿了一只鸡腿很懂事地递给爷爷说："爷爷，你吃！你吃！"爷爷笑着说："爷爷岁数大了，好东西也不能多吃了。多吃了就肚子胀，不消化。"一听这话儿子（郭冬临扮演）过来说："爸，肚子胀，不消化，找江中啊！"画面随即出现一抽屉的江中牌健胃消食片，儿子拿出一盒举起来说道："日常助消化，江中牌健胃消食片。"这个广告中有多处的两个镜头组接是叫板蒙太奇的手法，这使广告中的情节更紧凑，顺畅，感染力也强。见图 3－4。

图3—4

2. 颠倒式

影片中有一个或几个闪回或倒叙与插叙的镜头，就是颠倒式蒙太奇。其中，回忆是倒叙，白日梦是插叙。这种方式可以使镜头表现内容更灵活和丰富，从而确保了叙事的完整性。

案 例

青酒电视广告·刘青云篇

广告一开始，刘青云手拿一瓶酒。

广告歌响起："It's a long long road."当他撕开酒瓶上的包装后，看到上面的字样，引起他的回忆。

镜头闪回到过去，朋友们相聚时快乐的情景中。

广告歌："From the sail he's no return."

镜头又回到现在，他手里依旧拿着那瓶酒凝视着，开心地笑着……

广告歌："while we were no the way."

镜头闪回到过去，朋友们在一起嬉戏，开心地拿着酒传着、分享着四溢的酒香……

广告歌："to there why no share."

镜头回到现在，他笑着，望着手中的酒瓶，沉浸在美好的回忆中。

广告歌："And don't Know."

镜头又回到过去朋友欢聚的场景中，大家开心地喝着酒、跳着、唱着、游戏着……

广告歌："doesn't wave me down down at all."

镜头再次回到现在，同样的地点、同样的风景中不见了朋友的影子。

广告歌:“Won't have it. he is my brother with brothers.”

镜头回到过去,朋友们举杯同饮。

字幕:喝杯青酒,交个朋友。

整个广告镜头在现实与回忆中交替,美好的回忆与美酒的香醇让人回味无穷,从而也体现出青酒中所蕴含的朋友情义。

3. 平行交叉式

平行式即指对几种剧情进行象征性对比为基础来表达一种意义。交叉式则是指以两个或多个情节平行发展为基础。一说平行交叉蒙太奇是把同一时间内不同地点的事情线索交替表现出来,它有利于强化剧情,渲染气氛。如在影片《赤壁》中,同是在交战前的时间内,镜头一会儿表现蜀军营中的刘备、诸葛亮、张飞等运筹帷幄,一会儿又表现东吴军中周瑜的踌躇满志,一会儿还表现曹操的奸诈多疑,这就是运用了平行交叉的蒙太奇方式来完成的。更准确地讲,平行蒙太奇是分别表述两个或多个同时发生的故事画面,节奏感舒缓些。交叉蒙太奇则是穿插表现两个或多个同时发生的故事画面,节奏感更快,更强些。

案 例

中央电视台电视广告“真诚·沟通”

一开始的一组镜头显示是在上午9:30的北京某个幼儿园里,各国的小朋友正在一起看一辆玩具火车在地上的小轨道上飞驰,孩子们都很兴奋,其中一个6岁的以色列小男孩奇列维一边开心地看着火车,一边高兴地和身旁的小朋友说着话,而不远处就是一位5岁的巴勒斯坦小男孩赛姆迪也在和大家一起玩着。

字幕提示:“他们在北京的同一所幼儿园里,共同生活两年了。”

接下来也是在上午的9:30,画面却是一群人正在混战着,空中传来连续的枪声……

镜头闪回到幼儿园中,玩具火车翻出了轨道。

接着,镜头又是混战的场面,枪声四起。

字幕:“巴勒斯坦城市杰宁”。

镜头再次回到幼儿园中,孩子们商量着一起来把坏了的玩具火车和轨道修好。

镜头中又出现了拿着枪的士兵在街头前进的画面。

幼儿园的镜头,孩子们在一起修着玩具火车和轨道……

混战的街头,四处逃难的人群,悲伤痛哭的母亲,不断被拖走的尸体……

幼儿园里玩具火车又开始飞跑在轨道上,孩子们高兴地欢呼着。巴勒斯坦小孩和以色列小孩也都开心地笑着……

字幕：如果大人能像孩子一样沟通，和平就一定会降临。

广告语：真诚·沟通

这则广告就是运用了平行交叉蒙太奇的手法，把在同一个时间中发生于不同地点、不同性质的两个情景进行对比，以孩子和大人不同的行为表现来表达了人们对和平的渴望，并强调了真诚与沟通的主题，使人印象深刻。

4. 错觉蒙太奇

即对列构成的偷换连接法，是把前一组镜头的最后一个动作或形象，偷换成下组镜头的第一个动作或形象，这样使过渡显得自然且有令人惊喜的效果。如上一组镜头的最后一个动作是一个人抡起斧子要劈人，紧接着的下一组镜头的第一个动作是一把斧子砍在一棵大树上。

案　例

联想 ideapad 电视广告

在一家餐厅里，两个男生正窃窃私语。其中一个对另一个说："就说我喜欢你。"听了这话，一个男生有些不好意思，可在同伴的眼神支持下，他终于把身子转向了旁边座位的女生。可就在这时那位女生却突然站起来，拉住他的手说道："我喜欢你！"这时男生还没明白怎么回事，正在收拾餐厅的一位男师傅一把抓住他身旁正在干活的女服务生，激动地说道："哎呀妈呀！这句话我等了十年了呀。等了十年了！"广告语："速度决定结果。新想乐主义。联想 ideapad Y530。"这个广告中两处都用到了错觉蒙太奇的手法，一是本以为该是那个男生说："我喜欢你"，却让那个女生抢了先。而还没等男生弄明白是怎么回事时，一位男师傅又错误地认为是他暗恋的女服务生说出了"我喜欢你！"的话。错觉在此片中的运用突出了广告主题"速度决定结果"的含义，也使广告片中充满了幽默，引发了受众的兴趣，强化了对产品特色的理解效果。

5. 联想蒙太奇

即把一些有内在或间接联系的画面组接在一起，使观众产生联想。如石林的广告中利用各种与云南石林相似的画面，引起受众对云南石林美景的向往。

案　例

统一方便面电视广告·更好的一面篇

第一组镜头：农村的一个男孩子趴在鸡窝旁拿一个鸡蛋，他手捧着鸡蛋凝视着，突然他将鸡蛋抛起，接下来就是他想象自己在一个乒乓球馆训练的画面，而当他真的把手中的鸡蛋当成乒乓球来打时，鸡蛋立刻破碎。

第二组镜头：偏远的山村中一位小女生背着书包去上学，当她走过小桥时，立刻联想起她仿佛走在平衡木上训练的情景。

第三组镜头：一个农村的小胖小子用力地挑起两桶水，这时，自己仿佛是在训练场上练习举重。

第四组镜头：山村的一个曲折的小路上，一个男生正背着书包向学校跑去。此时，他就仿佛是在操场上练习跑步。

……

最后，画面停留在一个山村学校的一群小学生的全景前。字幕：你吃一碗面就捐一分钱，统一方便面让奥运走进希望小学……

图 3—5

这则广告中每组镜头都运用了相似联想的手法，把山村的孩子们平时所接触到的生活与奥运项目联系到一起，从而引导受众的联想，展示了广告的核心主题：让奥运走进山村，让孩子们感受到奥运带给他们的力量。见图 3－5。

(二)表现蒙太奇

即为达到一种"表现"多于"描写"性目的的镜头组接方式，这种蒙太奇在于将各种镜头接在一起，向观众传达一种观点、一种情感或一种思想内容。特别强调的是这种蒙太奇手法可不是简单的镜头排序。它又可分为：

1. 对比蒙太奇

即把不同的内容、不同的对象、不同的声音的镜头组织起来，造成强烈的对比关系，以达到表现某种观点的目的，即用对比的“事实说话”，如对比产品使用前后效果的广告。

案　例

Hertz 电视广告

一对夫妻到外地旅游，来到 Hertz 租车。字幕揭示：“查理夫妇在度假前，在 Hertz 租了一辆汽车。非常自由，省钱又省力。”这对夫妻快快乐乐地开始自驾游了。接着又来了一对老夫妻拿着好多的行李，也出来旅游，但他们没有提前租车。字幕揭示：“亚瑟夫妇为了省去租车的手续，想到了旅游地点再租车，因此他们的欧洲旅游计划没有实现。”画面中这对老夫妇比手画脚地问身旁的人，但不仅没有问清楚租车的地方，还惹出好多的笑话，急得丈夫差点和警察打起来，老妇人也痛哭不已……与此同时，查理夫妇正在开心地享受着他们的自驾游。广告词：“Hertz 假日休闲出租提供方便自由的服务，因此，当任何人想出游时，没有什么比租 Hertz 的汽车更方便了。”在整个广告中展示了两对夫妻在旅游中不同的经历，形成鲜明对比，从而强调了 Hertz 能够为人们提供更方便的服务。

2. 隐喻蒙太奇

即将貌似相同而实质上不同的事物加以并列“以此喻彼”，是通过画面组合和对列形式，产生深刻的内在思想含义。它是用具体的事物比喻具体的事物，也叫象征式，是将一种事物与另一种事物并列起来，以展示被象征事物的意义。如以玫瑰比喻爱情，雄鹰展翅比喻志存高远；又如少女失恋时，镜头是一片原野，以表现少女的落寞和幽怨的情绪，如果接一个熊熊烈火的镜头，则表现的是愤怒、仇恨的感情。广告中常常以此表达不容易表达的信息，如喝饮料时凉爽的口感，可用和凉爽相关的镜头来表现，如冰山、冰块等元素。

案　例

中国电信电视广告

画面开始是地球上的天空中两个星球在运行，它们之间出现字幕：“距离：25 亿光年。”接着是群山耸立，两个山峰之间出现字幕：“距离：130 公里。”之后是森林中两棵大树之间出现字幕：“距离：18 米。”两棵小草之间出现字幕：“距离：0.02 米。”画面一转为山脚下的一个村庄前，两个小孩并排坐在一个树桩上，男孩正指着远方和女孩说着什么。字幕：“零距离。”画面出现远山、草地、小村庄和两个小孩，字幕：“1000 客户服务热线。用心服务。”最后是中国电信、LOGO 及广告语：“用心服务 编织未来。”

图 3—6

这个广告用不同物体之间的距离来隐喻中国电信服务会让人感受到“零距离”般的享受，这种表现方式把中国电信的企业理念和服务宗旨形象而逼真地体现出来，通俗易懂，易于让受众认同与接受。见图 3-6。

3. 类比蒙太奇

所谓类比，就是由两个对象的某些相同或相似的性质，推断它们在其他性质上也有可能相同或相似的一种推理形式。即指用相似的镜头内容来表现一定的意义或画面内涵。

案　例

奥运电视广告·生命篇

广告中以“源自生命最初的梦想”为创意的亮点，以类比的手法把儿童的各种现实形象与黑白的梦想空间相类比：将儿童的手脚动作、身体扭动，动势和各种神态巧妙地与奥运竞技中运动员的单杠、跳水、游泳、跳远等动作姿态相结合，从而为受众构建生动、形象的梦想空间，使广告整体上极富有美感和诗意。

4. 节奏蒙太奇

即指通过剪辑产生影片节奏的镜头组合手法，不同长度的镜头组合能给人带来紧张或舒适的心理感受，以此配合影片的故事情节。

案　例

中国移动通信电视广告·天涯若比邻篇

整个广告分为几组不同节奏的镜头：

第一组：在家乡，父亲在村口送怀孕的女儿走。镜头节奏和音乐平和舒缓，体现出亲情和真实感。

第二组：在火车包厢里，女人抚摸着自己的大肚子，唱着儿歌。这时，一个男青年进了包厢，开始玩手机上的游戏。镜头节奏和音乐出现快速变化，引起受众的紧张情绪，主要表现由于这个男青年的出现而使孕妇紧张和男青年在玩一种枪战游戏而带来的紧张感。

第三组镜头：孕妇感觉到不断出现的疼痛，她开始呼喊，年轻人不知所措，火车在飞驰，他手忙脚乱地找到手机，开始给远程医院打可视电话，车厢里的乘务人员也来帮忙……所有这些镜头节奏和音乐明显加快，情绪更加紧张。

第四组镜头：孕妇的丈夫飞快地冲上了出租车，还不时地接到男青年的视频电话，出租车如离弦之箭般飞驶在路上……

第五组镜头：年轻人把孕妇送到了医院，随着他紧急地喊着："来人呐！来人呐！"医院的工作人员急速跑出来把孕妇送入病房。镜头节奏和音乐急速而紧张。

第六组：丈夫收到年轻人传来的视频信息，很快赶到医院，听到了孩子的啼哭声……

这个广告的几组镜头中还穿插着一些相对平和的镜头，用以表现一些人的感慨，如老父亲对女儿的担心、年轻人自己事后的心理表白、乘务员的诉说等等，这就使整个广告的节奏变化多样而丰富，根据剧情设计的需要，利用镜头和音乐的技巧，运用节奏蒙太奇的手法，较为清楚、完整、真实并富有情感地诉说了一个生活中的惊险故事，引发着受众的心理和情绪变化，给其以深刻印象，并于此展示出视频手机"多方视频通信和天涯若比邻"的优势特色。

5. 积累蒙太奇

即指相同（或相似）的镜头在影视作品中反复出现的组合方式，起一种强调作用；而有时则是在作品的不同部分中出现重复，起一种提示作用。如影片《秋菊打官司》中多次重复出现山道弯弯的相同镜头，暗示这个官司的曲折。

案　例

统一方便面电视广告·北方篇

镜头是一组表现北方景物与人的画面：北方的山、北方的树、北方的路、北方的人，他们开心的生活、大碗地吃着热气腾腾的面，北方的风情、北方人的豪爽尽在画面中。这种积累蒙太奇表现了产品统一辣酱面、统一炸酱面的北方特色。

6. 抒情蒙太奇

即通过画面的对列组合来渲染气氛、创造意境，使情节充满诗情画意。MTV式广告常用此手法。一说是心理蒙太奇，即是对人物心理活动的视觉表现，通过镜头与音乐的有机组合，生动地展示出人物的心理活动和精神状态。

案 例

台湾饮冰室电视广告

广告画面以绿色为主色调，一开始便是在荫绿婆娑的柳条映照中，出现字幕："饮冰室茶集。"林荫道上一位老者正在扫着路上的雨水，字幕："雨停了，暖阳将河水照耀得如茶水般澄清。"一位中年人站在一所旧屋门前，仰望天空。镜头一转，他又在屋内打开一本书，其中放着一些旧照片，他拿在手中看着。这时，屋外的旧墙壁上，许多地方的墙皮已经脱落，几个放学的小学生正在墙上写着什么。他走过来抚摸着写上了字的墙，仿佛回到了他自己的学生时代。这时镜头转为以前的时光，他和同学们都穿着校服，拿着书本，有说有笑地走在林荫路上……现实中，他再次来到柳树下，安静地嗅着树枝发出的气息，而脑子里依旧是旧日的房子、阳光、墙壁、窗台上的猫等等，他依旧在那门前读书、写作……如今，物是人非，当他再看那旧屋子、旧墙时，只有刚才写字的一排小学生……广告语："以诗歌和春光佐茶，饮冰室茶集·绿奶茶篇。"

图3—7

广告充满着怀旧情感，镜头不断交错、闪回，把人们带到那个久远的年代和美好的回忆中，从而赋予了产品丰富的情感色彩，感人深切。见图3-7。

当然，在一部广告片中，有时会用到好多种蒙太奇的手法，这种灵活运用的广告也是常见的。总之，运用哪种蒙太奇手法来表现，是要依据广告创意来设计的，没有绝对地区分哪个好与不好，只要能够最好地完成表现创意的任务，那就是最好的蒙太奇手法。

三、蒙太奇的修辞效果

影视作品运用蒙太奇技巧，还能产生如下一些修辞效果：

1. 省略（跳跃）

即蒙太奇可以压缩时空，让时空跨度大的故事，可以用较少的时间、较清楚地交代给观众。也可以理解为导演利用蒙太奇手法对镜头、场面、段落的分切与组接，可以对素材进行选择与取舍，选取并保留主要的、本质的部分，省略或删除繁琐、多余的部分，可以突出重点，强调具有特色的、富有表现力的细节，使内容表现主次分明，繁简得体，隐现适度，达到高度的概括和集中。如影视作品中，镜头是一个小孩正要趟过一条河，接一个镜头是这个孩子趟过河后成长为一个成人。省略时常常用“溶”的方法转换画面。

2. 重复

同样的或相似的镜头重复出现，用以传递一种观念或表现一种氛围。

3. 对比

两个完全相反意义的镜头依次出现，来达到对比的效果。如上一个镜头是一张粗糙的脸，下个镜头是一张光洁的脸，以表现化妆品的效果。

4. 比喻

用两个镜头来表现一种比喻意义。如上一个镜头是美丽少女，下个镜头是一簇美丽盛开的鲜花。

5. 象征

几个镜头之间用一种主观的意识来连接它们。如在影视作品中常见这样的镜头：

(1)英雄说完话，合上眼睛。

(2)苍松翠柏。

(3)盘旋的雄鹰。

这三个镜头传达了英雄的精神内涵，苍松翠柏和雄鹰则是这种精神的象征。

6. 引导观众注意力，激发观众的联想，使观众参与剧中情境

即导演利用这一手法，按照观众接受心理的规律和兴趣点的变化，把镜头画面进行组接，紧紧把握观众心理的变化，使观众能够按导演的主观意识和事先安排好的观看计划深入到情境中，达到忘我的境界。

7. 蒙太奇可以创造独特的影视时空

导演可以利用这一手法，创造出新的时空效果，使影视中的时空效果表现得更自由，并可以形成更具风格的时空特色。

8. 组织、综合各种元素，创造影视效果

即将各种视觉元素（人、景、物、光、色、构图等）、听觉元素（自然声、人声、音乐、音响等）符号组接成有一定主旨思想的画面，完成影视镜头的声画结合。

9. 表达寓意，创造意境

多个镜头按一定的主题组接所达到的影视效果，是单一的镜头不能完成的，因此，影视语言往往会运用蒙太奇手法来表达出抽象的思想、表达作者的寓意，创造出一定的意境。

综上，根据电视广告创意的要求，正确而灵活地运用蒙太奇手法为之服务，才能使其发挥最佳的效应。

第三节　镜头的拍摄与运动镜头

电视广告中的画面多是通过拍摄制作得到的，因此，对镜头的拍摄与镜头的一些常识要有一定的认识。

一、镜头概说

影视语言的最小构成单位就是一个个的镜头，而要理解影视语言就要从镜头说起。

1. 镜头的定义

镜头是影视语言（电视画面语言）的最小单位。一个镜头就是摄影机在不停机的情况下连续拍得的画面，它有长有短。在电视语言中，一个句子可以是一个镜头，也可以由几个镜头组成。它是视听语言形成的最重要基础。

2. 镜头及画面的关系

画面与镜头常常不区分。但画面主要侧重于它的静态感，镜头则动态性强。一个镜头可以是一个画面，也可以是多个画面。

镜头是影视语言的基本单位和构成细胞。电视画面则是指特定的电视媒体上镜头的表现形式。

二、运动镜头

运动拍摄是影视媒体的主要拍摄手法，它能创作出不同的画面效果。在拍摄过程中，依据拍摄角度、高度和方向的不同，形成镜头的运动，这种在运动中拍摄的方式就是运动拍摄，所得到的画面就是运动镜头。它的表现形式多种多样，在电视广告中的作用也是如此，创作者可以依据自己的创意来选择不同的运动镜头画面。见表3－1。

表3－1 运动镜头对电视广告画面的创造作用

运动镜头	概念和特点	在电视广告中的运用
推镜头	画面效果表现为同一个对象由远至近或从一个对象到另一个对象的变化，使观众有视线向前移的感觉。可以在一个镜头内了解到整个与局部的关系，主体与背景、环境的关系。	多用于情节性、情绪型或生活片断型的广告中，表现人物意识的变化，突出商品的特性或与环境的关系。如"百事可乐"沙滩篇中人物与海景的关系展示、可乐及热闹人群的反应等。还可用于视觉引导型的电视广告中引出品牌的标志。
拉镜头	画面产生逐渐远离被摄主体或从一个对象到更多对象的变化，使视野范围扩展并在同一镜头内渐次了解局部与整体的关系，造成悬念、对比、联想等效果。	用于广告中揭示背景、展示气势、解释缘由、证实相关信息，多用于情节性和生活片断型广告以及汽车品牌广告等。如在"大众"汽车广告中，汽车从远处环山马路开来，近景展示汽车品牌后，缓慢地向前拉开镜头，表达了汽车的豪迈风格、速度以及开阔的环境所象征的品位。
摇镜头	摄影机的位置不变，对拍摄对象进行左右或上下的摇动拍摄。逐一展示、逐渐扩展景物，产生巡视环境的视觉效果，运动摇摄还可以突出人物行动的意义和目的。	用来逐一展示较大商品的不同部位，引导观众从细部到整体了解产品全貌和品牌特征。在房地产、旅游胜地广告中运用较多，展示其构造、陈设、环境、自然风光等。还可用于情节性广告中表达悬念的引发、高潮和解决等。
移镜头	被摄主体不动或不改变运动方向，摄影机沿水平方向作横向或纵深移动的镜头。能较好地表现空间，展示环境，表达人物的行动、渲染恢弘浩大的场面，营造紧张的节奏。	主要用于汽车、摩托车等产品的电视广告中。于企业形象广告或情感表达型电视广告中渲染恢弘浩大的场面以及人物的行动。这类镜头的运用往往还突出广告演员（多是明星）的个人风采与商品个性的结合。
跟镜头	摄影机跟随运动对象，连续拍摄某运动过程及周围环境，视点不断移动。能突出运动的主体，交代主体的运动方向、速度、体态及与环境的关系。	可以展示运动物体或人在不同场景、位置中的运动状态、运动方向、运动速度和性能、人的行动意图等，让观众全面地把握相关信息。如在一则国外企业形象广告中，经理由办公室出来，走到街上，再到郊外，整个过程不断有企业员工加入，最后到达峭壁旁的擂台上，都是采用跟镜头的拍摄表达方式，画面情节吸引力极强。

注：选自张印平，马持节编著：《电视广告创意与制作》，暨南大学出版社，2009年版，第45页。

案　例

百事可乐 SJM 电视广告

镜头 1:沙滩上一群年轻男女快乐嬉戏。

镜头 2:公路上正在行驶的一辆拉着百事可乐的大货车。

镜头 3:车上坐着一群快乐的年轻人。

镜头 4:一个箱子里有一瓶百事可乐。

镜头 5:沙滩上的一个小伙子打开一瓶百事可乐,吸引了伙伴们过来抢夺。

镜头 6:被抢的百事可乐一下子飞到了路上,这时载着一车百事的车已经开过来了。

镜头 7:车上的司机紧急刹车,车身侧向一边。

镜头 8:车上的年轻人们走出来,和在沙滩上的那些人在一起,传递着那瓶百事可乐……

图 3—8

这个带有一些故事情节的广告中,多次运用了推、拉、摇、移、跟以及综合的摇移、推跟等拍摄手法,使整个广告形象逼真,运动感、节奏感强,适合于年轻的消费群体。见图 3-8。

三、几种特殊的镜头

除了正常拍摄的镜头外,还有一些特殊意义的镜头,它们在影视作品中也常用到。

1. 空镜头

也是景物镜头，就是镜头中没有人物出现，只有景物。这种镜头一般是抒发感情意境、阐明思想内容、叙述故事情节的重要手段，也有镜头转换、调节影片节奏等独特作用。常用于影视作品的开始或结束，用来介绍剧情的发生背景。在电视广告中这种空镜头一般不用，但在形象或场面广告中，几乎所用的都是空镜头。

案　例

兴业银行电视广告·赤道银行篇

广告中一共九个镜头，只有一个是有人物的，其他全是空镜头。绿色的和谐——一片绿色的风景，绿色的参天大树、绿色的叶子上流动的水珠；绿色的希望——绿色的草地上有一群白色的鸽子和信号台、绿色的参天大树、绿色的草地和树林中的一条道路上有一对情人幸福地骑车驶过；绿色的金融——绿色的草地上转动的风车等，这几个镜头构建了一个广告主题——兴业银行，绿色金融，共创美好生活。

这则广告中空镜头的使用旨在营造一种意境和心情，创建一个绿色的主题，每个空镜头都是一幅美的画卷，给人以美的享受，同时也传递出兴业银行的核心理念——绿色银行。可见，各种镜头在广告中的应用是要根据广告创意和主题的需要而定，不能一概而论。

2. 长镜头

即记录比较长时间的过程，有真实感、客观性强的效果。具体是指摄影机从开机到关机记录了一个相对完整过程的镜头，一般时间超过 10 秒。它综合使用各种方向，长时间连续拍摄，以保持画面的连贯性和完整性，更能给人以真实感，画面的内容比较丰富，可以让观众自由地选择欣赏空间，给观众以思考的余地。在电视广告中，由于受时间的限制，长镜头用得不多。关于长镜头的运用和意义，法国人安德烈·巴赞是一位对长镜头情有独钟的著名电影理论家，他强调电影应是一种完整的写实主义。为了减少长镜头可能带来的呆板，巴赞提出可以采用移动摄影以及景别变化来丰富镜头语言。电视广告中的长镜头一般是相对而言的，长镜头的使用可以保证实验型广告的真实性。

案　例

英特尔超长电视广告

镜头一开始是在一条田间小路上，一位穿着白衣服、戴墨镜的男子向镜头走来。

他敬礼、摘墨镜并对着镜头说:“你好! 今天天气不错。不过天气预报说了,今天的降水概率是百分之五十。”镜头中出现在路边树立的一个标志杆,上面写着两个不同颜色的“50”字样,他一边向前走,一边指着这个标志说:“也就是说下雨不下雨机会一样大,那么,到底下不下雨,这事只有天知道。反正,我不知道。”他一边说着、走着,一边脱下外面的白衣服。后方的天空中仿佛响起了雷声,画面中好像也下了几滴雨。他不时用手遮着头,拍着身上的雨滴。这时,路边又出现了许多叠加在一起的电视机,其屏幕上正在播放着各种节目。他一边走一边继续说:“难怪有人说,天气预报员是一份说话不用负责任的工作。但你想过没有天气预报为什么会不准? 这是因为要预测天气,得先处理各个地域不同时间的海量气象资料,这一切需要超乎想象的运算处理能力。有计算机之前,只能靠人工。”这时,他走过的路边出现一位科学家模样的男士,他面前一张书桌,上面堆放着几大摞的纸张。他走到科学家身边,和他握手、寒暄,并不停地说着:“一战期间,当时还没有气象服务器,英国科学家查理逊动员了六万四千人进行手工数值计算,想借此预报天气。经过夜以继日地工作,这项野心勃勃的计划终于失败了。直到 1950 年美国科学家冯·诺伊曼动用了一台三十吨重的电子计算机,才第一次成功进行了数值天气预报。”这时他已经走过一辆车身标着“30 吨”字样的货车旁,他又走向对面的两位身着古代服装的人身旁,那两个古人向天上望着,一个手里还拿着一个写着“唐”字样的灯笼,他也凑过去和他们一起向天上看,并说着什么。接着,他继续说道:“至于准确率,跟唐朝人夜观天象差不多。而那台计算机的运算速度,每秒钟只有五千次,甚至还没有这个手机快。”这时,两个古代人也紧随着他走着。他把手中的手机扔向远方,两个古人赶紧去找手机了,而他一边笑着,一边还在说着:“当然随着观测网络越来越发达,气象服务器越来越强大,如今气象预测的准确率已经大大提高。”他开始向前跑着,一路上经过“60%、70%、86%”等数字牌子,“不过这还远远不是终点。你可能设想过,天气预报将能告诉你,下午三点十五分会不会下雨。”这时,天已经下雨了,他打开提前拿在手中的伞,给前面的一位美女撑在头上。他俩一起向前继续走着,他还在说:“至于明年结婚纪念日会不会放晴,当然还有雪灾冰雹龙卷风,这样很难预测的突发天气,也能及时预知,让人们不再受伤害。”这时,天已经晴了,他离开美女,自己快步向前,说道:“要实现那么准确的气象预测,按照现在的计算水平,可能需要摩天大楼那么大的服务器。”画面中一个大幕布落下,上面是一个摩天大楼,“而随着 CPU 性能的不断提升,这样一个看似遥不可及的未来,很快就会到来。因为有你和我,也许你已经猜到我是一个 IT,我的工作不是挨踢,也不仅仅是升级系统。”这时,路上出现一个练武的小伙子,对他施以拳脚,被他制服。“管理数据,维护服务器,我想改变行业的未来。因为我有一颗改变世界的心。”画面出现一个大地球仪,他接着说:“当然我还需要更智能的 IT 技术。你想要改变什么?”广告产品标识及广告语出现:“英特尔'至强',为改变世界给力啊!"

整个广告时长近3分钟,但只有一个镜头来表述人物的动作全过程,并以其自述式讲话为线索,贯穿了不同画面中的内容。广告新奇、富有吸引力,同时,配以不同的画面内容进行形象的辅助说明,还有一定的幽默效果,给人以不一样的感受。

使用长镜头的记录,更能显示出广告的真实性。这是因为,与普通镜头相比,长镜头具有以下优势:

(1)叙述的完整感:长镜头的时间长,信息含量较多,这就较完整地把事件发生的全过程记录下来,可以给观众带来一种完整的时空感。

(2)表意的丰富性:在一般的镜头中,景深小、时间短、景别小,画面的内涵有限,使观众的视野和理解都受到限制,长镜头则可以克服这些不足,给观众更多的信息。

(3)画面的开放性:长镜头由于具有连续性,因而空间的跳跃感、自由度相对较小,但它仍然可以利用场面调度、利用摄影机的运动来使画面产生运动感,从而突破画框的限制,刺激观众的想象力,增强收视的感染力。

3. 主观镜头

即表示片中角色观点的镜头,它强调导演的主观意识,当角色扫视一场面,或在一场面中走动时,摄影机代表角色的双眼,显示角色所看到的景象。从镜头给观众的印象而言,又有客观镜头和主观镜头两种。从导演(也是观众)的视角出发来叙述的镜头是客观镜头。从剧中人物的视点出发来叙述的镜头是主观镜头。主观镜头把摄影机的镜头当作剧中人的眼睛,直接"目击"生活中其他的人、事、物的情景。它因代表了剧中人物对人或物的主观印象,带有明显的主观色彩,可能使我们观众产生身临其境、感同身受的效果,进而使观众和人物进行情绪交流,获得共同的感受。如在电影《泰坦尼克号》中,导演卡梅隆为了使观众能够与他的两位主角尽量接近,就多次使用主观镜头,比如当杰克第一次来到一等舱时,镜头从他的观点出发来环视大楼梯的豪华,而在泰坦尼克号沉没时镜头与主角一同没入深处。在电视广告中,可以说所有的镜头都是主观镜头,因为它不同于一般的影视作品,它更强调在有限的时间内传递一定量的信息,达到影响受众的目的,因此,整个广告中镜头的数量不能太多,或离主题和产品太远。广告要让受众看到产品的什么特点、要想产生什么样的情感体验、要得到什么样的收视效果都是要在有限的几秒内实现,所以它会更依重于主观镜头的运用。

案 例

剑南春酒电视广告·年份酒篇

画面首先渐显一棵树木的年轮,由远而近,由小及大,并伴有雄浑的音乐,解说词及字幕:"好木看年轮。"画面中一滴水滴在年轮的中心,并演化为酒瓶中的一滴。画面出现剑南春酒的产品,并开始向酒杯中倾倒,同时背景中不断呈现一些数据,这时解说词:"年份酒好酒看挥发系数,挥发系数见证佳酿真谛。国家专利,年份酒鉴定的科学依据。剑南春年份酒,标准百分百够年份。"

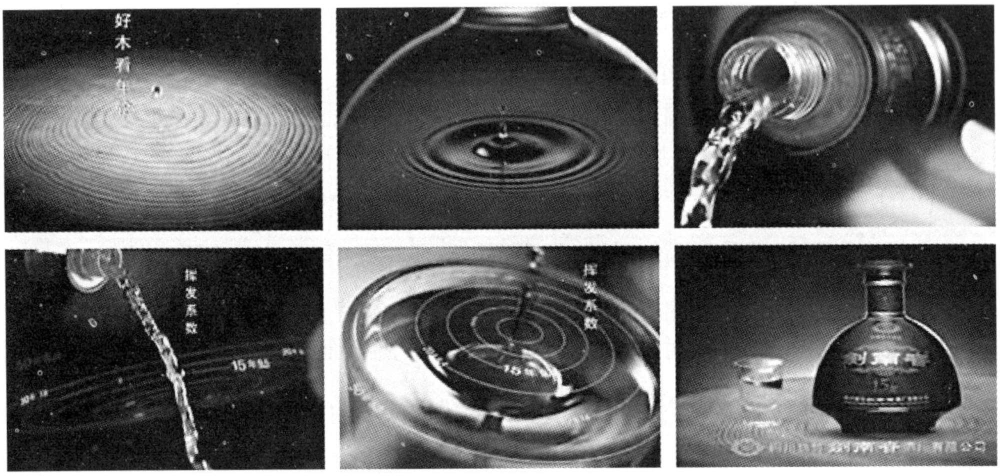

图 3—9

整个广告中的镜头主要有五种元素:酒、酒瓶、年轮、水、酒杯,而这些元素的使用集中体现一个主旨:"年份酒"够年份。广告简约而唯美,同时又强调了产品的特色,充分体现出创作者的主观意图。见图 3-9。

4. 纵深镜头

即透视法在画面上的一个表现,视觉层次感强,可以传递较多的信息。它可以打开受众的视觉空间,激发联想。一般用于表现深邃悠远的场景。如在影视作品中表现正在行驶的火车、隧道、海底世界等场景时,常会用到这种手法。

案 例

步步高手机电视广告·宋慧乔篇

镜头 1:一只手机的镜头。(特写)

镜头 2:女主人公(宋慧乔扮演)戴着耳机陶醉地听着音乐,口中哼着优美的曲调。(特写)

镜头 3、4:主人公一边走在大街上,一边听着音乐的情景。(两个侧拍的纵深镜头)

镜头 5:一排圆桌,每张桌子上面都放着两个咖啡杯和一支瓶插的小花。(纵深镜头)

镜头 6:主人公坐在咖啡厅里,一边向窗外看,一边听音乐,自我陶醉的样子。(纵

深镜头）

镜头7:主人公专心听音乐的享受样子。（特写）

镜头8:主人公又走在大街上。（纵深镜头）

镜头9、10:主人公在一座桥上俯身向下望、回身。（中景）

镜头11:一辆火车迎面开来，主人公站在火车头旁的车门边，很兴奋的样子。（纵深镜头）

镜头12:一片阳光明媚。（空镜头）

镜头13:主人公在火车门旁仰头看阳光。（纵深镜头）

镜头14:主人公站在海边嬉戏潮水。（纵深镜头）

镜头15、16、17:主人公拿手机在海边轻舞……

镜头18:主人公开心地打电话。（特写）

镜头19:主人公在蓝天下的海边打电话。画面右下角出现手机产品图。（纵深镜头、远景）出现字幕:步步高音乐手机。话外音:完美音质，步步高音乐手机。

整个电视广告中用得最多的就是纵深镜头，这些镜头结合优美的音乐，一方面给人更宽阔的空间视觉感；另一方面画面更真实、清晰、靓丽，容易让人有美的享受，并激发丰富的联想。

当然，镜头的种类有很多，对此，电视广告在拍摄时选择哪一种更好，要依据广告创意的需要、产品的特点和受众的喜好等条件。这里没有绝对的原则和限定，只要符合镜头语言的特点，又能很好地体现创意的要求，准确地完成广告的目标，就是最合理、最合适的选择。

第四节　景别[①]

在影视语言表现过程中，画面是有景别区分的，景别的不同也会产生不同的画面意义。

一、景别的概念及类别

（一）景别的概念

即指被摄主体在画面中呈现的范围。它是最外在的视觉语言，它决定了观众视界的大小。

---

① 本节所用景别图片均选自和群波著:《影视广告制作教程》，中国传媒大学出版社，2006年版。

（二）景别的划分

景的大小是由摄影机与拍摄对象之间的距离决定的，也可以由所使用的镜头焦距的长短决定。景别就是摄影机与拍摄对象在不同的距离进行拍摄，所得到的各种大小不一的荧屏画面影像。

这种景别区分的依据就是人们观察事物的习惯和规律。

它具体区分为：远景、全景、中景、近景、特写。

1. 远景（Long Shot）

也叫大全景，指全面地拍摄人物及其周围的广阔空间，展示环境或自然景色，以突出拍摄对象主体的宏观性和整体性，以展示比较完整的运动过程，它适用于创造浩大的群众场面、恢弘的气势、壮美的风格，表达和影响、引导某种心理。影视作品中经常用它来造势和提升感染力，在广告中使用的不是很多，这是因为广告多是宣传家庭生活用品，同时也受到时间的限制，但在场面广告、形象广告或情感广告的开始镜头中还是常见的。如在“威力洗衣机——献给妈妈的爱”篇中，一开始就是一个远方山村的远景画面，由它展开整个广告的情节，形象而自然，效果很好。见图3—10、图3—11。

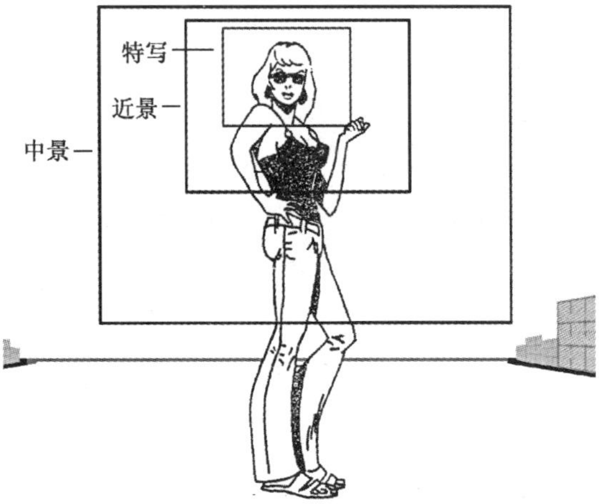

图3—10

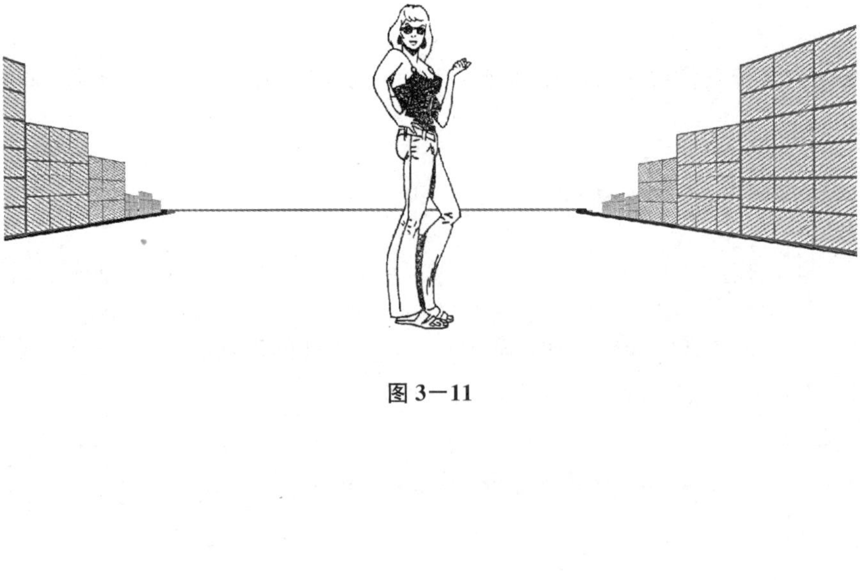

图3—11

案 例

中国农业银行形象电视广告·大行德广篇

整个广告共有九个镜头，其中有四个是远景，第一个镜头是一片茫茫雪景，第三个镜头是厚厚的冰水，第五个镜头是被雪覆盖的远山和枯树，第八个镜头是大雪覆盖下的远山、大地、树木都开始融化，渐显生机直至生机盎然。这几个远景为整个广告营造出空远的意境，让人们感受到中国农业银行“厚积薄发”的核心理念和企业主旨。可见，远景虽然不太适合电视广告一些特性的要求，但不是完全不可以使用，它的特殊意义，适合于形象广告、场面广告等形式。

2. 全景(Full Scene)

即能够容纳人物直立时的全身、场景全貌及物体全部的镜头景别。一般用于介绍环境、突出人与周围世界的关系、环境对人的影响或渲染烘托某种情绪和气氛等。全景画面具有描述性和客观性。电视广告中常用全景，因为它可以较全面介绍产品的使用情况、人与商品的关系，有的广告可以全部是全景。见图 3—12。

图 3—12

3. 中景(Medium)

即拍摄人物膝盖以上部分或场景局部的镜头景别，也叫“半身景”。物品则是以大部分或一半入景，可以让观众看到大量的细节，主体环境及人际关系等。中景具有较强的画外暗示功能，既能表现出环境特征，又具有表现人物动作的能力，所以中景具有良好的叙事能力。在影视作品中，叙事主要靠中景来完成。见图 3—13。

图 3—13

4. 近景(Close Shot)

即拍摄人物胸部以上部分或物体局部的画面景别，它可以让观众看清人物的面部特征和细微的形体动作，产生身临其境的感觉，也便于人与人之间的情感交流。近景中的商品，也能够让观众看得比较清楚、真切，同时又可以排除多余的信息干扰。这是影视作品中比较常用的一种景别，电视广告中尤其不可缺少。见图 3—14。

图 3—14

案　例

康恩贝牌肠炎宁糖浆电视广告

镜头1：妈妈怀抱着自己的宝宝。（近景）

镜头2：一会儿宝宝自己在地上玩，妈妈说："宝宝拉肚子，妈妈都紧张。"（近景）

镜头3：许多的妈妈带宝宝到医院看医生。（全景）

镜头4：一位医生说："很多妈妈问我，宝宝拉肚子怎么办?"她手拿着一盒药说道："我建议用肠炎宁糖浆。妈妈更放心。"（近景）

镜头5：产品及商标。（特写）

字幕：植物药。

镜头5：妈妈抱着宝宝和玩具熊说："效果好，口感也好。"。（近景）

字幕：药店有售。

镜头6：产品及商标（动画效果）。（特写）

画外音："宝宝拉肚子就用康恩贝牌肠炎宁糖浆。"

字幕：植物药，妈妈更放心。

这个广告中不同的景别运用自如，在表现情节和产品中发挥了积极的作用。远景和全景让人感受到熟悉的生活环境和情感氛围，近景则更能体现商品的特征和广告的主题。

5. 特写（Close－up）

即拍摄人物肩部以上的头像，或某些物体的局部画面景别。特写的主要功能在于选择与放大。它具有极强的主观性和强迫性，也具有极大的暗示作用。特写使观众被迫性接受导演提供的信息，也使观众与人物产生强烈的内心共鸣，即"特写使演出与观众之间不存在任何隔阂了。人们不是在看生活，而是深入生活"。它是刻画人物性格、揭示人物内心世界、描写细节的独特表现手段。电视广告采用特写，可以把产品或服务的特点等信息，清晰而真切地展示出来，产生一种魅力。见图3—15。

图3—15

案　例

卓丝润唇膏电视广告

镜头开始是一个居室内，一张高桌上放了一台电视机，电视里正播放节目。接着，电视被拉近，特写镜头上出现电视屏幕，依稀可见上面有两行字。字幕及解说词：室内温度摄氏 19℃，相对湿度是 40%。下一个镜头中电视屏幕中两行字清晰可见：温度 19℃，湿度 40%。电视机上出现一只手，正在放一个小瓶。电视屏幕上的温度和湿度数值不断变化，直至湿度增至 99%。出现解说词和字幕："就是湿润成这样。卓丝润唇膏令干燥的嘴唇迅速恢复滋润，防止干裂，卓丝润唇膏系列。"这是一个特写的长镜头，通过电视屏幕上温度和湿度数据的改变来表示室内湿度的不断升高。最后推出产品"卓丝润唇膏"的商品图片。

这则广告一共有 19 秒，其中这个特写的长镜头就有 8 秒的时间，广告通过运用特写镜头来表现产品湿润效果的特点：快速增加湿度。这则广告总镜头数量不多，但相对静止的长镜头使用，不仅增大了对受众的吸引力，而且使受众感受到产品的真实增湿效果，有一定的说服力。

二、不同景别的心理意义

表 3—2　不同景别的心理意义

景别	心理意义
特写	特写可以突出主观意识，产生强烈的情绪状态。电视广告中一般产品、商标和需要突出表现的细节都会用到特写镜头，以加深观众的印象。
近景	近景是明显的情绪表现。电视广告中突出重点的内容，包括能较为清楚地展示小体积商品外观，或表明特别的情绪，都在近景中表现，给观众以心理刺激。
中景	中景容易使人产生兴趣。电视广告中的中景可以加强和突出画面内部的表现因素。电视广告中的中景主要是表现情节发展、人物动作和情感的变化。中景符合人的视觉习惯，所以更真实可信，形象逼真。
全景	全景表现出较为冷静的心理。在电视广告的全景中，模特的行为举止、产品的全貌、消费的效果等可以清楚地展示在观众面前，带给观众全方位的、清晰的心理感受。
远景	远景表达一种冷静的心态，强烈的客观意识。在电视广告中能很好地展示故事发生的时空背景，为后面故事的发展进行很好的铺垫，也会带给人们客观的、冷静的视觉冲击力。

案　例

南方黑芝麻糊电视广告

镜头 1（全）：（遥远的年代）麻石小巷，天色渐晚。一对挑担的母女向幽深的陋巷走去。

（木屐声，叫卖声，音乐起：民谣式的，朴实，亲切，怀想，悠远，极具有歌唱性）

镜头2（特）：（叠画）悬在担子上的小油灯摇摇晃晃。

镜头3（特）：深宅大院门前，一个小男孩使劲地拨开粗重的樘栊，挤出门来，深吸着飘来的香气（出画）。

（男孩说："小时候，一听见芝麻糊的叫卖声，我就再也坐不住了……"）

镜头4（中，移）：担挑的一头，小姑娘头也不抬地在瓦钵里研芝麻。另一头，卖芝麻糊的大嫂热情地照料食客（配乐起）。

镜头5（特）：（叠画）大锅里，浓稠的芝麻糊不断地翻腾。

镜头6（近）：小男孩握着小手，神情迫不及待。

镜头7（特）：大铜勺被提得老高，往碗里倒着芝麻糊。

镜头8（近）：（叠画）小男孩埋头猛吃，大碗几乎盖住了脸庞。

镜头9（近）：研芝麻的小姑娘投去惊讶的目光。

镜头10（中，特）：几名过路的食客美美地吃着，大嫂周围蒸腾着浓浓的香气。

镜头11（中，近）：站在大人背后，小男孩大模大样地把碗舔得干干净净。

镜头12（中，近）：小姑娘捂嘴讪笑起来。

镜头13（全，移）：大嫂爱怜地给小男孩添上一碗芝麻糊，轻轻地抹去他脸上的残糊。

镜头14（特）：小男孩默默地抬起头来，目光里似羞涩、似感激、似怀念，意味深长……

镜头15（特）：（叠画）一阵烟雾掠过，字幕："一股浓香，一缕温暖。"

（广告语："一股浓香，一缕温暖，南方黑芝麻糊。"）

镜头16（特）：（叠画）产品标版。

镜头17（特）：字幕："南方黑芝麻糊，广西南方儿童食品厂。"

这个广告基本上用到了所有的景别画面，给人以不同的心理感受，完整地演绎了怀旧的故事情节，让受众难忘。

（资料来源：百度网）

值得一提的是，景别是相对的。景别取决于摄影机与被摄主体之间的距离和所使用的镜头焦距的长短两个因素。景别划分没有严格的标准，多是一种经验的总结。划分的方法有两种，一种是以拍摄主体（景物）在画面中所占的大小为准，凡拍摄主体全貌均为全景，凡拍摄其局部则为中景、近景等；另一种是以画框截取成年人身体部位的多少为标准，实际拍摄中多采用后一种。有时可能划分得更细，如有大全景、中近景、大特写等，这些景别在电视广告中也比较常见。

参考资料：

一、景别的视觉效果

1. 在相同的时间长度中，景别越小，时间感越长，即小景别的剪辑长度短于大景别。

由于在小景别中，镜头画面内的容量相对于大景别而言少，观众看清内容所需时间相应也短。比如说，观众看一个2秒的特写，可能觉得正合适，但是如果是2秒的全景，结果就会感觉镜头一闪而过，时间似乎变得很短，什么也没看清，因此在一个全景镜头的长度一般总比特写长。

应当指出的是，在表达某种思想深意或情绪时，景别的长度安排首先取决于内容思想的表达，而不是视觉效果。比如，表现一个人焦急等待的心情，墙上时钟的特写可能就被放大，用来强化滴答滴答的时钟声和时间的缓慢；一个曾经健美的年轻人身患绝症不能行走，而镜头却长久停留在窗台上洗得发白的运动鞋的特写上（电视片《一座雕塑的诞生》）。

2. 同一运动主体在相同的运动速度下，景别越小，动感越强。

鲁道夫·阿恩海姆在《艺术与视知觉》一书中曾经提到：德国心理学家布朗做过一个实验，让一排人穿过一个长方形的框架，当框架和人的尺寸都增加了一倍时，这些人的速度看上去就像是减少了一半；为了使速度看似与原来相当，则必须使他们穿越的速度增加一倍。经过实践验证，心理学家得出结论：视觉所见物体速度与物体大小相关，在客观速度不变情况下，如果物体场所变小，其速度看上去就会增加。

这一结论同样为影视屏幕上的运动效果所证实，同样运动速度的动作在小景别中，运动速度似乎更快，换言之，动感更强烈。

在表现快节奏或强动感的广告和电视片中，选用小景别表现动作是剪辑中的一条基本法则，比如，要表现足球场上的激烈角逐，必定需要选用带球、铲球、奔跑的脚等特写，否则单靠全景、中景，是不足以制造强动感效果的。

同样的道理，在用特写等小景别拍摄较细小的动作时，如人的手势，常常需要放慢速度，以免一闪而过，但是，有时候，在有些电视片，尤其是广告或宣传片的片断处理上，会故意利用这种近景中动作局部的模糊效果，来制造某种悬念或者强化动感印象。

二、景别的组合效果和运用

在剪接镜头时，景别选择的具体方式没有一定之规，由于景别的不同表现功能及视点变化会导致不同的叙述和审美效果，一个有经验的剪辑师在连接一组镜头时，往往会重视利用景别变化来为巧妙叙事和调节视觉节奏服务。其中，一些景别组合的规律是值得借鉴的：

1. 同一主体（或相似主体）在角度不变或者变化不大的情况下，前后镜头的景别变化过小或过大，都会致使视觉跳动感强烈。

最明显的例子是在一些新闻节目中，我们经常可以从新闻节目中都会看到这样的情形，记者采访某人，而被采访者的回答一旦被有所删减，同时又未插入其他画面(诸如记者反应、相关内容画面等)，那么被访者的画面就会跳动，其原理就是，当声音被删减时，相应的画面也被删减，一段镜头一旦被剪断，重新连接时，如果景别无变化，则视觉跳动感强烈。

要弱化这种跳动感，一般的做法是插入其他镜头，或者改变景别，或者改变拍摄角度，比如：说话人由中景变为近景(或全景)，由正面形象变成稍侧的形象。之所以这样做，是因为镜头内容的改变，或者景别、角度的改变，都会在一定程度上使观众的视觉注意力发生变化，相应地弱化了镜头间断的不适。

为了后期剪辑的便利，在前期拍摄类似采访段落时，摄像师应该尽可能在保证采访内容的基础上，多拍一些不同角度不同景别的镜头、反应镜头及相关的环境镜头，以便后期的剪辑。

另一种情况是，景别变化太大，比如由远景、大全景直接跳接特写，也会引起视觉的强烈跳动感。

因此，一般情况下，剪辑中应该避免同一主体前后镜头的相似景别连接或者景别变化过大。

但是，如同我们一再强调的，视觉上机械的流畅不能取代内容思想的流畅和艺术的创造。在有些时候，为了特殊的艺术和思想表达需要，编导者故意反规则而行之，反而能够产生最恰当的艺术表现力，这样的事例并不少见。

比如，电影《有话好好说》的开场部分，手持摄影机贴近拍摄，镜头晃动明显，构图不对称、影调不统一，人物运动方向杂乱，特别是剪辑上，故意选择不恰当的剪辑点，同景别跳切严重，总而言之，几乎违反了一切保持视觉流畅、稳定的拍摄和剪辑的规则。但是，在轻松、幽默的音乐衬托下，整个不符合“剪辑规则”的开场段落最终却很好地表现了躁动无序的现代都市情态。

类似的情形也常见于一些表现现代快节奏的剪辑中，将一个连贯的动作中途剪断，似乎动作被突然中断又接着延续，视觉刺激，动感强烈。这样的剪辑不符合视觉规律，容易导致视觉疲劳，不易长时间使用。

2. 运用不同景别的镜头组合可以实现清晰有层次描述事件的目的。

不同的景别有不同的表现力和描述重点，因此，在叙述段落中，常常可以利用景别视点的变化，满足观众观看的心理逻辑需要。

比如，一对父子在湖光山色中行舟，全景中，观众能够看清湖光山色的环境和人物划船的大体面貌，在中景中，人们进一步可以看见划船者是一对父子，甚至各自的年龄、服饰、彼此间的关系等，在父亲的近景中，沧桑黝黑的面庞显示了其生活境遇，从全景到中景，再到特写，从环境到人物关系、细节，基本上比较清楚地描述了动作过程，观众也得到了全面的感性认识。

这就像我们日常观察某些场面，人们总是习惯性地扫视环境，然后再逐渐将注意力集中在值得关注的几个关键部分，甚至好奇地希望看到相应的细部表情或特定局部，待动作或事件高潮过后，人们又会放松地环顾四周场面环境，在剪辑中，剪辑者就是利用人们的认识事物的心理来选择镜头内容及其景别方式。

这种由外及里、景别由大到小的镜头安排方式，是一种最常见的平铺直叙的方式；有时，为了制造悬念，还常常在段落的一开场，就安排特写等小景别，然后逐步拉开，渐次告诉观众相关内容，由于小景别大多不包含空间关系，只是展示事物局部，因此比较容易引起悬念：这是什么？这种由小到大的安排方式也是叙述段落中处理景别的通常作法。

不同景别的安排构成了不同的蒙太奇叙述方式，关于这一点，在以后研究叙述剪辑时还会涉及。总之，在叙事剪接中，镜头景别的变化要明显，目的明确，这样容易产生平稳、流畅的视觉效果，而且可以使观众多角度、多层次了解事物状况。

3. 利用镜头连接中景别的积累或对比效应，营造情绪氛围。

一定形式的有规律的景别变化，可以产生一种因积累或对比效应而引发的特殊视觉感受，并且由此影响观众心理情绪。在这里，景别的运用不是为了有层次地描述事件，而是突出视觉效果，是通过景别外在形式上的变化来制造视觉刺激或强化一种意味。

通常采用两种景别处理方式：

(1)同类景别的镜头组合，用来造成一种积累效应，在相似性的积累中，同样的内容元素或意味被加强，从而激发人们的感悟，比如，表现体育比赛前准备，那么各种各样做准备活动的镜头被连续组接在一起，而且以相同景别的方式最有利于保证视觉的连贯和主题的强化；

(2)两极景别的对比连接，比如大远景与近景特写的组接，形式的对比反差容易加剧视觉的震惊感。当镜头切换较缓，两极景别有序交替比较适合肃穆的气氛，比如，表现国旗与太阳一起升起，就可以将一组地平线上旭日东升、巍峨的长城群山、雄伟的天安门广场等颇具气势的大远景和国旗班护旗、升旗的各种局部特写交叉组接，互为映衬，对照中见庄严；反之，镜头快速转换则易产生激烈、动荡或活泼的情绪气氛，所以，创作者常常利用两极景别的这一特点来强化动态表现。在张艺谋导演的《申奥宣传片》中大量利用了两极景别交差组合的方式，来表现中国人对体育的热爱(见《申奥宣传片》)。

在上下段落连接中，景别的反差常常被视为段落间隔的有效手段，比如前一段在远景中结束，下一段从特写开始，形式上明显的反差为内容的转化划分了清楚的界限。

总之，在选择镜头时，景别是重要的考虑依据。不同的景别由于视点空间和内容重点不同，因此镜头长度也相应不同，同时无论景别组合会有多少效果，实质上对于景别的考虑基本上是基于两点，即对于内容意义的表现作用和视觉空间的感受效果。

要注意的是，景别组合不是机械的，要根据不同情况来处理景别关系，比如在叙事剪接中，如果用相似景别来表现同一动作内容，这样的镜头连接不仅容易视觉跳动感明显，而且画面信息量重复，剪辑啰唆。但是，一旦这是一个值得重点表现的动作，并且被注入情绪色彩，那么用不同角度、相同或不同景别的镜头反复表现同一动作，则可以使该动作段落营造出某种情绪，这是延时剪辑的一种，所以要“因地制宜”地运用原理。同样如果镜头景别合适，画面内容不贴切，那么宁愿首先选择内容合适的镜头，避免以形式牵制内容。

（资料来源：百度网）

思考题：

1. 影视语言的特点是什么？
2. 蒙太奇的概念、分类及表现形式有哪些？
3. 镜头拍摄与运动镜头的内容是什么？
4. 景别的类型及心理效应各是什么？
5. 结合实例来分析不同电视广告中影视语言的运用及蒙太奇表现特色等。

第四章　电视广告画面的形与色

本章重点

- 电视广告画面构图的基本内容及表现形态
- 电视广告画面中色彩运用的意义
- 电视广告画面视觉造型的意义

电视广告的魅力就在于它的画面表现，而不同画面的形与色都会有不同的感染力。因此在解读电视广告作品时，就需要从它的形与色的构成方面来理解画面的内涵和表现特点，从而为学习运用电视画面的形与色来表达产品信息做好准备。

第一节　电视广告画面的构图

电视广告的画面是指通过摄录系统在一段时间内不间断地拍摄的形象素材，它是组成电视广告的基本单位，是电视广告造型语言的基本视觉元素。电视广告的画面不以一般的画幅为前提，而是在一定数量的画幅中以每秒 25 帧的连续运动来体现。值得一提的是，在电视广告语言中画面与镜头是一个含义，都是指组成电视广告的基本单位，即在一段连续时间内所拍摄的一段素材。

一、电视广告画面构图的含义及功能

(一)电视广告画面的构图含义

构图是在一种相对固定的画幅中(画框)去有序、有目的的表现无限空间中的景

物。它最早是绘画行业的词汇，引用到电视广告中就是指画面中各个组成部分之间的位置和相互关系。

(二)电视广告画面构图中的组成部分

电视广告的画面有许多构成元素，这些元素在画面及广告中有不同的意义和作用。

1. 产品及标识

这是电视广告中的主角。画面中的产品形象及标识是受众对产品的感知和记忆对象。在电视广告中，主要是对产品的特色着力表现，给人以深刻印象。因此，它的核心地位是确定的。但产品和标识在其画面中的这种地位并不是指它必须在每一幅画面都出现，或占核心位置，它的具体位置安排是要根据创意的要求和每一幅画面的具体特点而定的。

2. 模特

即电视广告中的人物。它的作用在于能够增强广告的吸引力和感染力，能够自然地展示产品的特色及带给受众的利益点，还能开拓更为广阔的创意思考空间。在广告中一般常出现的模特有三类：儿童、美女、明星。还有动画广告片中的拟人化的动物模特。

3. 环境

即指在电视广告中所呈现的自然环境与社会环境。它能够赋予广告和产品以真实感，增强广告本身的感染力和视觉冲击力，是电视广告画面中的氛围角色。

4. 字幕

即展示在电视屏幕上的文字。它是文案的一部分，也是视觉构图的一部分。字幕除了能发挥与语言类似的作用之外，还具有提示、翻译、强调等意义。

案例

江淮宾悦轿车电视广告·陈道明篇

画面中陈道明从一辆白色轿车后边很欣赏地环视着这辆车，当他走到车门旁并打开车门时，车里面坐着可爱的女儿和美丽的妻子。他开车带着全家行驶在路上(歌声起：“你是我的世界，ONLY FOR YOU.”)……这时画面分为三部分，从车的内部、正面、后面来展示行驶中轿车的风采和车内空间的宽阔……画外音：“江淮宾悦，夺世行天下。”

图 4—1

这则广告中陈道明、女人和女孩都是人物模特，产品就是宾悦轿车，字幕主要是歌词和产品标识，环境则是在户外、在公路上，这些一起构成电视广告的组成元素，它们在作品中分别有不同的意义和作用。见图 4－1。

（三）电视广告画面构图的特点

电视广告画面构图的特点是进行广告创意与表现的策划时，必须考虑的元素，只有对这些特点有充分的认识，才能保证广告的最终效果。

1. 动态性

即指随着被摄对象的运动和摄影机的运动，画面的构图结构和情节重点都会发生相应的改变，被摄主体在画面中的位置及画面形象的透视关系在不断变换。这对摄影人选择演员及在摄像机运动中进行动态构图和画面取材的能力提出更高的要求。

2. 时限性

即指电视广告画面的时间长度不同，所承载和传达的信息量的多少也不尽相同，观众只能一次收看和接受画面信息，这种在表现上的时间长度控制成为观众收看时的限制性。因此，画面构图和表现的时限性要求电视广告画面的构图必须简洁、集中而明确，它不能像美术作品和图片那样供观赏者长期驻足观看。

3. 多视点

即指在拍摄过程中不断变化视点、角度和景别，对同一被摄主体进行连续的、多方位、多角度的拍摄。随着视点的不断变化，被摄主体的画面形象和画面范围也在不断变换，画面构图的形式结构及组合关系也要相应改变，这就使得观众获得了更多的信息量和更丰富的视觉感受。

4. 构图结构的整体性

电视广告的完整镜头内容通常都是由几个乃至几十个画面来共同完成的，一个电视广告画面所传达的内容往往是上一画面的延续，或是向下一个画面发展的过程。因此，单个电视广告画面也许并不具有完整性，但它们在一系列画面组接之后便会形成构图结构的整体性和组合关系，这就会对单个镜头的构图产生特定的要求，某一单个镜头构图的不规则、不完整会在整体构图结构中得到解释和说明。这一点也为电视广告创作人员的构图表现提供了巨大的空间。

(四)几个重要概念

在电视广告画面构成中，还有几个相关的概念是经常用到的，也可以说是构图理论的主要内容之一。

1. 主体

即电视广告画面中所要表现的主要对象。它一般体现出广告主题的意义和目的，也是构图的核心内容。在分析每个广告画面时，对主体的明确是首要任务，而在设计和构图中也只有先明确了主体是什么，才能合理布局，正确处理好主体与其他各要素之间的关系，达到突出画面意义和效果。

2. 陪体

即指与画面存在着的紧密相关的元素。它在画面中与主体构成特定的关系，或辅助主体表现主题思想，是画面中有机的成分和构图的重要对象。陪体的意义在于在画面中陪衬、烘托、突出、解释和说明主体。

3. 前景

在电视广告画面中，位于主体之前，或是靠近镜头位置的人物、景物，统称为前景。它是背景环境的主要构成内容，但有时也是陪体。前景的作用主要在于：

(1)帮助主体直接表达主题、交代内容。

(2)可以表明时间概念、季节特征和地域特色，帮助构成现场气氛。

(3)有助于强化画面的纵深感和空间感。

(4)还可以用以均衡构图和美化画面。

(5)还可以用来与主体形成某种蕴涵特定意味的对应关系，以加强画面的表达效果。

(6)在运动摄像中，前景能增强节奏感和韵律感。

4. 后景

即那些位于主体之后的人物或景物。在电视广告画面中常指环境气氛的构成部分。它的作用表明主体所处的环境、位置及现场气氛，帮助主体揭示画面的内容和主题。从结构上说，它可以使画面产生多层景物的造型效果和透视感，增强画面空间的纵深感。

5. 背景环境

即画面主体对象周围的人物、景物和空间。它包括前景、后景及背景，是画面的构成因素之一。

它除了起到陪衬、突出主体作用之外，还能够表明主体的活动地域、时代特征、季节特点、地方特色以及帮助刻画主要人物的性格和表现特定的气氛，并加强画面的空间感和概括力。

案　例

（英国）某食品电视广告

画面中一位女性很是急迫地推开了一扇门，这时房子里有一位男士正在打电话，当他看见这位女士闯进来时，惊讶地望着她。那女人向他叫着："他在哪？"他答道："稍等好吗？"但是那个女人根本不听，直接向房间的通道走去。这时在电梯里出来了一群人，她从人群中挤过去，嘴里还不停地嚷着："让我过去！让我过去！我得见他。"终于她上了电梯，就在电梯门即将关闭的瞬间，打电话的男士冲她喊道："别傻了，他已经变样了。"……女人在电梯里急切地看着不断变化的数字，嘴里在默默地叨念着什么。五楼到了，当她走出来时，迎面一位男士对她说："对不起，小姐，已经太迟了，他多吃了一块……"，但还没等那位先生说完，她就直奔向前方，猛地推开一扇门，这时一个带着卡通面具的小丑出现在她眼前，并对她说道："你好！"画外音："bassett's，多吃一块，让你变样。"

这则广告运用了悬念故事来表述了产品的魅力。广告中主体就是那位女士，陪体是各种不断出现的人物、后景、背景也都有所表现。一般在故事型的广告中这些元素出现的比较多，它们都是为了表达创意思想服务的。

二、电视广告画面的表现状态

电视影像主要由静态画面与动态画面剪辑而成，两者不断交换过程构成了一段又一段连续的电视画面。静态画面使用绘画式的语言，而动态画面则是通过强烈的运动，来表现动感，即电视的画面总是不断重复着由静向动、再由动向静的转换过程。

（一）静态构图的含义及表现

1. 静态构图的含义

静态构图是将机器固定拍摄的相对静止的镜头，其构图固定无变化。画面中心多设定为观看者的视觉中心。电视广告中的静态构图表现为屏幕的视觉板块，这就是受众接触的静态画面形式。

2. 静态构图的表现——屏幕的视觉板块的构成

第一区	第二区	第三区
第四区	第五区	第六区

在静态构图中，每个视觉区域都会产生不同的视觉心理效果，因此，依据心理学的理论，电视广告的信息在每个不同视觉区域的分布就会有所不同。如表 4—1 所示：

表 4—1　电视广告信息在不同视觉区域分布表

区域	左上区 第一区	中上区 第二区	右上区 第三区	左下区 第四区	中下区 第五区	右下区 第六区
总特征	视觉运动的始发区。	高潮和中心的区域也是特写区	人们积极施展才干、有目的地运动	次要信息游离的区域	是仅次于第二区的高潮和中心区域	注视度最低，视觉信息量少的边远地带
信息特点	信息量大且活跃	最常见的图像是从小到大的扩展和从远到近的推进	最富诗意和变化的区域，象征生命和力量	适合于揭示和补充，注意度低	与第二区相互联系、补充与演进，处于平衡状态，是电视广告结束前几秒钟的静态区和运动的终止区，最适合重复、展示和强调，是戏剧的关键区域	极易被遗忘，也易产生戏剧性效果，是冷漠、孤独的区域
心理效应	具有欢快、浪漫、清新、甜美、思念、希望等，是悲凄与回忆、白日梦区域，是“赏月区域”	具有庄严、稳健、安详、醒目、优越、依赖等，易产生强烈的视觉印象，也容易产生厌烦的心理	具有青春、美妙、活力、意志、奋发等感情色彩，是“命运与意志区”	具有亲切、温暖、慰藉、发人深思、含蓄、疑惑和梦幻	具有坚强信念、远大目标、自豪、留恋、永恒和追求	具有神秘、意外、幽默、紧张、机敏和好奇等

资料来源：李谋著：《CF 大透视——影视广告创作指南》，中国摄影出版社，2000 年版。

在电视广告的画面构图处理中，一定要以此为依据，这样才符合受众的心理需求，从而保证广告画面的视觉效果。

（二）静态构图的要素

在静态构图中有点、线、面组成，这也是视觉形式中最基本的要素。

1. 点

点是三种要素中最基本的要素。点是存在于空间内的一个明确的统一体，也是形成一个新世界的最基本元素，一个静态的点是人们所能看到的最简单的画面，是所有画面的基础。点存在于某一位置且不可分割。

2. 线

(1)线的定义

线是点移动的轨迹，具有长度特征，它是一个点向一个特定方向运动时所得到的。在静态构图中，线是指画面形象（影像）所表现出的明暗分界线和形象之间的连续线。

生活中的客观实体均有其外在的形式——线条，反映到电视广告画面中，同样会有视觉所感知的景物轮廓线、相类似的景物的连线等，比如地平线、道路的轨迹或排成一行的树等。

不同的构图形式和框架关系将会给观众以不同的视觉感受。当我们提炼构图的主线条时，要注意以画面构架为线条形式和观众收视所限定的参照系统。认识和选择在何种构图下被摄主体的线条形式最佳，而且最能表现和反映其本质，最能传达主题思想和创作意图。

特别值得一提的是，电视广告光线是画面构图的基础和灵魂。没有光线，电视广告构图则无从谈起。光线不好，画面构图也会受到极大的影响达不到既定效果。画面构图的变化是随着光线的变化而发生的。从电视广告构图的角度来说，光线的选择是决定电视广告和画面构图质量的关键因素。

(2)线的特性

线分直线和曲线两种，直线富有力度，水平线是最简单的直线形式，是最安全、最稳定的线之一，但在电视上过多地用直线，显得单调乏味，曲线使人感觉柔和。

(3)常见的几种形式，见表4—2：

表4—2　线的几种形式及心理效应

线的形式	水平式	垂直式	S式	斜线式
心理效应	稳定、平淡	挺拔、威严	动感、动态	动感、活泼
示例	大海、草原、沙漠	高塔、教堂	盘山路、长城	飞机、射箭、划船

(4)各种线形的心理效应

不同的线形对人们的心理会产生不同的影响。

①直线：给人以刚直感觉印象，如形容男性时会用到。

②曲线：给人以柔美、优美的感觉，如在画面中用来形容女性的美。

③对角线：是由水平线与垂直线交叉而成，是冷暖调的结合，不仅能够很好地维持平衡，而且有表现无限活力和表现力量等作用。

3. 面

(1)面的含义

面是线移动的轨迹，是由直线上下左右活动而形成的基础平面，是具有面积而没有厚薄的形。

(2)画面四边的特征

①画面的上半部和下半部

上半部给人一种愉快、广阔的感觉和解脱感，越往上怜悯的感觉越强。相反，下半部稳定性好，但有比较沉重的束缚感。

②画面的左侧与右侧

左侧给人一种轻快、解脱的感觉，这是人们视觉通常最先注意的部分。右侧与左侧相比，给人一种较为沉重、阴沉的感觉。

(三)静态构图的法则

在广告画面中，静态构图的总原则是对立统一。

1. 平衡与变化

平衡是画面构图中最重要的一个法则。画面中的平衡不是简单地要求画面对称，相反是要求打破对称，平衡艺术就是让非对称构图产生平衡感，即画面中所需要的平衡是变化中的平衡，如利用视线的惯性，利用线条的指向、会聚，利用相同影调的响应等，使画面给人以均衡感，同时，又具有和谐的韵律。

常见的几种构图形式有以下几种：

(1)三角形布局

三角形布局依据三点构成一个面的原理，这是最稳定的布局。

(2)会聚构图

使用线条的会聚将主体画面的线条会聚点上，将观众的视线引向主体。例如，一条斜向机场跑道，无数的会聚点上有架飞机在滑行，画面中飞机虽只占很小的一部分，但由于跑道的斜线会聚的作用，使得观众的视点自然被引到滑行的飞机上。

(3)井字分割

“井”字构图的交点是人们视线集中的地方，在构图中常把主体安排在这些聚焦的位置附近。

(4)黄金分割

黄金分割构图是按美学原则，把一段直线分成大小两段，使小段与大段的比等于大段与全段的比，比值为 1∶1.618。在美学上认为用这种比例画出的长方形，最能给人以美感。电视屏幕的宽高比为 4∶3，接近黄金分割。

2. 对比与调和

对比是平面构图的基本法则。对比不仅能产生形式美感，而且是突出主体信息的最有效方法。

(1)明暗对比

即色块对比，这是按照心理学原理，将暗调中的亮块、亮调中的暗块、色彩对比强烈的色块等有机地构建为画面的视觉中心，以引起受众的注意。也可以理解为把明亮的主体置于较暗的背景之前，或把较暗的主体置于较亮的背景之前，都可以使主体得到强调。

(2)虚实对比

如果主体与背景的亮度差不多，背景显得很清楚，又找不到能使主体与背景分离的角度时，可以把背景虚化，从而达到突出主体的目的。

(3)主客对比

在广告画面中为了突出产品的特色，特别是外观上的特点，可以在广告商品出现时加入陪衬的元素，如把药片放在手心、把空调机挂在墙上、把饮料放在水果堆上等，以此形成主客体的对比关系，强化受众对主体商品的印象。

(4)远近对比

由于远近不同会产生不同的视觉效果，因此，在画面中要注意把所要宣传的重要信息元素放在离受众近的地方，以强化视觉效果。如果重要信息放得太远，会影响受众的视觉和印象。

(5)粗精对比

在广告画面中，通过粗与精的关系对比，可以突出所要宣传的重要内容。如某品牌的手表电视广告，让手表藏在一个剖开的海螺里，手表的精致与海螺的粗糙形成较大的反差，从而体现广告商品的高贵和神秘感。

此外，还有刚与柔、疏与密、残与全、轻与重、藏与露、方与圆、直与斜等对比关系。

3. 多样与秩序

在电视广告的画面中，往往会有许多的元素同时存在，但它们怎样去排列顺序，怎样突出该画面的主旨意义？这是很讲究的。如果元素过多，一般可以考虑按照一个单元或一个单位来进行分类排列，以避免视觉上的混乱，或掩盖了主体角色的表现。

4. 从属与支配

在多元素的电视广告画面中，每个画面一定是有从属与支配之分的，无论是以单元来分类，或是按单个元素来分类，这样就必须分清主次元素以及它们应该有的位置，以免影响视觉效果和广告效果。

(四)静态构图的职责——表现产品

主体是画面结构的主要组成部分，电视广告的主体是广告商品。如何表现并突出这一主体呢？

1. 把广告商品放在电视屏幕里最引人注目的位置。

2. 利用陪体衬托广告商品。

3. 利用明暗、虚实等手法将主体与背景分离开。

4. 给广告商品以特写镜头。

5. 给广告商品加轮廓光或其他光影效果。

当然，在电视广告画面运用上，要依据具体的情况来选择合适的形式和方法。

三、动态构图

静态构图是动态构图的基本组成单元，动态构图是静态构图的最终目标，是一幅幅静态图组接的结果。

(一)运动基本定势

物体不同的运动方向会有不同的视觉效果，一般来说，有以下几种情况：

1. 由左向右移动的商品：看起来感觉轻快。符合人的自然视觉规律，自然流淌，这是最经常使用的运动方式，一般用于表现休闲时的舒适轻松。

2. 由左上方向右下移动：是物体落下时美丽的曲线，给人一种轻快、抒情的感觉，适合表现化妆品、服装等。

3. 由右向左的运动：表示坚强的反抗，痛苦的运动，一般用于表现希望或愿望的构图里，这一运动主要用于突破阵地，或者表现某种强烈愿望的构图中，其印象强烈。

4. 从右上方进来的运动：使其停止于画框之下部偏左，表示强烈力量，用于说明、主张、证实最有效。这是充满动感与速度的运动线路，适合表现像汽车这类具有足够重量感与质量感的产品。

5. 从正上方向下运动：这种表示正在往下落的曲线，常被用做使人想起所提示的商品，此种运动方式广被活用，是一种特殊的运动。

6. 从下向上运动：这种运动非常有力量、具有男子汉的雄性色彩，给人一种稳定感，而且动感十足。

7. 与8必须借助播映才能识别，是与屏幕垂直的进深运动，分别表示后退与接近。后退有安定和沉静感，接近则制造兴奋。

8. 与 3 都是电视广告最重要的运动。见图 4—2。

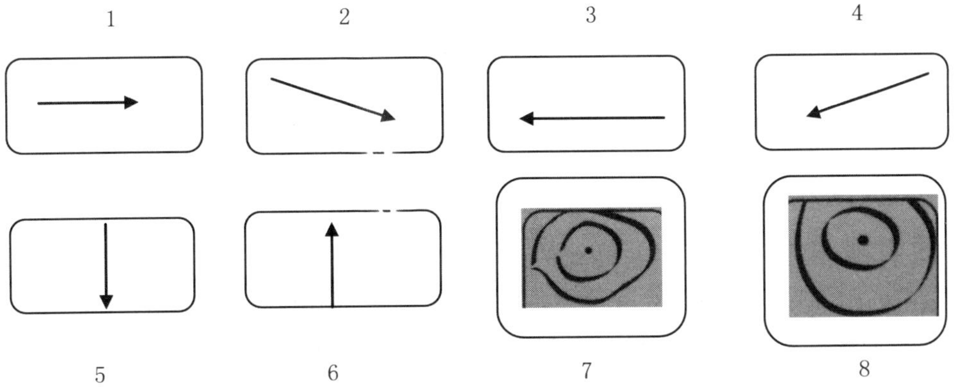

图 4—2

（资料来源：李谋著：《CF 大透视——影视广告创作指南》，中国摄影出版社，2000 年版，第 191 页）

（二）产品出现的位置

电视画面通过强、弱、明、暗的交错来保持平衡，以画面的中央为中心，把画面分为四部分，广告要根据创意的要求来安排产品的位置。

1. 左上角：这是最令人愉快的一角，在这个位置出现的产品，观众能够最自然地接受。适合表现化妆品、药品、首饰、小型家电等产品。

2. 右上角：这个角落给人一种力量感，适合表现汽车、火车、飞机等具有一定速度感的交通工具。

3. 左下角：虽然稳定，但震撼力不强，给人一种柔弱的感觉。如果后面没有画面，最好不用这个位置。

4. 右下角：这是最阴沉、最忧郁的角落，不适合表现产品，常常出现商标。

5. 趣味点：屏幕上四条趣味线的交叉点就是趣味点。这是观众注目的中心，是产品或重要看点应该放置的位置。（见图 4—3）

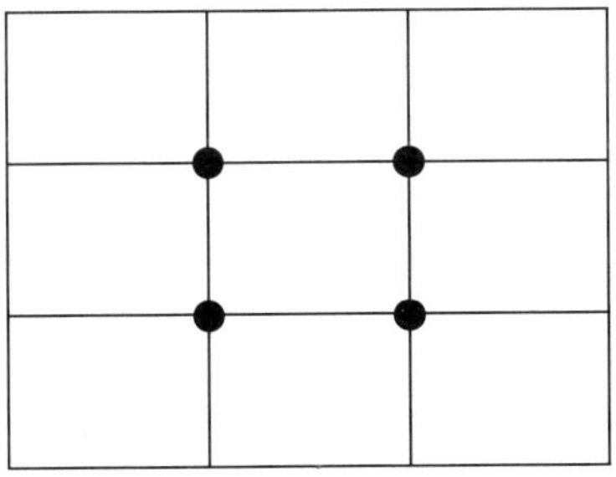

图 4—3

（三）不同方向的运动效果比较

不同的运动方向对人的视觉和心理都会产生不同的影响和效果。

1. 人或物自左向右或自右向左的运动，与上下的运动相比，以上下移动的运动更有力度感。

2. 自左下向右上或自右上向左下所作的斜线运动，其印象是轻快的、舒适的。若将人物作水平移动，其画面是倦闷的。

3. 远近的运动(接近或远离摄影机的运动)，较之将摄影机自左向右或自右向左移动的运动更富戏剧性。

这些也都是在策划广告时必须要考虑的因素。

(四)运动速度走势

1. 速度感

速度感与景别和镜头焦距有关。不同的景别中，人们对同一个事物也会有不同的速度感，如远景中显得慢，而在中景中就显得快，即：视距短，速度感强；视距长，速度感弱。

用不同焦距的镜头拍摄同一速度的动体，可得出不同速度感的画面。长焦距镜头拍摄的画面表现出来的速度感快，短焦距镜头拍摄的画面，表现出来的速度感慢。

2. 速度与力度

速度快，给人感觉力度大。要体现广告商品的力度，可以让商品或商标快速运动。同样，要表达欢快紧张的情绪，就得安排快速的动体，如疾风暴雨、滚滚车轮、倾泻的瀑布等，以激起受众相对应的情绪节奏。慢速度的运动则具有悠闲、恬静的情感色彩。

速度还与节奏有关。运动突然停止或有缓急变化，比恒速更能给人留下深刻印象。

案例

(法国)当诺普轮胎电视广告

一个人从直升机上跳下，站在山头上，向下面的山路上抛出了一只轮胎。于是这只轮胎，飞速直下，驰过各种崎岖的山路、山洞、吊桥……一路奔驰而下，如同一辆飞驰的汽车。当它冲下一段曲折的梯形路时，突然，前面出现一个小女孩正在路中玩她的布娃娃，眼见那轮胎就要压过来了，女孩立刻丢下布娃娃向一旁躲去，就在这时随着刹车声的响起，轮胎稳稳地停在布娃娃旁边。小女孩立刻上前抱起她的玩具，并亲了亲那个轮胎，开心地笑了。广告语："当诺普，功成名就。"广告中轮胎在一开始飞驰而下，表现了产品极强的力量和不惧各种坎坷的品质，而当遇到危险时，它又能稳稳地停下来，给人以安全感和极好的性能感。这前后不同的速度相比之下，轮胎的特色优势得以形象地体现，给人以深刻的印象。

(五)动态构图规律

电视广告的动态构图也是有规律可循的，具体地说主要有以下几点：

1. 静与动的统一

电视媒体以“动”为主要特色，但如果全是“动”的画面，则不符合实际情况，另外也会给人眼花缭乱的感觉，特别是在电视广告中，有一些画面是需要“静”下来，以便增强受众的关注度和记忆效果。因此，在动态的构图中也要注重运用从静到动再从动入静的运动过程，遵循动与静相统一的辩证原则。当然，具体的动与静的时间与顺序安排是要根据脚本的具体要求而定。

2. 运动的呼应性

电视广告画面中的运动是要有一个呼应性的画面来衔接的，这种呼应关系主要从两个方面考虑。

(1)方向

首先不能随意改变被摄运动物体的方向。如一辆飞驶的汽车向左框外跑去会在观众心中造成那辆汽车“永久向左跑”的印象。如果接下一镜头是汽车从左方突然入画，观众会认为是另一辆汽车，并有两车要相撞的感觉，所以连接逆向的运动镜头是危险的，如果一定是要改变方向的两个运动镜头相接，中间一定是要加一个过渡镜头。

(2)时间

运动是需要时间来展示其过程的，一个连续的动作最好能得到全部展示。如在记录高尔夫球手扬球杆这一过程时，不得忽略球在空中飞行的时间，不可让击球的镜头直接连接球躺在地上的静止画面，一般应加一个球在空中飞的镜头，也可以延长击球或球落地镜头的长度，如让球手击球后仰望天空、让球弹跳着地。

当然，在广告中有时也可以故意通过画面的跳跃，打破动态衔接的原则，来达到预定的效果。

案　例

雀巢巧克力电视广告

一群人正在高尔夫球场看一个选手打球，正当这个选手挥杆要把球打出去时，突然观众中发出一种“哼哼哼”的声音，而选手因为用力过猛，球杆已经被甩出去，他很生气地看着那个发出声响的男士，那位男士手里拿着吃的东西，并向他示意有东西要从天上落下来，可还没等选手明白怎么回事，那个球杆已经打在他的头上了，他应声倒地。吃东西的男士无奈地摇摇头，接着吃他手中的食物，可当他吃一口时又发出“哼哼哼”的声音……广告语：“雀巢巧克力，美妙滋味令你快乐无比。”

这则广告中本来球杆的运动是一个连续的过程，但广告为了制造幽默和悬念的效果，将运动过程分开来表现，使产品魅力巧妙地展现出来。

(六)电视广告中创造动态效果的方法

电视广告的最大优势就是以动态来吸引受众，逼真地表现产品，在电视广告中一定要注重对这种动态效果的创造和利用。

1. 让产品自己动起来

产品本身往往是没有生命的，要让它动起来吸引受众的眼球，提高兴趣点和关注度，就必须通过创意来设计一些动态效果，如可以在电视广告中把产品设计为道具，通过人物的使用让它动起来；也可以通过拟人的手法，使产品表现出动态来。

案　例

可口可乐电视广告·昆虫篇

一位男士正躺在一片草地上熟睡，他身边放着一些吃的东西和一瓶可乐，这时可乐旁边的青草上飞来了一只瓢虫，它一下子跳到可乐瓶盖上，接着四周的蝗虫、蜜蜂等各种昆虫都一起飞过来扑向可乐。可乐被推倒在地上，昆虫们拖着它向草丛深处走去。当可乐经过那个男士身旁时，一只漂亮的蝴蝶飞绕在男士的鼻子上，男士只顾揉鼻子，没有注意到他的可乐已经离开了。昆虫们推着可乐瓶在水里走了一段，到一处地方又由一只长着钳子一样大嘴的昆虫打开了可乐的盖子，“嗞”的一声，男士被惊醒了，当他伸手去拿身旁的可乐时，可乐却飞散开了，原来这是由一群花蝴蝶组成的假可乐，而此时，昆虫们正在分享可乐的美妙滋味呢。

这则广告运用了拟人化的手法和电脑制作的技巧，以动画的形式，通过昆虫们一起合作来偷走可乐的故事表达了产品的奇妙诱惑力。产品在广告中通过昆虫的帮助，运动起来。在画面中产品的色彩、动感表现突出，形成了对受众的视觉冲击效果，这比静止的产品形象要有效得多。见图 4－4。

图 4—4

2. 用镜头运动来突出广告产品

镜头运动也可以使原本静止的物体表现出动态，如摇镜头、移镜头等，这样广告中的产品会随着镜头的运动而发生变化，给人以动态的感觉。

案 例

（意大利）雷诺汽车电视广告·修飞机篇

画面中一架飞机正准备降落，这时飞机的驾驶员向地面的工作人员报告："飞机的起落架降不下来。"地面上两个接机的工作人员听到后说："怎么办？起落架降不下来。"他们立即开着一辆汽车在飞机场内急驶，很快就来到了正在降落的飞机下方。其中一名工人拿出工具并从汽车的天窗中探出身子，开始修理飞机。此时，飞机和汽车都处在急速的运动状态。终于，他们把飞机降落时的轮子放了下来，飞机可以平安着陆了。画外音及字幕："雷诺 9 和雷诺 11 新款汽车。"

这则广告主要的创意点就是要用汽车的运动速度来说明新款汽车的优势，画面中飞机和汽车都是处在高速的运动状态，但实际上有些是用镜头的运动来表现的，这样很有动感，而且也使拍摄安全可行。

3. 通过景别的转换突出广告产品

如果景别从全景变为中景、近景、特写，就会把观众的注意力逐渐集中于某一点上。这其中有一个概念——镜头剪辑率，即单位时间里镜头变化的多少，它是镜头转换速度的反映，也暗示了单个镜头的时间长度，单位时间里镜头数量少，镜头长度相对来说长，镜头转换速度慢，剪辑率低，反之，剪辑率高。剪辑率的控制不仅关系到观看效果，最重要的是，它决定着画面的节奏感，剪辑率越高（慢）、节奏越快（慢），越能表现活跃（平缓）的情绪，观众由此体验到不同的感受。如这样的三个镜头：一是黑压压的游行队伍（远景）、二是游行队伍中的局部（小全景）、三是游行队伍前面的领袖人物（全景），这三个镜头基本处于完全静态，但将它们连接在一起，就使观众产生逐渐接近游行队伍的动感，即在视觉效果上产生了动态的感觉。

案 例

（法国）雪铁龙汽车电视广告

画面中一位女性身穿飞行服，走向一架飞机，画外音："她将远离平地，空中驾驶雪铁龙 BX19GT 汽车，而且 1 公里距离只需 35 秒 5 的时间。它的卓越稳定性更令人叹为观止。"这时飞机的机身上带着一个红色的雪铁龙小汽车起飞了。飞机飞行中，它身上的汽车稳稳地，像是粘在机身上，不论飞机是什么样的飞行状态。字幕："雪铁龙BX19GT 汽车。"女驾驶员笑着说道："和在高速公路上一样，时速可超过 100 公里。"

图 4—5

这则广告所运用的画面基本上都是静态的，但它利用剪辑的手法，让飞机和汽车都运动起来，而且就是通过这些画面来突出汽车在高时速下稳定性一样好的优势，这则广告成功地运用了静态表现动感的手法，达到所需要的效果。见图 4－5。

第二节　电视广告画面的色彩

色彩是电视广告画面的主要构成元素，也是电视广告冲击力和感染力的重要刺激元素。色彩不仅是电视广告视觉传达的重要信息，也是吸引观众的元素。同时色彩还具有心理和情感方面的特殊含义，因此可以传达心理和情感方面的信息。一个电视广告作品都有一个与主题相对应的情绪基调与情感倾向，如浪漫、快乐、郁闷、悲伤等。而在具体的画面表达中，最重要的是反映情绪基调和情感倾向要落实到镜头画面的色彩设计上。

一、色彩的基调

在镜头画面构成中，当不同颜色的色彩构成统一、和谐的色彩倾向，并统归到某一色调控制之下时，这种颜色的显现便是画面的色彩基调。

(一)色调的含义

所谓色彩基调是指关系密切的一组色彩，在一组镜头画面、一场戏、一个段落乃至全篇中所形成的色彩倾向，即色彩的总体特征。色彩基调是表现主题情绪的色彩手段。

（二）色调的作用

主要是在塑造广告的环境和情调，突出产品和品牌的视觉效果等方面有积极的意义。概括地说有：

1. 造型作用

色彩在造型上的首要任务就是表现物体存在的形态。彩色摄像机的感色性能就是对物象的形、色、质、动及存在形态进行全面的表达。

2. 戏剧表现作用

色彩的戏剧性表现内容很多，主要有以下几个方面：

（1）塑造人物形象

塑造人物形象是色彩在电视广告中的主要作用。不同的人物形象、不同的生活背景、不同的命运体现都是通过色彩的不同展现出来。其实，这本身也是符合了心理学的要求，也是与现实生活相一致的，如活跃向上、乐观开朗的性格一定是丰富的色彩表现，相反，抑郁寡欢、内向孤立的性格也一定是以暗色彩和单一色彩出现的。在电视广告中通过艺术化的加工，更能用色彩展示人物的形象了。

（2）深化作品主题

“色彩是一种能量。”斯托拉罗认为，不同的色彩有不同的频率，而且这种频率就存在于我们的身体中，这也是色彩心理学研究的理论。如当我们看到红色就会热血沸腾，心情激动；当我们看到蓝色的海洋或天空，心境就会平静下来。因此，用色彩心理学的原理去设计画面中的色彩构成，对电视广告主题的策划和表现有着科学的依据。

（3）突出主要细节

通过不同的色彩搭配和相互补陪，在画面中强化重要的信息内容，突出广告产品的优势细节，这是运用色彩的又一主要意义。

（4）平衡画面构图

画面构图中色彩的表现是有依据的，它不仅要从广告创意和表现要求出发，而且还要考虑画面内容的主次关系、对称关系、平衡关系等。画面的色彩构成就是对色彩加以谋篇布局，使其能和谐而统一地组合在一起，并达到塑造形象、创造情境、突出主体的作用。

案　例

佳能照相机电视广告·色彩篇

广告以一曲轻快、节奏感强的音乐连贯了一系列的街头画面：时尚美女轻快地摆动着舞步，她衣着的主打色是橘黄，画面也随之在右侧出现橘黄色机壳的产品；一个身着灰色的时尚男生走进画面，同时出现灰色机壳的产品；一位身着海蓝色连衣裙的女生跃然画面中间，产品随之换成了海蓝色机壳的……不同的色彩、不同色彩的产品令人目不暇接，而画面中出现的诱人的广告词："走，拍照去。"撩拨起人们的购买欲望……

这则广告从创意到表现都是充分运用了色彩的魅力，并融入了时尚元素，给人以视觉上的冲击，突出了产品"感动常在"的定位和"你好，色彩"的广告主题，表现出卓越超群的个性特征。

（三）色调的设计原则

为了使色调的作用能够最好地发挥出来，在其设计上必须遵循以下原则：

1. 表达创意主题，营造气氛

电视广告中色彩是体现它的感染图片冲击力的重要元素之一，特别是对人的视觉及心理上，色彩都有它特有的功能和意义。在一个电视广告中，可以通过色彩来表达创意思想和制造气氛，与画面一起给受众以刺激。

案 例

宜家电视广告·变色龙篇

画面上一只可爱的变色龙，正在树枝上向下看着什么，接着它身上的色彩不断变化，它也兴奋地扭动着身子。这时，镜头拉大，画面中出现了一位男士正在沙发上看宜家的产品宣传杂志的样子，可能是他也感到了身后的动静，就更快地翻动手中的杂志，并开心地笑着，而那只可爱的变色龙就随着书的翻动更快地变化着身上的色彩……广告语："2003 年宜家新商品目录册。新品到店，更多创意哦！宜家，你的创意生活。"

图 4—6

这则广告用变色龙身上色彩的变化表现了宜家产品不断变化、不断创新的市场理念，同时，男士不断翻动杂志来引导变色龙的变色，也说明了宜家产品会让消费者有自己想象的空间，有自己享受产品的无尽乐趣。在整个广告中变色龙的使用也增添了可视性和趣味性，营造出宜家产品能带给人们快乐的气氛。见图 4－6。

2. 传达情绪，突出产品的色彩特征，增强镜头的感染力

色彩是与心理有密切关系的，不同的色彩影响着人们的心情，同时也可以从色彩中体现出特有的心理内涵。因此，在电视广告中色彩的使用可以传情达意。

案　例

茅台白金酒电视广告·拜年篇

画面开始是一个小女孩穿着浅色的衣服，系着红围巾，站在挂着灯笼、贴着红剪纸的大红门口外，高喊着："拜年啦！"接着画面转换为一对年轻夫妇手拿大红包装的拜年酒来给老人拜年了。大家拿着拜年酒都说着："拜年了！拜年就送拜年酒。"画面最后定格为红色背景中，到处是五彩的焰火和产品标识，广告语："茅台拜年酒，给全国人民拜年！"

图 4—7

这则广告中红色为主色调突出整个作品的喜庆背景和产品的特定寓意，红色成为构图中的重要元素，也形成对受众视觉的强烈冲击。见图 4－7。

3. 平衡画面的色彩布局，强化产品的视觉效果，并营造画面美感

色彩在电视广告中的使用，直接参与到构图中，从而增强镜头的感染力，突出产品的视觉效果，给画面以美感。

案例

美年达电视广告

画面开始是以黑白主色的游乐场为背景，只有画面中的女生正在饮用的美年达饮料是彩色的，它成为画面的一个亮点和焦点。随着音乐声音的响起，女生把饮料抛入了一个特大的、打开的橙子中，溅起许多的液体。瞬间，画面中暗色调明亮起来，从女生的衣服到四周的背景，色彩斑斓，音乐随之节奏增强，声音放大，所有的年轻人欢呼雀跃，他们纷纷向在场的大的、打开的橙子中投入自己手中的饮料，到处是一片快乐畅饮、激情四射的场景……广告语："美年达，开心果味享不停。"整个广告以色彩为吸引受众的主元素，配合画面的内容，传达美年达带给受众开心快乐的享受。片中大片橙色及大个橙子的出现，引起受众对饮料品质的想象，达到了刺激受众心理的效果。

（四）几个相关的概念

在色彩的设计和运用上，还有几个重要的概念需要说明，以便在画面色彩设计时有所考量。

1. 色相

即各类色彩的相貌，如深红、淡黄、湖蓝等。色相是色彩的首要特征，是区别各种不同色彩的最重要的标准。除了黑白灰以外的颜色都有色相属性，色相也是由原色、间色和复色构成的。

2. 饱和度

即指色彩的鲜艳程度，也称色彩的纯度。饱和度取决于该色中含该色成分和消色成分（灰色）的比例。含色成分越大、饱和度越大；消色成分越大，则饱和度越小。

3. 明度

即指颜色的亮度，不同的颜色具有不同的明度，例如黄色就比蓝色的明度高，在一个镜头画面中，如何安排不同明度的色块比较是帮助表达情感的主要手段，如果天空比地面明度高，就会产生开阔晴朗的感觉。

4. 冷暖关系

冷暖即色性，这是人的心理因素对色彩产生的感觉。人们见到暖色（如红、橙、黄等）一类色彩，会联想到阳光、火等景物，产生热烈、温暖、活跃等情感反应，而见到冷色（如蓝、青等）一类颜色，会使人联想到海洋、冰雪、蓝天等景物，产生宁静、深远、悲哀等情感反应。冷暖色彩在心理上产生的种种相应的反应，说明色彩具有丰富而复杂的表现力，但这种表现力并不是孤独、绝对的，是需要与电视广告中的情节、形象等镜头画面中的种种元素相互联系、相互结合才产生的。

二、色彩在电视广告中的运用

一般情况，电视广告中的色彩运用主要有以下表现：

1. 工矿机电产品——在这类产品广告的诉求中，要注重讲求科学，给人以实用与效益的色彩视觉效果。因此，多用稳重、沉静、朴实的色调，稍加有活力的纯色，如红、黑、蓝色、给人们以坚实、耐用的感觉。

2. 服装——在这类产品广告诉求中，要注重讲求时尚与品味，因此多取高雅的色调，其中男性服装以硬色调体现阳刚之气，女性服装则取柔的色调，烘托舒柔之美。

3. 食品——在这类广告诉求中，要注重强调安全、营养、美味，因此多选用暖色和亮色系列，如橘黄色、橘红色等。

4. 化妆品——在这类广告诉求中，要注重强调扩大肌肤美容功能，因此多选用中性调和素雅色调。如淡淡的桃红色，给人以健康、优雅与清香感。

5. 玩具、文具——在这类广告诉求中，要注重讲求趣味与活泼感，因此可多选用鲜艳活泼的对比色调。

6. 药品——在这类广告诉求中，要注重强调安全与健康，因此可多取中性系列偏冷色调，给人安宁不躁之感；蓝色、银色给人以安全感，而红、金红色，会给人以阳气充盈、健康与活力的感受。

当然，电视广告色彩基调设计的目的是要完成广告主题的表现，并达到广告的目的。但也要考虑到民族心理和文化的区分，以免造成广告的失效或误解。如在我国红色是代表喜庆、热情的颜色，被广泛用于节日、庆典等广告宣传中，但在一些国家就把红色视为血腥、暴力，与我国的民族色彩心理形成极大的反差，因此，在应用时就要注意区分。以我国为例，主要的色彩心理有以下内容：

红：活泼、热情、忠心、愉悦	橙：喜悦、友谊、温暖、和睦
黄：怀念、幽默、怜爱、羡慕	粉：动心、温馨、柔美、初恋
白：尊敬、坦诚、高雅、纯洁	紫：华丽、浪漫、高贵、独特

总之，只要符合广告创意要求并考虑了背景特点，正确使用色彩去表现广告信息，展示电视广告中色彩的魅力是可以做到的。

三、电视广告中视觉造型的意义

近年来，常有一些欧美发达国家以“视觉艺术”来涵盖包括绘画、雕塑、摄影及影视艺术、计算机艺术等多个艺术门类。但影视艺术也有它的独特的特色，其突出特点是造型与运动的统一、空间与时间的统一。电视广告的视觉艺术主要是通过它的画面元素所塑造出的造型意义来体现。

（一）画面构图的造型意义

画面构图最能体现出影视作品的造型性。由于影片的题材、风格、样式不同，所运用的构图手法也不同，因而形成多样的造型形式。电影造型上不同的创造倾向和美学追求，形成世界影坛上两大摄影流派。一种是绘画派摄影，讲究画面造型的整体布局，注重借鉴绘画构图的原则，运用和谐、对比、变化、均衡等构图规则，追求画面的完整感。如《早春二月》就是以和谐、均衡、富有美感的画面构图，表现出世外桃源式的江南小镇和水乡风情；《天云山传奇》则采用了中国水墨画的手法，把山水处理得依稀朦胧，在茫茫雪原中冯晴岚拉着板车把重病的罗群接回家去，富有魅力的画面造型达到情景交融的美学境界。另一种是纪实派摄影，追求画面的自然感与生活化，常常在完整的总体造型构图下采用不完整的画面构图，重视运动镜头和自然光源的运用。如《秋菊打官司》在摄影上完整地体现了纪实风格，在不规则的画面构图中追求真实感与生活感。卓别林的《摩登时代》中，影片开始便是画面上一大群羊被赶进屠宰场，接着是一大群工人涌向工厂大门，这一象征性镜头产生出强烈的艺术效果。

在电视广告作品中，这两种画面构图也是基本的形式。其独特之处在于广告中的画面更具有后期制作的表现特征，强调对原有构图原则的突破性运用来达到刺激受众的效果。如一则湿地旁边拍摄的汽车广告中，当它的后备箱打开后，一群麋鹿鱼贯式地进入，以此来表明车内的大容量。另有一则冰箱广告中，一头大象为了躲一只老鼠站到了冰箱上，以此来表明产品承重力强的优势。这些都是运用了象征性的镜头来形象地表现一些用语言不易表达清楚的内容，并且这样表现更直观和生动，更会使人产生兴趣和记忆。

（二）画面中色彩的造型意义

影视画面造型可以通过色彩来表现。色彩造型主要体现在影视作品的色彩基调和色彩构成上。色彩基调是指统领全片的总的色彩倾向和风格，它既是视觉造型，又是情绪氛围。如《红高粱》采用纯红色作为全片的主色调，红高粱、红头巾、红绣鞋、红袄、红裤、红酒等，大片大片的红色在画面上闪耀流淌，给观众以强烈的视觉刺激和心灵震撼，不仅体现出色彩的造型美，而且体现出生命活力的崇高美。

在电视广告的作品中，色彩的造型意义也十分明显。如在一般的贺岁广告片中，基本上都是采用红色作为主色调，充分表达出喜庆和美好的寓意，同时红色对受众的刺激较强，会在“过年”这样的特殊日子里给人以亲切的感觉，让人产生美好的联想。

（三）画面中光线的造型意义

影视画面造型也可以通过光线来表现。“光”是影视艺术赖以存在的基本媒介和主要工具，影视用光的光源包括自然光和人造光。从总体上讲，影视用光大致可以分为戏剧光效和自然光效。戏剧光效的布光考究，强调光线的表现性和写意性，富有情绪感染力和视觉冲击力；自然光效在布光上充分采用自然光或尽量模拟自然光，追求逼真感和写实性，具有自然、真实、柔和的视觉效果。光也可以用来渲染气氛、创造情调、表达感情。如我国影片《霸王别姬》为了表现"人生如戏，戏是人生"的主题，全片采用戏剧光效，渲染主题、强化氛围，加强了影片的艺术效果。

在电视广告的作品中，由于其自身特点使光线的造型意义更突出。如广告画面中需要突出的地方——如字幕、产品的特色，这些都可以通过光线的巧妙使用来表现。如"哈药六厂"字幕中，为了突出和强化受众的记忆效果，"六"字上就是用光效突显的。

(四)画面中声音的造型意义

在影视作品中，声音的作用日益重要，它也被当作造型辅助手段来利用，它与视觉画面一起共同构筑影视空间。声画结合的几种形式：声画同步、声画分离、声画合一、声画对位等，具有各自不同的审美功能和艺术效果。如日本电影《生死恋》结尾，男主人公伫立在网球场外，心中思念死去的女友，球场上空无一人，画外音却出现了从前两人一起打球时的碰撞声和女友的欢笑声，声画分离造成了时空的错位，表现了人物复杂的内心情感。这种以声音再现场景、抒写情感的手法，充分显示出声音造型的特殊功能。

在电视广告作品中，声音的造型意义同样不可小觑。有些广告甚至没有字幕、解说、对白等，只是靠音乐声来完成叙事的过程。如一则意大利酒的广告，通过一个刺杀活动的描述来表达产品的魅力。广告中只有很沉重的而稍带恐怖的音乐声，结合背景环境，制造出一种紧张的气氛，好像随时都会有什么事情发生似的。接下来的画面中运用平行蒙太奇的手法，表现了刺杀者与被刺杀者在同一时间内的不同动态。当刺杀者一切都准备好并瞄准对象射击时，被刺杀者在自己的住所抽屉中拿出一瓶酒……而随着一声枪响，酒瓶被打得粉碎。这时，被刺杀者很镇静地用手指沾了碎酒瓶中流出的酒液，并用舌头舔了舔……最后出现这个酒的标识。这样的案例还有很多，声音在此常常是事情发展的线索，其作用非同小可。

总之，电视广告的视觉造型效果直接影响到受众对广告的理解和接受，而在广告的画面构图中，各种元素都会对视觉造型意义产生影响，只有在创作中关注这些构成元素的造型意义，才能保证广告的视觉冲击力。

思考题：

1. 电视广告画面构图的基本内容及表现形态是什么？
2. 电视广告画面中色彩运用的意义有哪些？
3. 电视广告画面视觉造型的意义有哪些？
4. 结合电视广告案例分析其画面的构图与色彩运用特点及意义。

第五章　电视广告的声音

本章重点

- 电视广告中声音的类型、作用及创作原则
- 电视广告中的声音蒙太奇

电视是一种既可看又可听的媒介，如果我们忽视了对听觉形象的营造，便是浪费了电视的优势资源。美国曼尔玛·赫伊拉曾说："不要卖牛排，要卖煎牛排时的吱吱声。"这句话强调了音效在电视广告中的作用。可见，声音在电视广告中发挥着重要的作用，通常一条广告会借助广告音乐或一句韵味十足的广告口号给人留下深刻的印象。

第一节　电视广告的声音概说

声音是电视媒体的重要刺激元素，也是这一媒体产生强大刺激效果的重要表现。同时，心理学家研究表明，如果只看画面而听不到声音，人的接受心理会受到很大的影响。因此，在电视广告中，如何最好地发挥声音的作用是一个重要问题。

一、电视广告中声音的含义

即指电视广告中的听觉部分，它主要包括人物语言、音乐和音响三个部分。

二、电视广告中声音的作用

电视广告中声音的作用很重要，主要包括结构上的作用和内容方面的作用两部分。

(一)电视广告中声音在结构上的作用

声音与画面相互配合，在结构上表现出完整而顺畅地表达广告创意的作用。

1. 省略画面、节省时间

即运用声音代替画面，引发观众的想象，从而可以节省很多视觉画面。这一手法的运用，一方面可以使画面语言极为精练、经济；另一方面可以拓展画外空间，丰富作品的内容，给观众以想象的余地。在电视广告中，由于时间的限制，镜头画面不能太多，声音的省略作用尤其重要。

案 例

奥运形象电视广告·礼貌篇

电视广告中只有一个城市的远眺画面贯穿始终，只是用光线让人们感受到它在度过一天的时光。画面的左下角有一个计时器，从早晨开始计时，并不停地发出“滴答”声音，同时也不断地有诸如：鸟鸣、自行车铃声、汽车声音、嘈杂的人声等，让人们感受到是在一个城市生活的背景，并提醒着人们时间的变化。从早晨，空中就开始传出清脆的各种工作人员礼貌的话语和人们礼貌的回应(并有字幕)：“早上好”、“您好”、“打扰一下，您的早餐”、“谢谢”、“不客气、请慢用”等等，这样的礼貌声音一直都有，从早到晚，最后出现广告语：“一点礼貌，十分动听”，并呈现奥运标志。这个广告片以一个静态的方式，反映出一个城市动态生活的一天，体现出城市的文明风尚已经普遍存在，广为人们所推崇和使用，这是我们迎接奥运的精神文明环境和美好的风尚氛围，是奥运精神和中国人“迎奥运、讲文明、树新风”的最佳体现。广告片中用声音代替了画面的使用，一方面给人以城市整体如一的感觉；另一方面用声音表现礼貌用语，形象、真实和亲切，也避免了画面对受众感知的打扰，同时这样就更突出了广告本身的特色，增强其自身的关注度和吸引力。

2. 连贯画面、推进情节

在画面与画面或镜头与镜头的衔接上，由于声音的连贯性可使观众感到非常流畅自然，觉察不出剪接的痕迹。如上一个镜头中主人公走出房门，接着汽车声，下一个镜头是汽车声和刹车声，主人公走入房间，这连贯的汽车声具有连贯性作用，这也叫声音的桥梁。

在电视广告中，声音的桥梁用处很大，如在“剑南春广告”中，用画外音解说为线索，把“在唐代”、“在宋代”、“在清代”、“在现代”不同时期的酒的历史连结起来，全面体现这一名酒的悠久历史。

案　例

呼吸网电视广告

广告画面中一位男士在饭店就餐时，无意中发现他的深呼吸带动了他面前的盘中的豆子一起运动。于是，他便走出饭店，来到保龄球场内，他的深呼吸就会牵动场内的保龄球一起来回滚动，连旁边一个小女孩的长发也随之摆动。之后，随着深呼吸的声音，停车场上汽车门不断开启和关闭、建筑工地上的许多塔吊来回摆动、海边的浪潮涨起又落下。广告语："想象呼吸的美妙。移动上网，呼吸网。"这则广告中一曲节奏很强但音节并不长的音乐贯穿始终，使画面紧凑、顺畅。同时，人物在片中各处的呼吸声，推进了画面的发展，也形象而逼真地体现出产品"呼吸网"——如呼吸般自由、顺畅的定位，让人难忘。

3. 帮助转换画面和强化情绪改变

电视广告中的画面需要转换时，要有过渡性的元素加入，声音就是很重要的一个。同时，强化剧情中人物情绪的改变，可以配合以声音的变化，加深受众的印象。

案　例

LG电视广告

画面从一场足球赛开始，声音是同步出现的比赛现场的声音，可正当一方球队要进球时，声音戛然而止。画面转换到一对夫妻正在家里收看电视的场面，女主人手拿遥控器，对着电视并侧身对男人说道："我猜左边的，你呢？""右边。"男人回答。接着一声清脆的遥控按键音，画面和声音一起又回到比赛场上……最后出现广告语："现场直播为你暂停，XCANVAS左右时间，XCANVAS就是爱看。LG平板电视。"在这则广告中，声音很好地帮助画面完成了情节的转换，突出了产品"现场直播也能为你暂停"的定位和广告创意主题，给人以深刻的印象。

（二）电视广告中声音的作用

这个作用是指声音与画面的内容相互配合，完成对一个特定意义的表达。

1. 增强现场感，渲染气氛

即以声音的变化效果，辅助情节的完成。同时，声音能增强现场感，强化画面的效果，给人以身临其境的体验。

案 例

耐克电视广告·足球篇

广告叙事背景是在飞机场的候机大厅中，镜头中有飞机起降、候机大厅中拉行李走动和等待的人们等，表现出这一特定的背景环境。同时配有飞机起降时的声音和人们在候机大厅中的声音来表明这一背景，很逼真形象。接下来便是一群候机的足球队员们无聊的样子，这时其中有一位队员拿出行李包中的足球踢起来，慢慢地队员们都参加到踢球中来，仿佛找到了在比赛场上的感觉，候机的人们也都热情地观看着……

图 5—1

整个片中的声音除了主题音乐外，就是飞机起降和人们的嘈杂声，逼真且形象，以此来表明耐克所要传达的运动与快乐无处不在的主题思想。见图 5－1。

2. 表达情感体验，增强记忆效果

有时一些声音已经形成了特定的内涵，以此来表明受众心理体验，以吸引注意，强化记忆效果。

案 例

麦当劳电视广告

广告的画面只有两个，一个是正在公路上奔驰的汽车，而出现的声音乍一听好像是汽车行进时发出的“嗯” 的声音，但逐渐地就听出来是人们在吃东西时吧嗒嘴的声音，画面则变换成特写的路牌广告：黄色的麦当劳大 M 标志。原来是麦当劳的广告，它主要就是依靠声音来表达人们喜欢品尝这一美食的主题。广告的构成要素非常简单、清楚，充分利用了声音与画面的巧妙组合，给人以新奇感。

3. 吸引注意，激发联想

电视广告中通过声音来吸引受众的注意力，特别是在开始的镜头中，这一点对整个电视广告的收视都有一定的意义。同时，声音可以激发受众的想象力，很多电视广告通过声音与画面配合来激发想象力，体验产品使用的效果。

案 例

重庆·融汇国际温泉城电视广告

电视广告片中以各种水泡和“咕嘟咕嘟”的水煮开时的沸腾声音贯穿始终，片中的画面多是一些本不该出现这种声音的水，如桌子上放着的水容器中的水、饮料杯中的水、游泳池中的水、瓶装水、图书馆里每个桌子上放着的水杯中的水、咖啡厅里的两杯咖啡等等，好像所有的东西，都沸腾起来，冒着泡泡、甚至是没有水的篮球场上，当篮球一投入篮中，就好像投入到水中，也都在溅起水花，这不仅引起画面中人们的好奇，也吸引了受众的注意，激发起大家的想象：“这个电视广告到底是要说什么呢?”最后，一个俯瞰的都市画面，也像是开了锅一样发出很响的“咕嘟咕嘟”声，并冒出很多的水泡。广告语出现：“让重庆沸腾起来！融汇国际温泉城。”这个广告片中水沸腾时的声音是一条主线，它连贯了画面，也起了吸引注意、引起好奇心和激发想象的作用。

4. 提升广告的艺术美

广告的艺术性可以通过很多元素体现，音乐就是其中一个重要的内容，它与画面结合，增强画面的美感。同时它还有利于消解广告的商业气息和强销的特点，赢得观众的认同和好感，以达到更好的广告效果。

案 例

中央电视台形象电视广告·“让世界倾听我们的声音”

广告片是用一曲能代表中国文化之美的“好一朵美丽的茉莉花”乐曲来连贯每一个画面的，这些画面表现的是世界各地不同的民族、不同的职业者等，当他们听到这一美妙的音乐，都会停下一切活动，专心倾听这一声音，认真地体味中华文化的美。广告主题突出了“倾听”这一行为，表达了中央电视台要用最美的声音让全世界倾听的服务宗旨。见图5－2。

图5—2

总之，在电视广告中，通过视觉画面的直观性、生动性和听觉形象的想象性、震撼性互为依存、互相补充，相辅相成，完美地传达创意思想，给受众留下深刻印象。

三、有关声音的几个重要概念

在分析电视声音之前，要明确在影视作品中有关声音的几个概念。

(一)写实声与非写实声

即指在画面中自然存在的并构成画面中必不可少的组成部分的声音。在电视广告中人物对白、独白和音响是写实声。非写实声则是指后期制作时加进去的声音。在电视广告中旁白和音乐属于这一类声音。

案 例

福克斯体育网电视广告

一位男士身着印着图案的T恤，在街头中随众多行人一起行走着，声音只有街头嘈杂的脚步声和清脆的汽车喇叭声。突然，一阵狂风怒吼声起，只见所有人都还与之前一样在街上行走，可只有那位穿T恤的男士仿佛快被大风吹着了一样踉跄着脚步，帽子也被吹掉了。风声很快消失，他捡起地上的帽子继续前行。可他刚迈开脚步，又是一阵狂风大作的声音，大风直吹向他，而别人仍旧像一点都没被吹到一样，很平静地走着。街上的他却显得很吃力，风吹得他根本站不住，帽子也飞了出去，他想努力地站住，可风太大直接把他吹到了一堆垃圾上，很是狼狈。这时，风声没有了，一切又恢复了平静，他从地上站起来又走在街上。突然，又是一阵猛烈的风声，他被直接吹上了天，随着一阵咕咚、哗啦啦的响声，他被狠狠地摔落在对面马路边停放的一辆小车上，小车报警器开始鸣叫起来。广告字幕："上帝是波士顿凯尔特人队球迷（被大风吹倒的男人穿着印有纽约尼克斯队标志的衣服），波士顿凯尔特人队对纽约尼克斯队就在今晚七点。福克斯体育网。"

这则广告中运用了声音的交替变化表现了主题思想，其中，行人的脚步声、汽车的喇叭声、报警器声等都是写实声，而风声则是非写实声，两个声音在作品中相互映衬、交替起伏，直接产生了对受众听觉的影响，同时也引起了受众的好奇和兴趣，取得了提升关注度的效果。

（二）平行声与对照声

与发声体同步出现的声音叫平行声。不与发声体同步出现而与其画面对立的声音叫对照声。区分这两个概念的关键是要在画面中去分析是否发声体与声音同时出现。早期的有声电影只有平行声，当时人们还不知道声、画可以分离。后来发现，对照声比平行声具有更广泛、更深刻的表现力。当然，两者可以结合使用，这也引出了下面的几个概念。

1. 同期声：又叫同步声，即在画面中可见其声源的声音，也可称平行声。

2. 前延声：在表现其声源的画面之前出现的声音。

3. 后延声：表现声源的画面已经转换，但仍然持续着的声音。

4. 画外声：不出现声源画面的声音，即对照声。

案　例

莫比广告获奖公益电视广告

故事开始是一位男士坐在公园中的长椅上正在看报纸，四周都是树林，宁静中不时传来清脆的鸟叫声。忽然，不远处的树林中传来一阵阵的女性呼喊声，惊骇而凄惨，打破了公园怡静的气氛。男士听后，向树林中望了一眼，神态开始紧张，但他并没有想去看看，而是还想继续看他的报纸。可是那惊魂般的尖叫声在空幽的公园中特别地可怕，让他无法平静下来。他惊恐中扔掉报纸，站起身拼命地跑开了，一口气"噔噔噔"地上楼跑回家。他打开房门，靠在门上，不停地喘着粗气，可当他用手擦了额头上的汗时，忽然，他好像嗅到了一种什么味道，他又用力一嗅，再看一看擦汗的手上有很多的血，再看另一只手也同样有很多的血，头上也有很多的血，他疑惑不解而又惊恐万分……广告语:“不制止犯罪等于助纣为虐!”

整个广告以声音为主线来贯穿画面,声音也是重要表现元素:女人的尖叫声、男士向家里奔跑声、男士嗅味道的声音等,由这些声音来连贯画面、叙述故事、表达主题,声音与画面灵活结合,配合默契,给人以震撼。

(三)主体声与非主体声

在影视作品中用来表现主题思想的主要声音,叫做主体声。主体声之外的各种声音,称为非主体声。在进行电视广告声音设计时,应该突出主体声,而淡化非主体声,不能主次不分,有声必录。

判断某一声音是主体声还是非主体声,不能根据声音的大小、而应根据当时它对于表现主题思想的重要来选择。如同样是一个起居室的镜头,为表现噪音污染的严重,应把室外的汽车喇叭声、电锯声等噪音作为主体声。如果为了表现电视机的质量,可把它的声音作为主体声,其他声作非主体声。

主体声与非主体声既有相对之分,也有绝对之分。当人物开始说话时,音效和音乐要退让;当旁白出现时,所有的其他声都要退让。例如电视广告中音乐一般处于陪衬地位,当它陪衬语言、音效时,不能喧宾夺主,只有当需要音乐去烘托主题时,音乐才有倾心表述的机会。

案 例

阳光酸牛奶电视广告·臆想篇

静静的教室里,老师正在演板,学生们认真听讲。最后一排一名男生偷偷地在课桌下熟练地剥开一盒阳光奶,插进吸管。

(细微的扎破声,咕嘟声)男生低头吮吸,陶然如醉。

(切换,慢镜。温馨的音乐起)

林荫道、阳光下、草地上、小河边、男女生快乐地奔跑、深情地凝视。

(切回教室)男生深情地望着同桌女生。

(音乐止。老师咳嗽声)同桌抛来厌恶之色。老师一脸愠怒。

男生清醒,踢着桌子下的牛奶盒,似乎明白一切是幻觉。

(温馨的音乐又起)教室门口,罚站的男生,尴尬的表情。

(字幕)产品和牌子。

广告语:只在乎那种新鲜的感觉,阳光牛奶。

在这则广告片中,声音不断交替,主体声与非主体声互为补充,并辅助画面真实地表现了每个情节，达到了广告创意的要求。

（资料来源：《最新广告策划创意与经营运作实用手册（第四卷）》，青藏人民出版社，2004年版，第1589页）

综上，电视广告中声音的形式很多，要对不同的声音进行解读和使用，就必须首先对这些声音有充分的认识。

第二节　电视广告中不同声音的作用及创作原则

电视广告的声音包括人物语言、音乐和音响三个部分。它们之间互相配合、补充映衬，又各有不同的作用。

一、人物语言的内容、作用及创作原则

人物语言是电视广告中声音的一个部分，它对整个电视广告有不可忽视的作用。

（一）人物语言的内容

即人物语言，包括人物对话、独白、旁白以及解说词等，都是重要的声音元素。

人物对白则是指在影视作品中人物之间的对话，它是情节的重要内容。

独白则是指戏剧、电影中角色独自抒发感情或表达个人愿望的话，一般由演员独自念出表现此时此刻的心理、感情等语言。

旁白是电影独有的一种人声运用手法，由画面外的人声对影片的故事情节、人物心理加以叙述、抒情或议论。通过旁白，可以传递更丰富的信息，表达特定的情感，启发观众思考。旁白也是画外音的一种。如电影开始前，有旁白来介绍故事发生的背景和主要人物关系等。

解说词是对电视画面内容的文字解释和说明。其作用一是发挥对视觉的补充作用，让观众在观看实物和画面的同时，从听觉上得到形象的描述和解释，从而受到感染和教育；二是发挥对听觉的补充作用，即通过形象化的描述，使听众感知故事里的环境，犹如身临其境，从而达到情感上的共鸣。

（二）人物语言在电视广告中的作用

在电视广告中的人物语言与视觉元素（字幕）的有机结合，配合画面及其他视听手段，充分体现广告创意，塑造广告形象，揭示广告主题，使信息内容得到更全面、清晰、完善、鲜明的表达，更能吸引观众的注意、强化观众的记忆、引起观众的共鸣，并唤起购买的欲望。

(三)电视广告中人物语言的创作原则

电视广告中人物语言的设计一定要符合创意和画面的要求,不能随心所欲,漫无目的。具体说有以下原则要遵循:

1. 简明扼要、突出重点

这是由于电视广告时间极短,因此,即使是有故事情节,也不允许太多的人物对白。人物语言要以为广告目的服务为宗旨,提炼广告信息中的核心词汇,突出产品或服务的特色,强调需要受众理解和记忆的内容,这是必须遵循的原则。

2. 符合人物身份和受众的特点

在电视广告中人物是要与产品或服务相关联的,因此,在人物的语言设计上要考虑其特点,同时也要通过人物语言将受众与产品相联系,如儿童商品广告就可突出他们的声音特色。

3. 贴近生活,自然亲切

电视广告中的人物语言的使用是为了增强广告的生活气氛和传感性,因此,人物的对话也要符合日常的生活情景,这样才能使受众感到亲切可信,自然流畅,切忌故弄玄虚、造作不实。

案 例

网站 monster.co.uk 电视广告

广告以一个足球比赛的运动场面开始,从远景的俯瞰到近景出现,都是激烈的比赛场面,有时穿插着一个守门队员的复杂表情,画外声则是这个人的心理独白:"这是你的老板。你怎么做呢?让他进球吗?你是怎样一个人呢?抵抗,他会对你刮目相看吗?但是,他毕竟是你的老板,你要让他出丑,他会让你过不去的,升职是没有希望了。但是,那不是财政部门新来的小伙子吗?这才是你应该做的,这是个考验。但等一下,你仍然有时间。"这时,球赛已经结束了,但一直在球门守候的他一下子冲上去,把正在往场外走的老板撞倒。广告语:"不要忽视这些声音。获得职业建议,了解职业信息,请浏览 monster.co.uk 网站。"

整个广告以画外音为主线,贯穿了故事的情节,表达出盲目求职者会由于不了解老板或企业情况而导致不知所从的尴尬境地,真实地场面和特色的独白,强化了主题,给人以深刻印象。

二、电视广告中音乐的作用和创作原则

电视广告中的音乐是专为画面配制的歌曲或乐曲。它是为广告的目的服务,而在

具体的作用上，它也体现出自己的特色。

（一）电视广告中音乐的作用

在电视广告中，音乐起到了烘托背景、创造气氛、抒发情感、强化节奏、揭示主题、体现时代感等作用。

1. 它具有“戏剧作用”，可以配合画面，创造气氛，演绎各种波折，揭示人物心理，深化作品主题，帮助观众理解剧情，使画面含义得到最好的表达。

2. 音乐具有抒情作用，它可以配合画面，可以强化某个段落的内涵，加深作品的深度。

3. 音乐还能强化作品的节奏。如通过模拟或代替各种真实声音，如蝉鸣、鸟叫等，也可以将某种声音细致化、艺术化。

4. 国际通用，容易理解。音乐是一种具有国际意义的传播符号，可以跨文化和语言的障碍，具有较强的沟通能力，特别是对跨国企业，用音乐与不同国家和民族的观众沟通有一定的优势。

案　例

名曲“卡农”被借用于多个电视广告作品中

“卡农（Canon）”这个词原意是指教规、宗教法规、规则或者经典之意，在音乐上是指复调音乐的一种写作技法：各个声部有规则地互相模仿，也就是后面的声部按一定的时间距离依次模仿前一声部的旋律。用卡农手法写成的乐曲叫做“卡农曲”。我们经常听到的轮唱曲就是卡农曲的一种。

《卡农》是现今为止最受全世界人们喜爱的古典音乐作品，被改编成现代乐曲后，曾称霸美国公告牌流行音乐排行榜长达百周以上。据吉尼斯世界纪录统计，到目前为止世界上重新演绎并出版的《卡农》版本达 2000 余种！而实际上，《卡农》仅仅是一首全长仅 5 分钟左右的音乐小品，但它却带来了 328 年的奇迹，而且还会经久弥新。《卡农》最原始的版本今天已无缘听到，但后世名家的不断演绎却不时推出《卡农》的绝美乐章。

《卡农》作为一首名曲，多次被应用到各种不同的产品广告中，如中国平安保险公司的广告、泰国潘婷广告、黑松沙土广告、可口可乐广告等，充分体现出音乐的国际性、感动性、审美性等意义。

（资料来源：百度网）

（二）电视广告中音乐创作的原则

电视广告中的音乐创作有其自身的特点和目的，因此，它必须要遵循一定的原则。

1. 通俗时尚、易记易唱

电视广告中的音乐作为广告信息传递的载体，它最主要的特色就是通俗和时尚，要让受众一听就明白，一听就会唱，这才便于受众的记忆和传播。而由于时尚和流行的歌曲特别受到人们的关注，所以在电视广告选用音乐时，可以直接选用时尚名曲的内容来吸引受众，达到传播效果。

2. 注重引导积极向上、快乐愉悦的心情

音乐对人的心理有一定的影响，不同的音乐可以引起人的心理发生不同的变化。心理学研究认为，人在心情轻松愉悦时，更容易接受外来的信息。因此，在电视广告中，要注重引导受众积极向上的情感，带给受众快乐愉悦的心情体验。同时，这样的音乐也可以让受众体验到产品使用的快乐心情。

3. 音乐要符合电视广告整体的风格

电视广告风格是指它在整体上给人的印象，是通过画面和声音来表现的。因此，广告音乐的选择要考虑它的风格因素，特别是具有典型的民族风情、地域特色的广告，广告音乐就要与之相符合，以保证广告整体效果的发挥。

4. 适合广告商品和目标消费者的特点

广告中产品和目标消费者的特点，是广告音乐配置时必须考量的因素，如有的广告是体现年轻人快乐、开放、活力的风格，有的则体现高档、绅士、贵族的风格，有的是针对老年人的务实、安静、稳定的特点，那它们所要配置的音乐就会有差异。年轻人更讲究时尚的、流行的、节奏感强的音乐；高档商品的消费者则要配置以典雅、娴静的古朴音乐或西洋乐；对于老年消费者则可以考虑配置戏曲名段、快板评书之类的传统艺术形式，这样才能更强调产品的特色和针对性，以达到更理想的广告效果。

5. 具有创新性

广告音乐的创作与选用要表现出新奇和个性的特色，尽量不与其他广告中的音乐一样，但许多广告音乐的配置是抄袭其他广告中的音乐，试想一个音乐被广泛用到很多的、可能还是不同类的商品广告中，音乐本身的魅力不但得不到体现，还反倒会让人反感，这种没有自己特色的广告音乐不如不用。

案 例

We will rock you 在广告中的运用

We will rock you 是一首很有感染力的乐曲，所以它被各种商品广告广泛使用，如法国的依云水饮料的广告、百事可乐广告、安踏运动鞋广告等，而这样用下来，这个乐曲本身的魅力大减，甚至受众不知道它的本质意义是什么。特别是安踏自身的定位和之前的产品广告都没有突出 We will rock you 这一特点，这样使广告与产品的核心概念混乱，极不利于受众的接受与选择。

（三）广告音乐创作和选择

广告音乐的创作和选择可从多方面入手，常见的考虑因素有以下几种：

1. 商品因素

即从商品本身的特色去进行广告音乐的创作和选择。

案　例

DOVE 电视广告

广告歌词：

拉直卷烫或晒晒阳光
再添点色彩加点奔放
这就是我最爱之中的几样
就算发丝干枯受损
变得一团糟
只要想起多芬我的最爱
秀发柔顺
一触难忘

广告语：多芬致力为你度身打造零损伤秀发，不惧损伤，享你所爱。

这则广告歌最大的优势就是它把产品的优势和利益点都写进歌词，而且曲调抑扬顿挫，优美动听，充满活力和诱惑力，乍一听上去，很美的曲子，不会认为是在唱产品，再结合画面美发的效果和产品的 LOGO，仔细一听，才明白是歌曲唱的内容全部是产品的特色和消费的情感，这的确会让人耳感一新，时时难忘。最关键的一点是，它不像其他的广告歌，要么一听就是生硬地演唱产品，要么就是在抒情地唱着不知什么东西，好像和产品没有什么关系。

2. 人物因素

即从广告片中人物的特色因素入手进行音乐创作和选择。

案　例

力波啤酒电视广告·喜欢上海的理由

歌词：上海是我长大成人的所在

带着我所有的情怀
第一次干杯，头一回恋爱
在永远纯真的年代
追过港台同胞，迷上过老外
自己当明星，感觉也不坏
成功的滋味，自己最明白
旧的不去，新的不来
城市的高度，它越变越快
有人出去，有人回来
身边的朋友越来越新派
上海让我越来越爱
好日子，好时代
我在上海，力波也在。

图 5—3

力波啤酒这个广告展示出品牌的魅力，融于令人自豪、让人向往的国际大都市——上海的风情中，浪漫的往事、温馨的情怀、越来越高的城市、越变越快的时尚，这些喜欢上海的理由，融合成一种令人神往的品牌形象。而这个广告歌从一个上海一般市民的角度观察、欣赏、感受着上海这个现代化大都市的变迁，表达出对它的热爱，并将这种感情移到产品——力波啤酒中，从情感的、人性的、历史的等多角度去诠释品牌的内涵，给人以真实的情感体验和对品牌的独特解读与记忆效果。见图 5－3。

3. 背景因素

即从广告片中的背景特色因素入手进行音乐创作和选择。

案　例

公益电视广告·下岗职工篇·那英《脚步》

歌词：你轻轻地整理了被褥
像往常一样匆匆洗漱
亲吻了熟睡的孩子
刚刚回来的丈夫
然后转身要走
却突然停了脚步
想起再也不用这样忙碌
想起以往的日子已经结束
你在呆呆地望着窗外
过往的人流
难道这是真的
今生就此虚度
难道就这样结束
你身后还有漫长的路
那么多闪亮的灯火
真诚的话语
都在为你祝福
不会就这样结束
你身后也有宽广的路
就算是面容已憔悴
依然将无悔
始终持续你的脚步
我仿佛看见你的以后
你的美丽始终依旧
日子越来越好过
越来越快乐
幸福相伴到永久

这则电视广告是以激励下岗职工振作精神、重新奋斗、迎接命运挑战为主题的，以下岗职工的生活为背景，那英也是以一个下岗职工的形象出现的，广告音乐创作则以此为切入点，真实地再现了下岗职工的生活境况和心理感受，以达到激发下岗职工重新振作、继续奋斗、无悔一生的信心，感人至深。

4. 气氛因素

即从广告片中气氛的特色因素入手进行音乐创作和选择。

案 例

中国电信电视广告

广告主要是用声音来渲染气氛，画面则是不同时刻的几组场景表达：第一组是“传递生命的呼唤”，描述的是中国大地发生洪水时的抢险场景；第二组是“连接国与国的对话”，描述的是群众欢呼的喜庆场景；第三组是“输送心与力的默契”，描述的是各种建筑工地上紧张的劳动场景。之后，出现一组百姓在家中收看电视的情景，表达“汇聚全世界这一刻祝福的声音”，画外音：“无论面对哪一种时刻，我们都在分分秒秒地努力。”画面最后是一组鸟巢的比赛现场，人们激动的场景，欢呼声和呐喊声响成一片。字幕：见证每一刻的成功。广告语：“用心服务，编织未来，中国电信。”广告中的声音充分与画面结合，烘托了广告主题元素“每一刻的成功”的场景，增强了整个广告的感染力和震撼力。

5. 时代因素

即从广告片中的时代特色因素入手来进行音乐创作和选择。

案 例

知青酒电视广告

歌词：有一片天地听说很广阔，
有一群少年怀着梦想，
有一段岁月酿成知青酒，
有一串故事源远流长。

画面以大红色为主调，构图中心主面上部是文革时期的几张破碎报纸相互重叠的图案，下部是红旗组成的红海洋，毛泽东手书“知青”两个金色大字，烘托出特定的历史氛围。在中部背景的报纸与红旗相接处，撕开一道惨白色不规则的裂痕，给人一种强烈的历史震撼感。画面上的酒瓶是仿照当年农村用的水桶样式设计成的造型。桶后衬着一顶印有“广阔天地大有作为”的草帽。其商标、挂牌、礼盒等物都有当年知青运动的符号。

知青酒是在知青运动30周年来临之际问世的。当年这场轰轰烈烈的运动席卷了整个大陆，在城乡几乎是家家有知青，村村有故事。词作家王晓岭为“知青酒”广告作词，仅有四句话的优美歌词，凝练地包容了一段历史，思想内涵十分丰富，足以引起整整一代，甚至更多人的回味与共鸣，对促销商品起了极好的作用。

6. 地域因素

即从广告片中的地域特色因素入手进行音乐创作和选择。

案 例

乌龙茶电视广告

广告是运用少数民族优美动听的民歌曲调，来歌唱乌龙茶产品，表现其地域的特色，地域特色鲜明而突出。整个广告片中只有男女两人在唱民歌，其中女的穿着民族的服饰，体现出民族的特点，而男士则穿着长袍，体现出传统和历史悠久的特色。歌词只有几个字：“哎！乌龙茶，开心哎！”画面是几幅乌龙茶产地的纯朴乡村景象，真实而亲切。广告语：“开口便唱自得也。”广告以最简明的方式突出了地方的特色，强化了品牌记忆的效果，让人过目难忘。

总之，不管从什么因素着手创意广告音乐，符合实际需要和广告目的才是根本。

(四)广告音乐的产生形式

广告音乐的产生也是一个创意的过程，它主要包括以下几个方面：

1. 借用

借用是把现成的歌原封不动地用作广告歌或背景音乐。

案 例

优乐美奶茶电视广告·周杰伦心雨剧场篇

广告是以周杰伦演唱的《说好的幸福呢》为主题歌的，词曲都没有改变，主要是以MTV的方式演绎了一对青年男女恋爱的故事。在这个动人而优美的故事中，优乐美奶茶充当了故事的重要角色和主题线索，体现出产品在故事中的地位和意义。整个广告给人以清纯、时尚、优雅的高品位享受，从而也淡化了商业的气息，同时又聘请了周杰伦这一抢眼明星做代言，自然而顺畅地传达了产品信息，赢得了目标受众，即年轻人的关注，达到了促销的效果。见图 5－4。

图 5—4

2. 改编

改编即改造利用现成的歌曲。

案　例

《同一首歌》栏目电视广告

《同一首歌》栏目在进行 3 周年纪念活动时，曾经改编过歌手张洪量的《你知道我在等你吗》歌词，一时被很多人传唱。

莫名我就喜欢你深深地爱上你
没有理由，没有原因
莫名我就喜欢你深深地爱上你
从见到你的那一天起
你知道我在等你吗？
你如果真的在乎我
每周五晚上七点半陪你度过

3. 创作

常用的广告配乐方法是请作曲家谱写一首全新的歌或乐曲。

案例

伊利优酸乳电视广告歌曲《我要我的滋味》

2006年由伊利公司请专门的词曲作者为产品制作一首广告歌曲，并聘请著名演员刘亦菲演唱。全部歌词如下：

每朵花蕊需要水
才能绽放得更娇美
每一颗心都需要被安慰
才能笑得更甜美
用心去体会
眼泪都会变成香水
努力去发挥
连挫折都可贵
我要我的滋味感觉像在飞
世界一天比一天更美
心情就像氧气
充满我周围 就算疲惫都无所谓
我要我的滋味
自由自在飞 飞向夜空星星的光辉
每一条路自己去面对
我要我的滋味
风雨就是一种营养
经历之后才更健康
每种滋味都要用心品尝
每个都放进了心上
用心去体会 荒漠都会长出植被
努力去发挥
有梦就勇敢追
我要我的滋味 感觉像在飞
世界一天比一天更美
心情就像氧气 充满我周围
就算疲惫都无所谓
我要我的滋味

自由自在飞 飞向夜空星星的光辉
每一条路自己去面对 我要我的滋味
我要我的滋味
感觉像在飞 世界一天比一天更美
心情就像氧气 充满我周围
就算疲惫都无所谓
我要我的滋味
自由自在飞
飞向夜空星星的光辉
每一条路自己去面对
我要我的滋味

整个广告歌词中传达了产品消费的心灵体验和情感诉说，体现出产品所定位的消费者追求自由、彰显个性、热爱生活等快乐心情，给年轻的目标受众以深刻印象。

总之，电视广告中的音乐有许多形式和创作方式，它的创作宗旨一定是服务于广告的目的，否则就失去了意义。

三、电视广告中音效的作用及使用原则

（一）电视广告中音效的内容

音效是指电视广告中各种现场的自然声音，有现场录制的，也有后期制作的，其中包括同期声、效果声和模拟声。而从声音的来源分，主要有以下几种形式：

1. 自然音效：是指来自于自然界的各种音效，如风声、雨声、雷声等，它真实、自然，以营造真实气氛，给人以身临其境的感觉。

2. 生活音效：源于各种音响录制的效果，是人为的声音，如哭声、笑声、吵闹声等，是渲染气氛的重要元素。

案　例

（智利）某胶水电视广告

广告以一个家庭为背景，画面中一位男士和一位老太太正在屋里看自己手中的书，男士坐在台灯下的一把椅子上，老太太则坐在他前面的一把摇椅上，还不停地摇着，声音是摇椅发出的“咯吱、咯吱”声，摇椅把下面的木地板摇得都活动了。因为屋子中很静，摇椅的声音就显得很大。这时男士明显感觉到声音的刺激，很不舒服。于是

他从旁边的抽屉中拿出一种胶水，在摇椅下滴了一滴，摇椅立即停止摇动。老太太很是奇怪，向摇椅四周看看，不知道发生了什么状况，导致自己的摇椅不动了。而这时静静的屋子中又响起了清脆的钟表声……广告语："只要一用这种液体，就能得到永久的稳固。金属、纸、木、塑料、皮革，只要一用这种液体，就能得到永久的稳固。"这则广告是以单一的"咯吱"声为主要的表现元素，体现出产品的明显效果，这是一个生活片段式的广告，也是一个实验式广告，让人感到亲切而可信。

(二)电视广告中音效的作用

电视广告中的音效，配合画面，并与其他声音相结合为广告目的服务。

1. 再现性作用

即再现屏幕上人、物及自然界的各种声音，以烘托环境气氛，强化生活气息或地方色彩，增强作品的逼真性和现实感，还可以造成时间感和时代感。如有的电影画面中因为放了定时炸弹后，就会响起计时器的"咔咔"声，特别清脆，以表现某种氛围。有的也创造一种静的效果，如深夜的猫叫、狼叫等声音。

案　例

CHANNEL LOCK 电视广告

画面中一个工人正在厨房修理洗碗池下面的水管，随着工人用钳子拧住水管的接口开始用力搬动时，整个台面随着工人的拧动而被拉动发出哗啦声。广告语："如果你能有一把真正的好钳子，你会惊奇地发现可以做得更好。"这个广告以声音为主要表现元素，突出了产品的优质特性，也给受众以悬念和深刻印象。

2. 表现性作用

首先，通过音响元素的各种不同处理，借助艺术的假定性，可以揭示人物的内心世界，创造出各种心理效果。如在影视作品中反映人物焦躁状态时，挂钟不紧不慢的"滴答"声。其次，音响还可以用来表现隐喻、象征性含义，以体现创造者的主观意念。如把三个酒鬼的画面配上猪叫、把两个资本家的争吵声变成犬吠等，以达到幽默效果。又如广告中煎牛排时的吱吱声，它的主要功能是增强现场感，提高诱惑力。

案　例

(丹麦)某奶酪电视广告

画面中一位女士正坐在桌旁，往桌上的一盘子面上倒调料，声音只是女人手摇动并撒出调料的吵吵声。可正当她拿起刀叉准备吃这些面时，忽然嚯的一声，面条一下子全部在盘中直直竖起，女士吓得把手中的刀叉都扔了。这时出现画外音："没加奶酪的意大利面条。"整个广告片中虽然声音并不多，但却产生了极强的刺激效果，尤其是面条自己竖起来时的嚯的一声，打破了片中沉寂的局面，给了受众一个意想不到的震撼效果，表明了主题思想：如果没有用奶酪来调制意大利面条就会产生如此惊人之后果，让人难忘。

3. 细节之处体现意义

电视广告中的细节之处，音效如果使用得体，会产生重要的作用。电视广告中细节的把握是国内与国外在电视广告水平上产生明显差距的地方。国外的电视广告往往在细节之处出彩，而这其中就包括音效的适当使用。

（三）电视广告中音效的使用原则

电视广告中的音效使用是为特定的广告目的服务的。因此，它要遵循一定的原则。

1. 逼真形象、真实可信

在电视广告中音效往往是与产品密切相关的。因此，在音效的使用时，要注重它的准确性和真实感，以求能以逼真的形象传达产品的重要信息。如果有杂音干扰，就会影响对受众的听觉冲击效果，还有可能造成误解和质疑。

案　例

大众汽车电视广告

广告开始有两个小男孩正在一个房子的门前并排而坐，两人都做出开汽车时司机紧握方向盘的动作，同时两人也都一起发出模仿汽车开动时"呜呜"的声音，一会儿，其中的一个男孩还变换了一下动作，学了一个换车挡的动作，并出现换挡时的声音，而另一个男孩始终如一地保持着一个动作和一个"呜"的声音……接下来换挡的那个男孩声音时断时续，时高时低，没一会儿就干脆不学了，只看着他的同伴还在那里一直一个动作一个声音地坚持着……那个男孩憋得脸通红，眼睛瞪得很大，但仍在坚持，汽车的声音仍在持续……最后，出现字幕："连续换挡，直接换挡变速器箱DSG。"这则广告基本只有一个声音，以此来强调大众汽车直接换挡变速器箱的优势，片中的声音与男孩的表情，惟妙惟肖、生动形象地展示了广告主题，也引起了受众的兴趣和好奇，是一则运用音效很好的广告。

2. 符合情节需要

音效的使用虽然相对简单，但也不能随便使用，它一定是在情节需要时制造特定的效果，太多无用的音效反而会影响广告的效果。

案　例

澳拜客牛排店电视广告

广告中一位男士正在办公室的电脑前，用两手搓着什么东西往电脑的键盘上撒去，接下来的画面则是一个经理模样的人从办公室门前经过，并驻足听了听办公室内发出的极响的“噼啪噼啪”声音，他以为是他的员工正在加班呢！随即满意地点点头。然后画面又回到办公室的电脑前，原来是几只不断飞入的鸽子正在啄食着键盘上的食物，并发出极大的“噼啪”声。广告语：“解放你的夜晚，去澳拜客牛排店。”

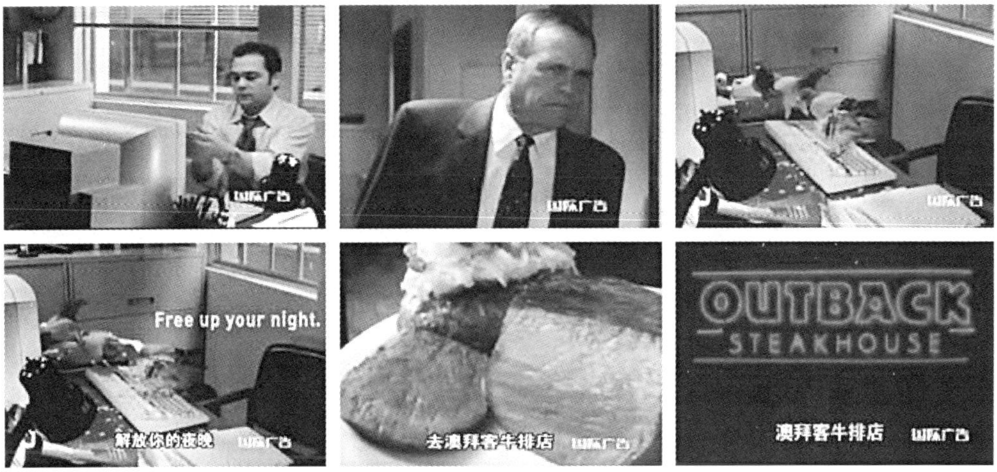

图 5—5

这则广告中充分运用了音效的功效，在情节中设计了与加班工作时敲击键盘发出的声音一样的鸽子啄食的声来欺骗老板，让受众感到真实而好笑。见图 5－5。

四、电视广告中声音配置的规律

一个电视广告中的声音元素往往不止一个，那么如何将它们与画面进行有效的结合，即如何根据电视广告创意来配置各种声音就很重要。

(一)主次律

即在电视广告中声音的配置要分出主次来，不分主次的所有声音一起出现在画面上，只会造成混乱的效果。当然，这种主次的区分既要根据广告创意的目的要求，也要结合每个画面的具体情况而定，有时在这个画面中是主要声音，到另一个画面中可能就不是了。另外，即使是广告的主要声音也常常不会在每个画面中都是这样的，主次声音的区分要视具体情况而定。

（二）变化律

即根据画面和情节的需要，声音的配置是要随之发生变化的，特别是在广告片的高潮时，或是要强调产品的特色和品牌时，声音一定是要突出和个性化一些，从而达到吸引受众注意的效果。

（三）分立对位律

在电视广告中，画面和声音是分开的，它们有各自的规律、特色和表现方式，同时，它们又密不可分。根据创意的要求和受众的特点，画面和声音要进行合理的配合，有机地结合在一起，来表现一定的信息内容。

（四）听觉的相对完整性规律

心理学研究认为，人的听觉对于语言和音乐有一种完整性的要求，不完整的声音会让人觉得不舒服，因此在声音的配置上要注意它的完整性表现。当然，在广告中为了引起注意、诱发好奇心、增强记忆效果，可以在声音的配置上打破这一规律，造成一个听觉特效的表现。

（五）淡入淡出律

即在广告片中声音的变换要有一个过渡的形式，如此起彼伏、此消彼长、前后相继等等，这些形式也是符合人们听觉习惯和规律的。

案　例

龙吟榜·某公益电视广告

画面是两个小男孩在一个小树林外玩遥控小汽车，声音是遥控汽车发出的“嗖嗖”声。忽然两个小汽车“咚”的一声撞在一起。两个小男孩都走到自己的车子旁边看看地上的车子，然后他们怒视着，声音转换成一阵很嘈杂的蝉鸣，暗示出气氛紧张。其中一个男孩喊道：“你怎么开车的？瞎眼！”另一个男孩也不示弱：“怎么想打架呀！”“有种你再说一遍！”“你来呀！我怕你呀！”“啊！你找死呀你！”争吵的声音全部是大人的声音。画面已经转换为字幕：“耳濡目染影响孩子的成长。保护孩子的心灵，请谨言慎行。”这时声音有后延。整个广告的精彩之处就在于使用了声音与画面的分立关系，从而触动了人们的心灵，给人以深刻印象。

总之，声音在电视广告中的作用和创作原则是解读电视广告的重要内容，而在实践中，只有符合创作的原则和创意的目的才能使声音产生更好的效果。

第三节 电视广告中的声音蒙太奇

在电视广告作品中，声音与声音、声音与画面之间对列组合的原则和规律，这就是“声音蒙太奇”。它分为声音与声音的组合与声音和画面的组合两大类。

一、声音与声音的对列组合

即指前后声音的组合方式，它又可分为声音并列和声音交替。

(一)声音的并列

声音的并列就是指两个或以上的声音同时存在，这时它们之间主要表现为以下三种关系：

1. 声音的相辅

即将几种声音搭配在一起，同时呈现，犹如乐队里的交响乐，各种乐器一起演奏，表现特定的心理和氛围；又如表现古时的集市时，叫卖声、讨价声、马嘶声、各种音响声等交织在一起，营造出特定的效果。

2. 声音的对比

即把两个性质不同的声音混杂在一起，使它们在鲜明的区分中相互对照，彼此加强，形成反衬效果，这就是“声音对比”形式。如在《泰坦尼克号》中，在船触冰后，一边下沉，乐队的交响乐不断地演奏，夹杂着人声，呈现出特定的情景场面。

3. 声音的盖罩

在同一场景中，同时出现的各种声音混合重叠在一起，其中一种声音逐渐突出于其他声音之上，从而削弱、压倒了其他的声音，即是“声音盖罩”。在电视广告中常用此法，一方面可以突出想要的声音，另一方面可以掩盖不必要的声音。

案 例

Telenor 电视广告

广告在轻松的音乐声中开始，一群男士打开一个房间走了进来，这时声音加入了脚步的嘈杂声。接下来便是男士们在房间内忙碌时的声音，一位男士坐到了椅子上的声音、两位男士拉起一条“welcome home”横幅的声音、一位男士拉开窗帘的声音等，这时背景轻音乐仍然响起，并是所有声音中最大的。忽然随着音乐声一转，画面出现一位男士惊异的表情，他四下张望，并开始在房间中慢慢寻找。这时背景音乐的声音很低沉。当他推开浴室的门时，发现浴缸中正在注入热水，水流的哗哗声清晰而响亮。几位男士也过来看，他们窃窃私语着……这时其中一位男士无意间回身，又惊讶地发现热水壶也开始注水了，水流的哗哗声响起。大家于是又凑到水壶前，很是疑惑。忽然轰的一声响，壁炉也着了，他们吃惊地回过身……面对种种的奇怪现象，其中有位男士拿起一个球杆，做出要战斗的样子，大家一起惊恐地在房间内寻找着这些奇怪现象发生的原因……就在这时，欢快的音乐忽然响起，房间中的音响也启动了，大家吓得惊慌失措，围成一团，好像是有什么灵异怪物要出现一样。这时随着开门的声音，远道而来的房间主人走进来，当他看到房间里这些人慌乱的样子，很是吃惊。于是他先用手中的遥控器关掉了音响的声音，定睛一看，他好像明白了什么，对这些朋友们笑笑……画外音：“试想一个你可以准备的家，吃惊了？”广告语：致力未来。

这则广告是主要依靠声音元素来展开情节的，一个画面中的声音往往有几个并存，但不杂乱。每个画面都有主旨声音和辅助声音，它们之间的各种关系很清楚，能够充分体现出广告的主题和创意要求，形象、真实并有趣地展示出产品的特色和意义，给人以深刻的印象。

(二)声音的交替

即指在广告片中，前后声音的转换方式，它具体又可分为以下几种：

1. 对比的声音交替：即不同性质的声音一先一后出现，形成鲜明对比，给人以突然变化的感觉 。

2. 接应式的声音交替：即声音此起彼伏，前后相继，接连不断，对同一事物或动作进行烘托、渲染。如观众热烈的掌声，对应演员谢幕致谢。

3. 转化式的声音交替：即利用两种声音在音调节奏上的近似，从一种声音变化为另一种声音。

案 例

蜜炼川贝枇杷膏电视广告

广告以对山歌的方式来表现信息：

(男)嘿！什么止咳又平喘

润肺化痰它都管

(女)嘿！我说京都念慈庵
蜜炼川贝枇杷膏
(合)嘿！润肺止咳又化痰
念慈庵好哎！

广告中体现出声音的相互接应，也表现声音的相互转换，让人感到清晰、明朗。

二、声音与画面的对列组合

在电视广告中声音与画面密切相关，而它们的顺畅结合是整个片子成功的保证。

(一)声画合一

即指在片中声音与画面同时出现的形式，它具体又可分为以下几种情况：

1. 声画同步：声音的进行是完全同步地重复或解释画面及其变化，即声画合一，也是前文所提到的同期声、同步声和平行声。这些在电视广告作品中最常用。

2. 声画对位：在对立统一的基础上的变化，即指前文所提到的对照声。声音与画面都是单独录制，它们在各自独立的基础上，再进行有机组合。此法可以烘托环境，制造气氛和深化主题等。

在电视广告中，声画对位恰当准确，可使观众充分地理解信息内容，强化对广告的记忆；而如果声画错位，就会造成视听混乱，理解困难，从而有损广告效果。当然，电视广告不同于一般的影视作品，它也可以通过打破这一规律来达到更好的效果。

案 例

HIFINO.COM 电视广告

广告主要是通过三组声音来贯穿和表达主题的：第一组是一位男士在卫士间拉自己裤子拉链时发出了清晰的“吱吱”声，他很新奇地尝试着不停地上下拉动，声音汇成一曲美妙的音乐，他开心地欣赏着……第二组则是一位男士在卫生间洗澡后，用手擦拭镜子上的雾水时，忽然发现他的手一擦玻璃就会产生“咯吱吱”的响声，于是他不停地左右擦着玻璃，声音汇成一曲美妙的音乐，他开心地欣赏着……第三组则是一位男士在倒完垃圾后，发现他揭开垃圾桶盖子时会产生一种“吱吱”的声音，于是他就不停地掀开、合上盖子，甚至两手同时进行，声音也变成一曲动听的音乐，他开心地欣赏着……广告语：“寻找音乐，欣赏你的发现。”这则广告声音运用得准确到位，完全是一种声音与画面的对位效果，体现出自由创作、自我欣赏的广告主题，给人以不同的感觉。

(二)声画分立

即声画不合一,不同步。画面上的影像与声音内容各不相同,二者相互配合,彼此策应,最终都是为了创意服务。

声画分立的形式不止一种,根据画面与声音的关系具体又可分为:

1. 声画对比

声音与画面内容不同,性质相反,二者形成对照或映衬,如“朱门酒肉臭、路有冻死骨”的声音对照。画面是大雪纷飞的道路旁被冻死的穷人,而声音配以酒席中推杯换盏热闹喧哗的效果。

2. 声画的策应与补充

如果讲话人在画外说话,画面中则是听者的表情和反应,这就是声画的策应与补充,这种形式在广告中常用。

案 例

统一企业电视广告·心情故事篇

一位女生在大街上犹豫不决地望着对面的公用电话亭,这时没有声音,只有画面中来往穿梭的车辆,衬托出热闹的街市与女生紧张不安的心情。终于她鼓足勇气走向电话亭并开始拨电话,清脆的拨电话的按键声和待机的“嘟嘟”声响起,强化了画面的紧张气氛。这时,一位男士的声音在电话中传出来:“喂喂!请问你找谁?”浑厚而富有魅力,而画面仍是表现女生在闭眼倾听电话的表情,以及当她听到男人声音时,睁大眼睛的画面。然而她并没有出声,一直等到对方挂断了电话,声音则转换成“嘟嘟”。这时画面又回到开始时她站在大街上,望着电话亭的样子。字幕:“心情故事”,并在画面的右下角出现产品和品牌。整个广告运用了声音与画面策应并补充的手法,充分体现出广告主题“心情故事”的内容和特色。

3. 画内关系与画外关系

上述声音与画面的关系,主要是从时间的关系上进行区分,而如果从空间视角理解声音与画面关系的话,它们存在着画内关系与画外关系。

画内关系是指声音的声源来自画面中的人物或其他发声体,两者有直接的、明显的空间关系。一般说有广告中人物的对白、内心独白、解说词等形式。如在电视广告中,两个老年妇女一边爬山,一边在谈论着某补钙药品的优势,同时一群身体强健的老年人在一片欢笑声中从她们的身旁走过……这些声音与画面存在着明显的画内关系。另外,MTV式广告也是这种画内关系的表现。

画外关系是指声源不出现在画面内，使用无声源的画外音，同时声音与画面之间存在着外在的关系。如画面是雷雨交加、电闪雷鸣，但声音却是年轻人欢快的歌舞声音。又如在电影中一个话务员冒着炮火用牙连接电话线的画面，声音则是指挥部通过电话下达命令的声音。

当然，在电视广告片中，声画结合的方式是很灵活多样的，声音与画面要根据创意的要求，共同承担着表达创意思想、展现完美形象、叙述感人故事和传递广告信息的任务。

案　例

（泰国）SOKEN DVD 机电视广告

画面中正在办公室的两位男士在饮水机旁相遇，其中一位说道："嗨，鲍勃，昨天我买了《杀死比尔》的 DVD，你看过吗？噢，真刺激！我喜欢那一场戏，暴徒要杀女主角，但是她拼死抵抗……"，他一边喝着水，一边说着，可刚说到这儿，他整个人就静止了，声音只是在重复最后一个音节，接着又说两句就又出现这种情况。另一位男士很是惊奇地看着他，不知道出现什么问题了……最后画面随着 DVD 机中光盘出仓的声音而转到另一个画面中，一只手正在取出一个 DVD 光盘，把它放入另一个 DVD 机中，字幕出现广告语："SOKEN DVD 播放顺畅，泰国 SOKEN 电器。"（见图 5－6）

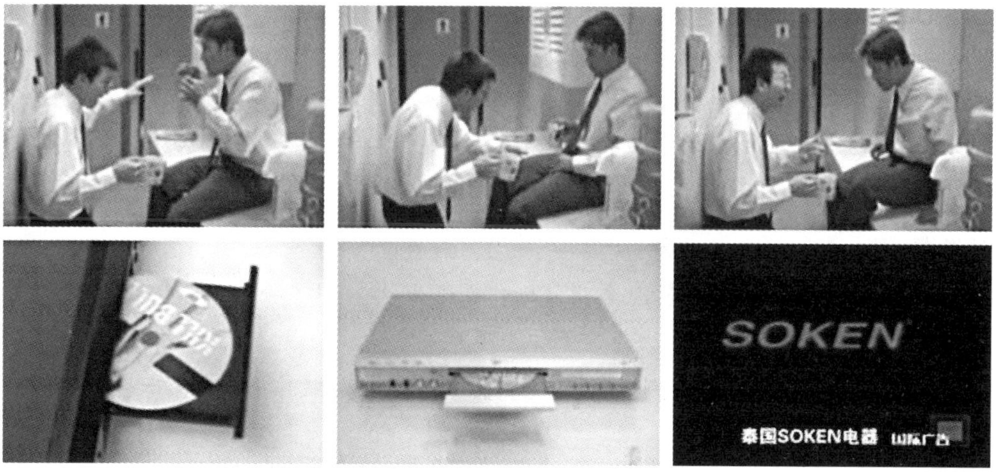

图 5—6

整个广告中正是运用了声音对位与分立的不同表现来制造悬念，讲故事的男士一开始的声音与画面是同步、对位的，而当他讲着讲着就出现只重复最后一个音节词的时候，实际上是用 DVD 播放时卡盘的声音来对照上去的，这种声音的变化和灵活使用，恰好是要说明 DVD 机卡盘的影响，以突出自己产品的优势特点——"播放顺畅"。

三、电视广告中分析声音的基本步骤

声音作为电视广告的重要元素，是整个作品解读的主要内容之一。概括地说，对声音的分析要从以下几方面入手。

(一)音响的分析

分析音响在画面中的各种作用：

1. 是否表现了情绪或气氛。
2. 是否是情节中的分段或转折标志。
3. 是否转变情绪。
4. 是否引出下一个画面。
5. 是否引起受众的关注。

(二)音乐的分析

在分析音乐在画面和整个广告片中的作用时，要考虑以下因素：

1. 它是怎么开始的?
2. 音乐对于整个作品的结构有什么意义?
3. 音乐的含义与广告主题之间的关系是什么?
4. 音乐与广告中其他元素是怎样配合的?
5. 音乐对受众产生怎样的心理影响?

总之，分析声音元素在电视广告中的作用，既要从广告创意的角度考量，也要具体分析它在每个画面中的意义，从而保证对声音在广告中的意义有深刻的认识。

思考题：

1. 电视广告中声音的类型、作用及创作原则是什么?
2. 电视广告中的声音蒙太奇有哪些表现形式?
3. 找出5个电视广告案例，分析和说明其中声音的表现、作用及蒙太奇表现特色。

第六章　电视广告的构架形式

本章重点

- 朴素表现类电视广告的各种具体形式及优劣势
- 艺术表现类电视广告的各种具体形式及优劣势

电视广告的构架就是其骨架和形式。它服务于创意，两者恰当的结合才能是有效的广告。电视广告的构架形式很多，一般主要把它分为两大类，即朴素表现类和艺术表现类。

第一节　朴素表现类电视广告

朴素表现类电视广告就是不加粉饰地传递信息，没有艺术的成分，或艺术成分不是很多，这是从早期的播报员式广告发展而来的。但并不是没有好的作品，有人曾讲："真实的受奖场面就比导演的新闻发布会效果好。"朴素表现类的电视广告也有许多的类型，具体说主要有以下几种：

一、证言型广告

即在电视广告中，在企业和消费者之间设定一个第三者，让他（她）以亲身的感受来说服消费者，它又分为名人证言和凡人证言。

（一）名人证言广告

也叫名人代言广告，又分为明星证言和专家证言。明星靠名气和"光环"，专家靠名气和权威。这两类广告中明星证言的占多数，而专家证言的也多是以演员来代替，真正的专家代言广告不是很常见。

案　例

蓝月亮洗衣液电视广告·杨澜篇

广告一开始，蓝色背景下杨澜身穿一件雪白的裙子出场，说道："做更专业的女性，不论工作还是生活。所以，我选择全新蓝月亮洗衣液。高浓度液态配方，凝聚非凡洁净能量，遇水瞬间溶解，爆发超强洁净力，让衣物亮丽如新。专业，让洁净更出众。专业，让女性更出众。蓝月亮洗衣液，您的专业选择。"在她说话期间，镜头不断变化，呈现出蓝月亮洗衣液去除污渍的动画效果。最后几个镜头中，杨澜以不同的服装展示其靓丽的风采，整个广告以理性诉求为主，佐以名人证言的元素，给人以亲切可信赖的感觉。见图6－1。

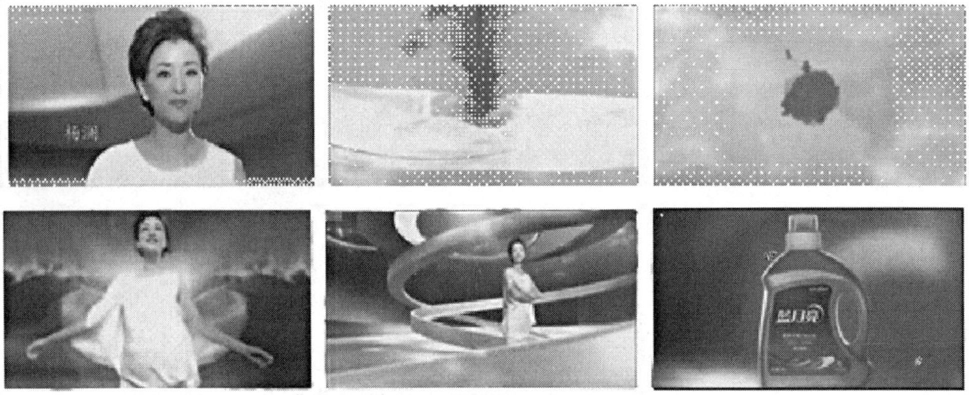

图6—1

电视广告的优劣势在名人证言广告中可能表现得最充分，优势很强大，劣势很明显。具体地说：

1. 优势

商品的知名度会很快提高，有利于长期的广告促销策略活动，很快能取得消费者的信任等。如一个名人长期代言一个品牌的广告，张曼玉代言玉兰油、蒋雯丽代言盼盼食品、任贤齐代言统一冰红茶等，它更容易形成长期效应和消费者的忠诚度。

2. 劣势

名人可能会对商品信息有削弱的影响、如名人有可能出现问题、名人的知名度、影响力、形象特点等可能会与商品内容不符而导致广告效果不好、名人代言太多而导致失信等。近年来，有关名人代言广告所产生的消费纠纷案例越来越多，特别是在相关的许多法律和法规还不健全的情况下，市场还处于一个发育时期，企业在做名人代言广告时对其劣势还是应当有所考量。

案 例

盘点明星代言的虚假广告

近年来，“明星代言”的负面影响愈加凸显，很多明星因其代言产品的质量和安全问题而陷入风波。如：范冰冰代言的“曲美”、侯耀华代言的近十个产品，涉及药品、食品、医疗器材等、赵本山代言的“蚁力神”、成龙代言的“霸王”中草药洗发露等、邓婕代言的“三鹿”、葛优代言的“亿霖木业”等等，这些产品都存在着质量和论证问题，甚至危害社会和影响人民健康。明星为其代言增大了它们的影响力和危害力，这是很可怕的事情。而这其中存在的问题又很复杂，但最终受害的是消费者。见图6-2。

图6—2

（资料来源：百度网）

选用名人做广告的原因不外乎是他们的知名度高，并能使所代言的产品直接提升注目率。同时影响力也大，特别是能在目标消费者中产生极大的影响，这也是近年来企业普遍看好名人代言的主要原因，但要真正让名人产生更好的广告效应，同时又能尽可能地规避其劣势影响，就要从挑选名人入手，严把原则关。

3. 挑选名人的原则

企业挑选名人要有原则可依，主要有以下几个方面：

(1)量力而行

这里所说的量力而行不仅仅是说企业在财力上要对聘用名人计算成本，同时还指要对企业和产品的知名度及影响力是否与名人的知名度及影响力相符合进行考察，如果不相称，也一样不会产生很好的广告效果。如产品已经很有知名度，而广告代言人很一般，或是相反，都会影响广告的效果。

(2)名人的形象特点应该与广告产品的定位特点相一致

从年龄上说，如果名人是老年人，就可以宣传老年人的用品；从个性上说，如果名人是时尚前卫的，就可以宣传时尚类产品等。如宋慧乔代言 oppo 音乐手机，代言人和产品都是时尚的象征和体现，对产品的目标受众——青年人有一定的影响力。

(3)切忌名人在电视广告中产生喧宾夺主的效果

电视广告的根本目的就是宣传商品或服务，名人也不过是为此目的服务的，所以它如果产生影响商品的效果，就会使广告效果减弱。

案 例

太太血乐电视广告·周笔畅篇

广告一开始是一个年轻的女士在怒斥她的男朋友："你从来就不知道我要什么！不想要什么！"那个男士怀里抱着一大堆的东西很是尴尬和迷惑的表情。接着，周笔畅身着鲜红的服装，手拿"太太血乐口服液"说道："嗨！我知道你要补血。"然后，一群和周笔畅一样大小的年轻人，随着音乐和她一起又跳又唱："COME ON 太太血乐，让全新感觉融入血液！EDTA 遇到有害元素，就是要战斗到底。要补血，喝血乐！"虽然音乐和舞蹈充满动感和青春活力，但这个广告本身是违背了产品的定位特色，"太太血乐"顾名思义就是专供"太太"使用，至少从年龄上说要在三十以上，而周笔畅及那群舞者正是青春少女，她们怎么能和这种产品的消费相联系呢？这则广告一出现就受到大家的质疑，显然这是一则名人与所代言产品严重不符的广告个案。见图 6－3。

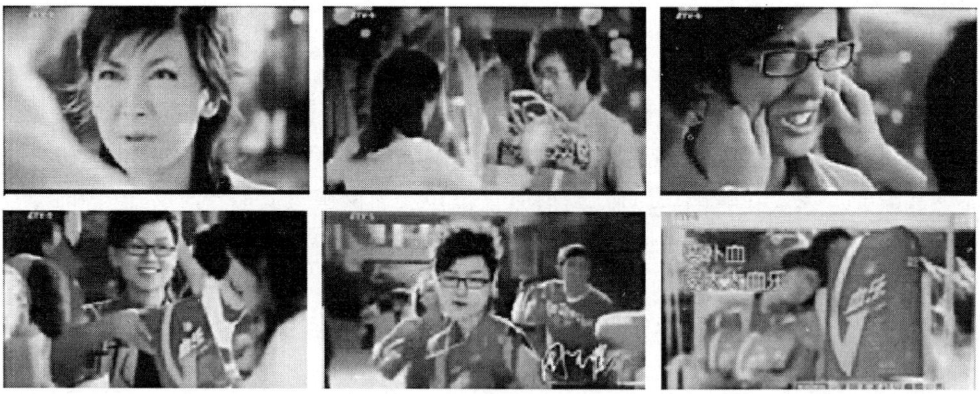

图 6—3

(二)凡人证言广告

即指用普通大众来做广告代言人，它也有一定的影响力。但在电视广告中，其表现的策略更为重要，特别不容易把握。因此，电视广告中所说的凡人代言大都是由普通演员来代替的，一般不会直接用普通人。目前普通人证言广告在公益广告中更多。

案　例

雕牌洗洁精电视广告

一个小男孩来到一家便利店，服务员问他要买什么，他一边比画一边说：“它好浓，好浓，油啊！最怕它！”这时画面中出现一个从上向下倒的洗涤剂瓶口，字幕是：“多30%活性物。”店员疑惑道：“浓？……油？怕它？”这时画面中出现一只油盘子，正在被洗涤。字幕：“去油更快。”看到服务员还是一脸茫然，小男孩接着比画着说：“把盘子洗得会唱歌啊。”字幕：“效果更好。”小男孩又说道：“得洗好多好多盘子。”字幕：“用量更省。”这时服务员恍然大悟，马上拿出一瓶洗洁精道：“噢！多快好省，雕牌全效加浓洗洁精。”

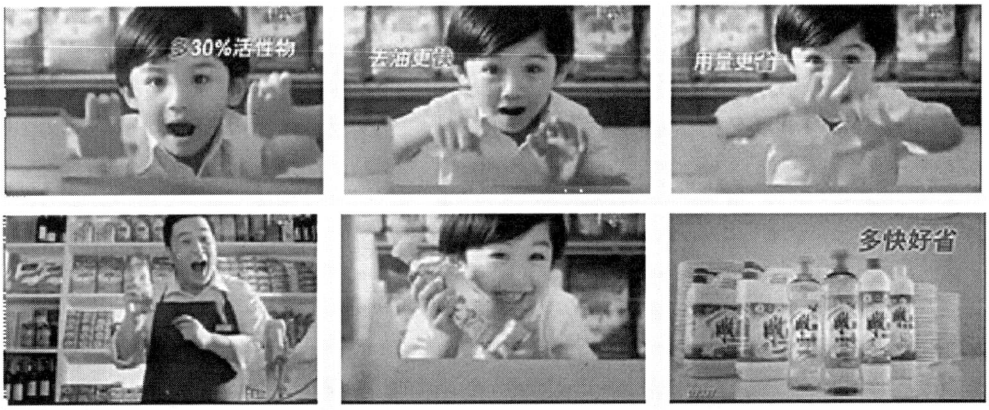

图6—4

这则广告用的就是凡人代言的方式，但实际上也是演员扮演出的效果，不过从整体的感觉上，这类家庭用品的广告能给人以信任感和亲切感，受众会觉得就像是自己的朋友或邻居在诉说产品的好处，能消除一些商业的气息，更易让人们从心理上接受。见图6－4。

1. 优势

使用这类广告的优势在于成本低；真实自然，贴近生活；亲和力强、说服力强。

2. 劣势

广告制作中不易把握，注目率低；关注度差，冲击力小；真实性让人生疑，影响其效果。特别是新产品问世，使用这类广告进行推广就不如名人代言能更快地提高注目率。

3. 凡人代言广告创作的原则

凡人代言广告也不是随便选择什么样的人都行，它也是有原则可依的。

(1)选择合适的代言人

这主要是指从年龄、地域、身份、社会角色等诸多方面进行考量。

(2)代言人的表演要自然

前面说过，大多的凡人代言也是由演员来扮演的，所以在广告的表演要自然、妥帖，不要太多的造作、演戏的痕迹，否则易让人反感。

(3)设置贴近现实生活的广告情节

凡人代言的最大特点就是要用平凡人的生活来影响平凡的受众，所以广告在创意时，所选择或创作的情节一定要贴近生活实践，不要有太多虚假、虚拟和夸大的情景，即不要产生那种过于远离平凡生活的情节，否则会产生更让人质疑的心理反应，这就影响了广告的效果。

(4)广告创意要出奇，以达到较强的吸引力

平凡的生活情节、平凡的代言人不一定产生不了出奇的创意作品，国外广告更多是这种贴近生活的平凡广告，常以其新奇的创意让人记忆深刻，效果不凡。目前我国电视广告中正是缺乏这种有创意的作品，而如何让创作平凡变神奇，不落俗套，是广告人最需要学习和实践的目标。

案　例

Hallmark 卡片电视广告——妈妈，谢谢你

一位工作的母亲，在外忙了一天，拖着很疲惫的身子回到家，首先看到的就是满屋凌乱的样子，地上到处是乱扔的玩具，这时两个孩子跑过来，拉着她的手嚷道："妈妈、妈妈讲故事！"妈妈俯下身子，亲切地对孩子们说："等我一会儿好吗？"接着，她又看到满桌子的剩饭菜，无奈的样子，只好开始收拾。正当她正在厨房洗刷盘碗时，孩子们又跑进厨房，嚷着："妈妈，现在可以讲了吗？"妈妈放下手里的活，对孩子们说："妈妈现在要洗碗、整理起居室。也许爸爸可以，去吧。"可是当妈妈和孩子一起来找爸爸时，爸爸正忙着打电话，也表现出无可奈何的样子，并示意孩子还是去找妈妈。一会儿，妈妈又哄着孩子们一起洗澡，孩子们唧唧喳喳地吵吵着："妈妈，讲吧！"妈妈很累地说：

"洗完澡再说吧!"洗完澡后,孩子们忙着穿衣服,而妈妈又端着一盆脏衣服准备去洗。这时,孩子们躺在床上叫着:"妈妈。"妈妈只好说:"好吧!"她放下盆子,上床搂着两个孩子开始讲故事。当她打开故事书正讲着时,发现一张装着卡片的信封,上面写着"MOM",她打开里面的卡片,念道:"因为有你,我们的世界很幸福!我们有幸福的家,我们的日子充满快乐,我们的夜晚美梦萦绕。这都是因为你。爱你的查理、杰克,还有爸爸。"

图 6—5

这则广告就是选取了一个再普通不过的家庭场景,一个再平凡不过的故事情节,但正是在这种平凡的生活中,有一张体现亲情、表白感恩的 Hallmark 卡片,让情感在平凡中升华,触动受众的心灵。见图 6-5。

(三)动画形象代言型广告

即指通过想象和加工,设计出具有独特的性格和气质特点并能给人以美好印象的虚拟动画形象,如药品广告中许多的动画人物,也有的是直接从动画片中借用的动画形象。如喜羊羊、一休、阿童木等。

案 例

脑白金电视广告

脑白金电视广告从一开始就运用动画的形象,以两个老年人的动画模样来吸引受众的注意,这两个老顽童在不同的背景下穿着不同的衣服、跳着不同的舞蹈,说着同一个广告主题:"送礼就送脑白金!"系列的动画广告形象给人留下深刻印象,也形成了一定的品牌效应，同时一改过去广告的模板化，创意出一种新颖的动画效果，引起人们的新鲜感和好奇心。见图6-6。

图6—6

1. 优势

这类电视广告的优势主要表现在以下几个方面：

(1)趣味性和好感度高

动画形象往往活泼可爱，容易引起观众的兴趣和好感，极易得到观众的认可和关注，从而提高广告的注目率。

(2)创意表现空间大，普适性高

动画形象一般不存在阶级、民族、种族等差异性，也不太区分年龄、性别、生活方式等特点，所以创意一个动画形象，可以适用于不同的产品、地域、消费者等，从而它的创意空间就会不太受到限制。

(3)节省费用，不宜出现问题

动画广告只是创意和制作的过程，不用聘用名人或涉及使用各种费用的问题，这样就能节省不少的费用。同时，动画形象一般不会出现问题，从而规避了用名人存在的风险性。

(4)拥有创作版权，形象发展空间大

为广告独创的动画形象，拥有版权，形象专用，也可以为它设计一系列的营销活动，甚至促成一个话题引起社会关注，提高营销效果，从而为形象发展创造广阔的空间。

案 例

伊利·世博电视广告

广告一开始就出现了一片绿色的大草原，接着2010年上海世博会吉祥物海宝在草原上说道："嗨！我是海宝。我来到了伊利黄金奶源基地。13世纪这里就是皇家牧场，牧草的营养和鸡蛋差不多，还有每天16小时的日照，自然的浓、香、纯，只有这样的好牛奶才能被选进世博会。伊利，中国2010年世博会唯一指定乳制品。"这期间画面不断出现草原的美丽风光和人们喝着伊利产品的享受感觉。这个可爱的海宝就是以动画的形象来做广告的解说员，它是专属世博会的吉祥物，而世博会正是当时的时尚话题，所以用它来代言产品，不仅给人以新鲜、好奇的感觉，还让人们觉得有特色、很流行，这也是企业借势的一种方式。见图6-7。

图6—7

2. 劣势

任何一种形式的电视广告都有它的不足之处，即劣势：

(1)制作上要求高，如果不能制作出很好的动画作品，反而影响广告的效果。

(2)一成不变的动画形象时间长了容易让人失去兴趣。

(3)产品与动画形象之间的关系容易做得牵强或不伦不类。

以上都是各种不同的代言广告，各有特色，各有优劣，在运用时要根据企业和产品的特色、广告的目标、受众的情况来选择。

二、报道型广告

(一)报道型广告概念

报道型广告是指如实地报道和介绍商品的性质、用途、价格,以及商品生产厂家、品牌、商标等信息,促使消费者对商品产生初级需求,又称开拓性广告。这是类似于新闻报道的一种广告形式,它适宜于新闻式的广告信息。准确、详细是其优点,但有些单调呆板。

(二)报道型广告的特点

报道型广告一般通过生产者、销售者或非消费者的第三者(如专家)来介绍商品的性质、用途、价格等方式来实现广告目的。随着现代科学技术的迅速发展,许多新产品不断涌现,消费者要使用这些新产品就要了解新产品的性能和价格,以及使用这种新产品将会给他(她)带来的利益,这些都需要在产品销售之前让消费者知道。报道型广告的任务就是让消费者对推销的商品产生兴趣,进而产生购买愿望。可见,报道式广告也是一种开拓性广告,起着刺激需求、拓宽市场的作用。

(三)报道型广告的运用

人们常有这样一种倾向:排斥广告。首先是报纸广告的设计者们,创造出新的形式:报道型广告。我们经常看到报上登一些巨幅照片,宣传报道渗透其中。这种报道型广告,读者看了之后往往搞不清自己看的是广告还是报道。

这种形式的电视广告,目的就在于使读者能够在非常排斥广告的心理下阅读广告报道,以达到宣传效果。但是,一定要注意的是,切勿使读者阅毕有被骗之感。由于我国对类似新闻式的广告有严格的规定,这种形式在使用上也不太容易把握,现在不是很多见。

案 例

VISA 卡电视广告

广告一开始就采用了新闻播报的语气,解说词是:"欢迎收看非常现金。这次节目的主要内容是困扰国人已久的出国换算币制问题,目前已经取得重大突破。我科学家特别研制出高智能货币换算眼镜。你只要戴上眼镜,选择所需兑换货币的镜片,旋转换算按钮,你需要换算的币值就会自动出现了。此款产品还为消费者设计了不同的款式。无论是去印度、去韩国、还是去美国,国人都可以便捷、漂亮地换算外币。此款产品的成功研究,标志着我国先进制造业的管理机构突破……"广告的画面表现出以上的内容，播放新闻栏目的形式，最后推出产品的标识、广告语："更好方法，用 VISA 卡。"同时以画外音的形式提出广告主题："避免兑换麻烦，有更好方法，用 VISA 卡。"

三、示范型电视广告

（一）示范型电视广告的概念

即利用电视媒介的优势把产品使用的真实情况、过程和效果直观地呈现在受众面前，让受众如亲眼所见的感觉，以满足其"眼见为实"的心理需要的电视广告，也叫验证型（这类广告更注重实验的结果），尤其是可操作性的商品，如洗衣机、照相机、工程车等商品较合适。

（二）示范型电视广告的特点

示范型广告的特点就是以最直接、最形象的画面来展示产品使用的过程和结果。它的形象性、直接性明显，这也是充分利用了电视媒体的最大优势——视听综合特色来完成的。相比之下，其他媒体在这方面就很难做到了。同时它的特点还体现在这类广告不需要太多的解释性说明，而更强调动作的过程和结果。

案　例

郭冬临汰渍洗衣粉电视广告

广告中一个可爱的小女孩在水池边看白天鹅，高兴地说："白天鹅好白呀！"这时，有一个人骑着自行车从女孩旁边的水坑中经过，一下子女孩身上穿着的白衣服溅满了污泥。女孩说："它是白天鹅，我是丑小鸭。"这时，妈妈走过来，焦急地说："这么脏，肯定得搓很久。"正在妈妈和一群阿姨说怎么才能洗干净这件脏衣服时，郭冬临拿着一袋汰渍洗衣粉走过来说："用它试一试怎么样？这是新上市的汰渍全效炫白。用它一泡，污渍就自动出来了。"这时画面出现脏衣服经过汰渍浸泡的过程和用手搓洗一下就净白如新的结果。人们纷纷说道："真不敢相信，脏东西出来、轻轻一搓就干净了。"整个广告强调了一个重要的主题：用汰渍全效炫白一泡，脏东西就出来，再轻轻一搓就干净如新的效果。这则广告的主题正是在示范效果中来传递的。见图6－8。

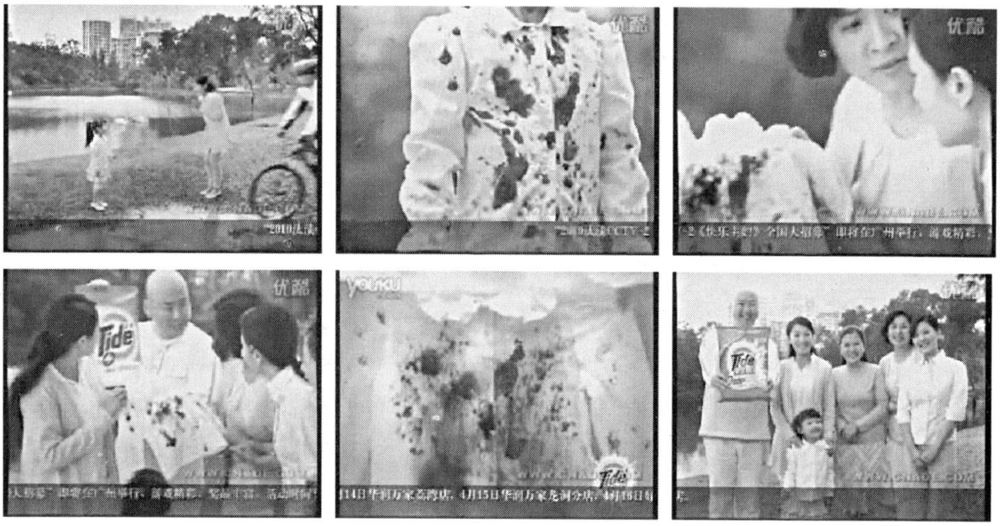

图 6—8

四、解说型电视广告

(一)解说型电视广告的概念

即指整个广告中以解说为主,解说的内容主要是介绍产品特点、销售策略、企业定位等,是理性诉求广告的一种。

(二)解说型电视广告的特点

通过运用电视媒体的特点,解说型广告具有声画并茂的特色。画面和解说词相配合,能更真实、形象地展示广告信息,特别是可以通过一些特技手法来表现和解释许多不易想象的内容,如微观世界、事物的内在结构、事物运作的原理等等。

案 例

严迪电视广告

广告一开始就是一位身着西装、领带的知识分子模样的男士,他拿着一个教具指着画面左上方出现的严迪药品图说道:“严迪是大环内酯类抗菌消炎药,它的特点是通过抑制细菌、蛋白质的合成来抑制细菌。”这时画面已经转变为模拟的药品效应动漫图示,并出现字幕:“严迪在体内有较强的抗菌作用。”他接着说:“每次服两片,每天两次。”这时画面连续展示出人体消化系统和药品被服入后产生作用的情况。他继续解说:“严迪能够在体内持续药效 12 小时,儿童也可服用。对于在感冒时并发的依原体和支原体感染有很好的疗效。严迪，哈尔滨第六制药厂生产。”整个广告就是一个专家解说型广告，没有其他的表现形式，突出了理性诉求的广告特点，也体现出药品信息本身的严肃性和科学性，给受众以认真、严谨和负责的印象，从而提升了广告本身的可信度。见图6－9。

图6—9

(三)解说型电视广告的分类

解说型广告基本上可分为三种，即第一人称解说、第三人称解说和特技解说。

1. 第一人称解说广告

就是演员面对观众以第一人称的口气介绍产品。它是一种初级的、常见的广告形式，与证言型相似。

案例1

葛优三元牛奶电视广告

画面首先出现一个杯子，牛奶不断注入。这时葛优拿起这杯牛奶说道：“都说自家的奶好，你说听谁的吧！三元牛奶原汁原味，讲究。欧盟的标准，北京的品质。干吗喝几十年，踏实！好不好听您的。三元有人缘。三元牛奶。”这个广告中葛优就是以第一人称的身份在解说，也是以他的明星效应来提高产品的影响力和知名度，给人以可信任的感觉。见图6－10。

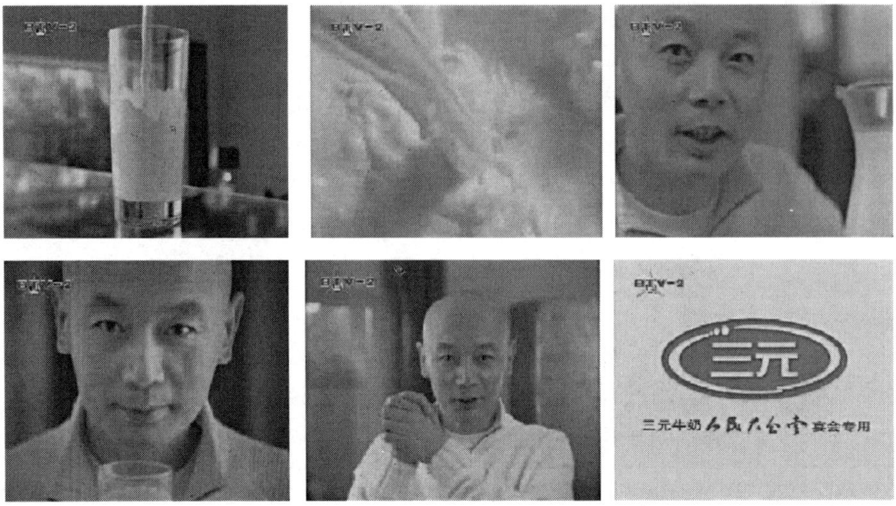

图 6—10

案例 2

承德避暑山庄旅游电视广告

广告以承德避暑山庄的美景为画面，以一位男士在山庄度假为线索，以第一人称的口气解说："我在皇帝的别墅度假，我在聆听智者的声音，我在享受皇家圣宴，我在皇帝猎场驰骋。皇家休闲，畅想承德。"随着"我"的介绍，广告中展示出充满神秘色彩的避暑山庄，古朴的大殿、虔诚的诵经、绿色的牧场、雄伟的山庄、诱人的美味、绵延的长城……，让受众如临其境，诱发人们一睹避暑山庄之美的欲望。见图 6－11。

图 6—11

2. 第三人称解说广告

即用旁观者的视角拍摄，解说词源于隐身的播音员，类似隐身式报道。

案　例

太仓旅游电视广告

镜头1：正在开放的各色牡丹（上半部分），牡丹园内人们在游览（下半部分）。

解说词：赏花王牡丹。

字幕：到太仓，赏花王牡丹，品江海河三鲜。高速：沪嘉高速——G15（南通方向）——太仓，地面：沪太路到底——太仓。

镜头2：各种海鲜美味。

解说词：品江海时鲜。

字幕：品江海时鲜。高速：沪嘉高速——G15（南通方向）——太仓，地面：沪太路到底——太仓。

镜头3：一座塔楼处在一片牡丹园中。

解说词：尽在上海北大门——太仓。

字幕：太仓。到太仓，赏花王牡丹，品江海河三鲜。高速：沪嘉高速——G15（南通方向）——太仓，地面：沪太路到底——太仓。

这则广告时间只有10秒，镜头也只有三个，但它突出了太仓的特色，并传达了旅游的线路。解说词采用第三人称，强调了客观性的信息特色，让受众感觉真实可信。

3. 特技解说广告

这种也属于第三人称解说。但它更强调广告中特技手法的运用。特技解说广告的特点有：

（1）画面以电脑特技制作为主。

（2）常以广告商品的构造、功能、原理为主要解说对象。

（3）表现微观世界更有优势。

案　例

小刀电动车电视广告

广告从一个螺丝帽开始，画面显示大量的零件进行组装的动态过程，解说词："小刀就是好，没电都能跑。"广告运用动漫的效果，对产品的结构进行了特技处理，辅以解说，突出产品的特点。见图6－12。

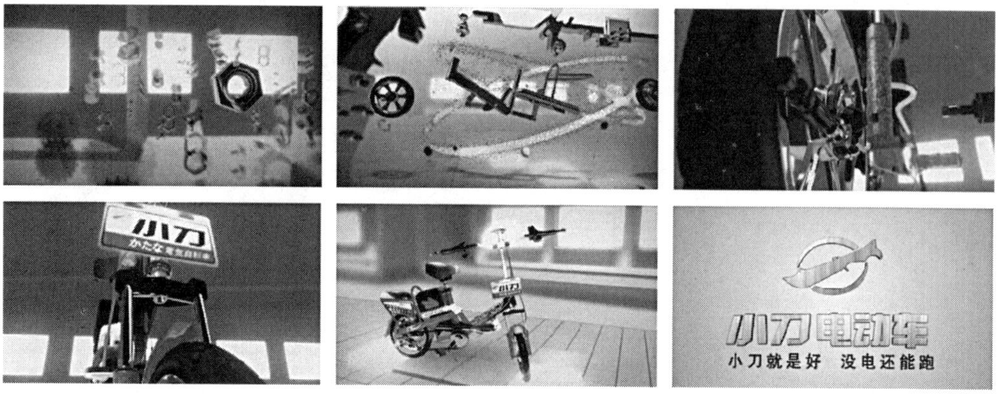

图 6—12

综上，朴素类广告以其真实、质朴的特点，被许多广告主看好，特别是在表现一些较严肃、严谨的内容上，这类广告更有优势。当然，随着广告业的不断发展，朴素类广告中也会渗透一些艺术表现的因子，这种灵活多变的构架形式正是广告发展的一种趋势。

第二节　艺术表现类电视广告

艺术表现类电视广告是指广告中的艺术性很强，即采用艺术的手法来传递广告信息。艺术表现类电视广告又分为叙事型广告和抒情型广告两种。

叙事广告指按一定的线索对事情进行描述的广告，或是在具体描述事物或情节中传达广告信息，也叫叙述型广告。在使用此种广告时要注意以下几点：

1. 叙述的内容和情节要简单明了。因为 30 秒的广告时间，不能容许太多曲折的故事情节。

2. 叙述的内容要连贯且符合逻辑。叙事的内容要完整、可信，并有一定的逻辑关系，不能是太过离谱的内容。

3. 叙事的内容要与广告商品发生联系。叙述的目的是要完成广告促销的目的，所以叙事的内容一定要与广告商品有关系，如果没有关系，它的叙述再完美也不会产生广告效果。

案　例

某品牌饮料电视广告·阿楷的故事

第一组镜头：高中时的阿楷。只要拿出饮料想喝时，父母就叫他擦盘子、擦汽车、擦玻璃、擦花瓶……擦各种各样的东西，没完没了。

第二组镜头：阿楷去当兵了。他非常兴奋，认为过去那种没完没了擦东西的生活就要结束了。没想到，他在部队里依然干着擦东西的工作：擦皮鞋、擦厕所……

第三组镜头：阿楷退伍了。回到家里父母正等着他擦汽车呢！于是他又重操旧业，不停地擦皮鞋、擦墙皮……一旦当他要休息时，就会有人叫他去擦各种东西。

第四组镜头：阿楷约会时。他也会习惯性地擦干净各种东西。当他看见一辆很脏的汽车时，他就忍不住从自己的裤子上撕下一块布，也不顾女友的存在，急着冲到汽车上擦起来。

图 6—13

第五组镜头：阿楷现在的工作。他在夜总会当一名 DJ 师。因为这个工作能有擦东西的动作和发出擦东西的声音。

整个广告是以“成功是要付出的”为主题，较完整地叙述了主人公的成长经历，并将广告的产品放在这个过程中，给人以深刻印象。见图 6－13。

抒情广告则是指以情感的表达来传递广告信息的方式。它常常会以多个镜头来积累和表达一种情感，从而以达到造势和渲染气氛的效果，并在这个过程中将广告信息融入其中。

案　例

统一牦牛肉面电视广告

镜头是以一个旅行者的描述为主线，由多个西藏风景画面组成：西藏的民居、热情的藏民、美丽的风光……这一切让人们感受到西藏的味道，最后由旅行者点题：“热腾腾的牦牛肉面告诉我，这就是西藏的味道。浓浓西藏味，统一牦牛肉面。”整个广告以抒情的手法，很顺畅地传达了广告信息，美丽的西藏风情，让人们如临其境般感受到西藏的味道——牦牛肉面的味道。抒情与广告信息交融一处，给人以深刻印象。见图6－14。

图6—14

一、世俗型电视广告

(一)世俗型电视广告的概念

即指以普通的世间生活和情感体验为线索来传递广告信息的方式，也就是在广告中演绎的都是百姓的生活、普通人的故事，在这其中把广告的信息传达出去。这类广告造作或虚构的内容少，常以普遍性来体现其真实性，从而影响受众的接受心理。

(二)世俗型电视广告创作的原则

世俗型广告在创作时要强调两点原则：

1. 故事应该是关系到人们切身利益，如容貌、仪表、饮食、起居、健康等方面。
2. 事实和环境要生活化，即真实而可信。

(三)世俗型电视广告的分类

按照具体表现方式的不同，世俗型广告又可分为以下几种：

1. 解决问题式

这是应用非常广泛的一种形式，其基本格式是：问题 ＋ 药方 ＋ 结果。就是以在生活中常见的问题来引出话题，之后拿出解决的方案，就是广告产品的使用，最后展示使用后的效果。这种方式很常用，特别是药品、化妆品、洗涤用品等。

案 例

范冰冰海飞丝去屑洗发露电视广告

广告开篇就提出问题："城市细微污染物残留在头皮，头屑反复出现。"接着提出解决问题的药方："含植物精华新海飞丝植物净萃系列，净化连肉眼都看不见的污染残留。”使用的效果则是“看不见头屑，进入净化的世界。”最后广告强调它的产品：“新海飞丝植物净萃系列。”这则广告就是典型的解决问题式。见图 6－15。

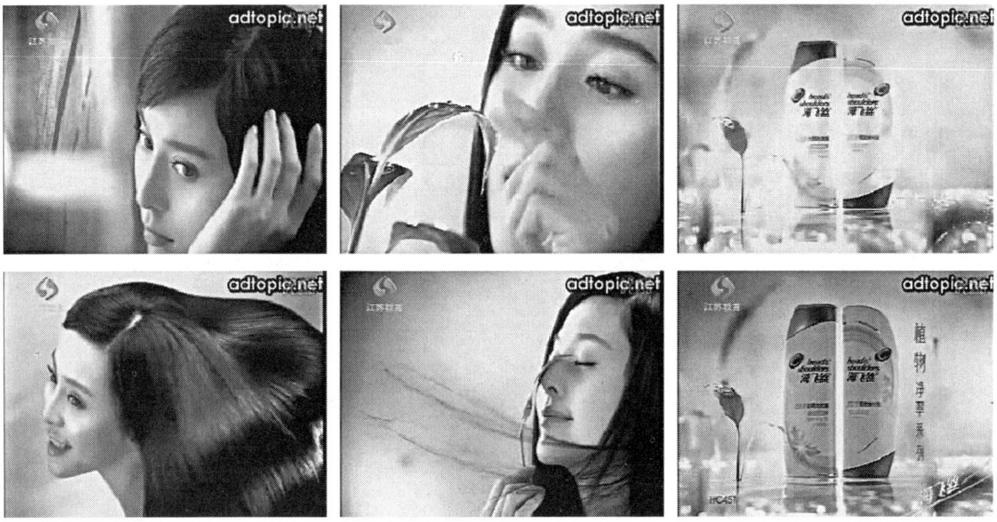

图 6—15

在使用这种形式时尤其要避免落入俗套，即要注意如下几方面的问题：

(1)问题的提出不要唐突生硬

广告中提出问题时，一定不是那种如从天降般的感觉。问题的提出要很合理，很顺畅，切忌唐突和生硬，这样会让受众感觉问题不现实或与自己无关。

(2)问题点的提出要切中消费者的某个切实利益点，不能无关痛痒

问题的核心一定是关系到消费者切身利益的点。如产品的价格、使用的方法、用后的反映等，而不应是消费者自己根本不关心的问题。当然，同一种商品，不同的消费者所关心的点是不一样的，如同样是买鞋，年轻人关心它的时尚、中年人关心它的价格，老年人关心它是否舒适等，所以一定要在创意广告之前，对消费者所关心的产品利益点有所了解，否则会使广告中精心设置的问题达不到理想的效果。

(3)不能夸大产品的功效

消费者最忌讳广告中夸大产品功效的现象，所以即使是使用这种强调产品能解决一定问题的诉求方式，也不能过于夸大它的功效，那种妇孺皆能用、老少适宜的商品，最受人们的质疑。

总之，在使用这种方式的广告时，要做好前期准备，要对消费者有充分的认识，对所提出的问题有所了解，对广告中表达的功效有所掌握。只有这样，这种形式的广告作用才会发挥得更好。

2. 生活片断式

即在广告中选取现实生活的一个片断或将现实生活的某些瞬间剪接在一起，使其中有一定的逻辑关系，或用以表达一种意境。

在广告中，通常表现出以下几种内在逻辑关系：

(1)相同的时间点

即在同一个时间的不同空间中发生的事情。如中国平安广告，便是不同地域人们生活的瞬间剪接起来，传达祝福平安的信息内涵。

案　例

中国平安保险公司电视广告

广告中出现不同的地域、不同生活的情景，但以“平安”相串连在一起。情景一：是行驶的轿车里挂着“平安”的饰品，车中一对年轻的夫妻正抱着自己的孩子开心地笑着，字幕：“北京，平安大街。”接着是一对老夫妻手捧自己的结婚照片，亲密的样子。情景二：一个风景优美的地方，一片水上有船夫摇着船，桥上的人们忙碌的身影，字幕：“广西，平安乡。”情景三：一片白茫茫的雪景、一个“平安”字样的剪纸、一群嬉戏的孩子，字幕：“东北，平安屯。”情景四：一位老者举起一张发黄的旧时上海弄堂的老照片，字幕：“上海，平安里。”……最后，画外音：“无论何时何地何种方式，我们真心祈求中国平安，平安中国。”

这则广告中的核心词就是“平安”，它以用“平安”命名的不同地域和不同的生活情景，向人们传达出广告主题的内涵——无论何时、何地、何种方式，平静、安详的平凡生活就是人们对平安的诠释，中国平安保险公司也正是以此为目标的，这就让人们对平安保险有了清楚的认识和情感上的认同。见图 6－16。

图 6—16

(2)相同的动作或表情

即不同的时间、空间中发生的相同的动作,如微笑、拍手、赞美等,如许多电视台做的贺岁广告。

案　例

佳得乐电视广告

人们在不同的地方做着同一个事情——数数！在练踢球的年轻人、跳蹦蹦床的孩子、练习杂技的演员、练习打球的青年、练习舞蹈的女生、锻炼身体的学生……无论是运动场、学校,还是街心公园,到处都是人们运动的身影和数数的声音,全民都在用一样的旋律做着同一件事——健身运动。广告语:“运动,不止 2008。”广告用不同地点发生的同一种声音来体现运动无处不在,2008 无处不在的主题。

(3)相同的空间

即在广告中将相同的空间中、不同时间内发生的事情编辑到一起,让受众从中感觉到产品的魅力。

案　例

新亨氏番茄酱唧唧装电视广告

镜头 1:很久以前,一家人坐在餐桌前吃饭。

镜头 2:丈夫手拿着一个瓶子,用力拍瓶子的底部,好像是要往食物上挤什么东西,但并没有成功。

镜头 3:丈夫无奈地望着旁边的妻儿。

镜头 4:丈夫继续用力而急切地拍打着瓶子底部。

镜头 5:瓶子及产品的标识。

以上均是黑白镜头。

镜头 6:瓶子变成了暗黄色,仍在一个人的手中拍打着。

镜头 7:还是一家三口人坐在餐桌前吃饭的情景。丈夫正用力拍打着那个瓶子,并望着无奈地妻子。

镜头 8:妻子无奈的表情。

镜头 9:丈夫还在用力地拍打瓶子,一直没有成功。

镜头 10:瓶子上产品标识特写。

以上镜头均为昏黄色背景。

镜头 11:瓶子内的液体变成红色,在一个男人的手中。

镜头 12:餐桌旁,那个男人不停地拍打瓶子的底部。

镜头 13:旁边的小姑娘站起身,用手捏住瓶子挤了几下,里面的液体流了出来。

镜头 14:丈夫很是惊奇地看着孩子,孩子则拿起一根沾着番茄酱的薯条高兴地吃着。

以上镜头是彩色的。

这则广告通过不同的背景色彩,将三个不同的时期而在同一个地方、同一个情景下发生的事情明显区分开来,以此来表现产品的独到之处。

(4)相同的人物

即在不同的时间 、空间内同一个人物所做的事情。

案 例

公益电视广告:关爱别人·快乐自己

广告是以一个年轻人早晨在街上晨跑为线索的。这个年轻人一边慢跑,一边对自己身边需要帮助的事情用心去做:把将要落在小孩身上的足球顶走、帮一个男士把快要掉下的书夹好、帮一位困难的骑车上桥老人推车、把一排倒地的自行车都立起来、将垃圾桶外的垃圾放入桶中……他所做的这一切都伴随着自己快乐的心情和别人满意的笑容。广告中的人物是同一个,以时间为线索,表现了不同的地点发生的事情,体现了一个公益观念:“关爱别人,快乐自己。”见图 6－17。

图 6—17

(5)人物、时间 、空间均不相同,但它们之间有一种内在逻辑关系

如人物从小到老、天气四季变化、一天从清晨到晚上、空间上由远及近、由南到北等。

案　例

公益电视广告·扬正气、促和谐

第一组镜头：

学校的操场上，一个女教师兴高采烈地拉着一个女学生说道：“你的孩子又考了全班第一……”这时一只手递过来一个红包，说道：“谢谢！谢谢！”女教师马上拉下脸来回答道：“你在伤害我。”

第二组镜头：

在医院的手术室外，一位刚才手术台上下来的男医生摘下口罩，疲惫的脸上露出一丝笑意，并说道：“好了，病人终于脱离危险了……”这时一只手递过来一个红包，说道：“谢谢！谢谢！”男医生马上拉下脸来回答道：“你在侮辱我。”

第三组镜头：

在一个政府机关的办公室里，一位领导一边整理着手中的材料，一边笑着说道：“你的审批手续全办好了……”这时一只手递过来一只红包，说道：“谢谢！谢谢！”领导马上拉下脸来回答道：“你在藐视我。”

第四组镜头：

在一个驾照考试场上，一位警官微笑着说道：“恭喜你啊！考试通过了……”这时一只手递过来一个红包，说道：“谢谢！谢谢！”警官马上一脸严肃，并敬礼回答道：“请你尊重我。”

最后一组镜头：前面几个主角纷纷出场说出广告语：“扬正气，促和谐！”

图6—18

这则电视广告中的每个镜头之间在时间、地点和人物上都是不同的，但他们之间有一种本质上的一致性，他们的行为和心灵都是扬正气、促和谐的表现，这是广告的主题线索，是贯穿每个镜头的红线，以此强化了广告的核心理念。见图6－18。

这类广告的主要优势在于情节设计平易而见真情，平凡而感人至深，极具有煽情性。而它的劣势则是缺乏悬念，容易产生平淡、乏味的感觉。

二、传奇型电视广告

(一)传奇型电视广告的概念

传奇指情节离奇或人物行为不寻常的故事，它可以指一个传奇的人物，也可指一个传奇的事情。运用传奇人物或事情所创意的广告就是传奇型广告。

(二)传奇型电视广告的特点及创作原则

传奇型广告的特点就是一般时间相对长一些，因为要保证叙述传奇型人或事的完整性。另外，结尾的设计一般要有出人预料的效果。如果结果平平，那就无法体现出传奇的特色。

从创作原则上说，传奇型广告在创作时首先要强调它的传奇性，避免平淡。其次，要使广告产品与传奇的情节发生关系。如果没有促使受众联想、记忆或购买产品的欲望，反而是让他们觉得产品与传奇无关，那就是再传奇的广告也是无效的。最后，传奇不是肆意夸大或虚构，最好是在平凡中去表达传奇的意义。传奇不一定非是奇人怪事，唐代的白话小说和明代的戏剧就叫传奇，它们充满了很浓厚的世俗意味，如果不是这样反而会遭到人们的质疑和否定。

(三)传奇型电视广告的分类

1. 写实式

这是指用镜头从容地叙述生活，是对生活中“真实”传奇的记录。它的优势在于对于广告商业动机的掩盖比较强，商业气息淡化、直接写的是人间真情、真事，间接写的是广告商品，情节生活化而非戏剧化。劣势是情节创意时很难把控在平淡生活与真实感情间的尺度，即不能过于平淡又不能过于夸大。

案　例

某商场家用电器促销电视广告

清晨，伴着晨钟，一个和尚正在洗漱。随后，他竟然拿出一个吹风机，不停地往秃头上吹着。这时画面中出现广告语：“诱人的低价位。”这个广告以一个很平常、很简单的情节，展示出“真实”的传奇式促销效果，也暗示出产品的魅力，让人忍俊不已。

2. 想象式

这是一种普通意义上的传奇，它是通过想象的情节来表现传奇的效果，从而吸引受众，推销商品。它的常用手法是夸大和趣味性，这是它的优势。劣势在于过于夸大后容易失信。

案 例

DQ新口味汉堡电视广告

一间办公室里，一位男士正在吃一个汉堡，突然他嘴里喷出了火焰，把桌子上的文件点燃了，接着火越烧越大，他越是试图去吹灭火，火就越大，他只要一张嘴，火焰就喷出来，这时画面一转推出DQ汉堡产品及产品的特色材料，同时还温馨提示："DQ新口味汉堡，加入辣培根肉，请小心食用。DQ口味独特。"画面最后是那位男士趴在房顶的防火器上大口喝水的样子。整个广告以DQ汉堡的辣味，想象出吃得会着火的情节，既有夸大又不失幽默，让人们在开心一笑时记住产品的特色。见图6－19。

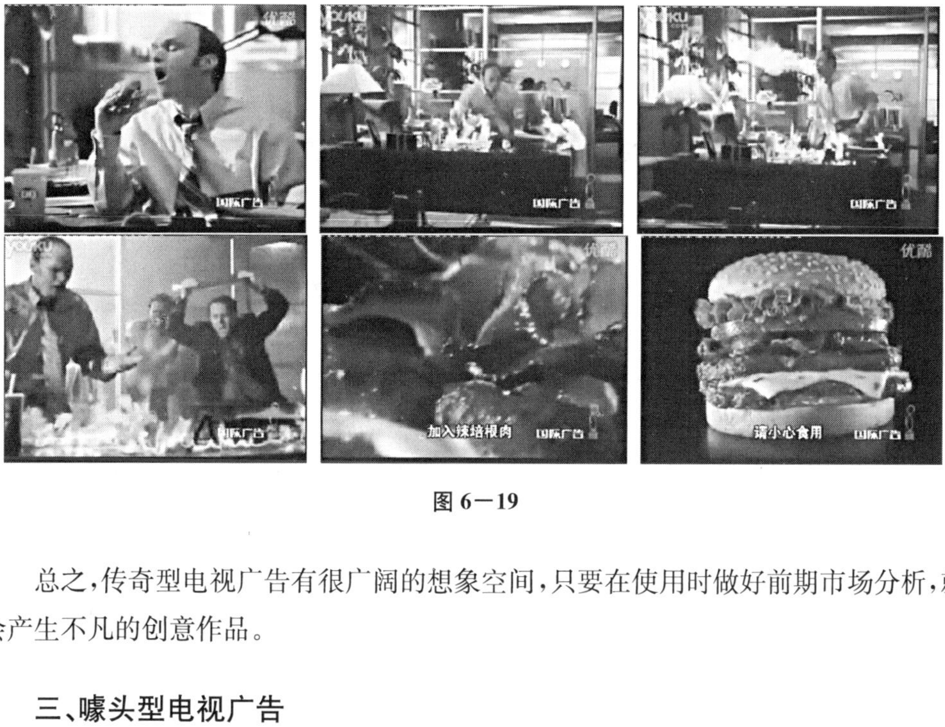

图6—19

总之，传奇型电视广告有很广阔的想象空间，只要在使用时做好前期市场分析，就会产生不凡的创意作品。

三、噱头型电视广告

(一)噱头型电视广告的概念

噱头本意是指花招、点子，或是引人发笑的话或举动。商家的噱头是指商家促销的一些点子。噱头型广告则是指以故弄玄虚、制造悬念为基点的广告创意手法。它多用于新产品广告。

(二)噱头型电视广告的特点及创作原则

它的特点是利用画面语言的残缺来吸引注意,所以广告往往是不全面、不完整的。在创意这类广告时应遵循的原则是:

1. 广告中的噱头在设计时要把握分寸,不要过分地虚夸,更不能欺骗。

2. 明确广告中的哪些元素内容是可以夸张,或是可以作为噱头的点子。这也是需要精心设计和安排的,广告关键在最后与前面的衔接,太过夸张容易让人从吊胃口变为倒胃口,因此,不能太随意,以免产生问题或不能产生预期的效果。

3. 噱头在设计时要考虑文化背景和道德约束。有时这样的噱头在这个地域或民族中传播是可以的,也能被人们理解,但要换一个地域或民族就不行,甚至会遭到人们的反对。如在泰国这样的佛教国家,就不能拿佛教中的人物来搞噱头,否则会引起当地人的反对。

案 例

贝尔电话电视广告

一位男士正在房间中对着镜子刮胡子,他满脸、满手都是肥皂泡,这时屋里的电话铃声响起,他马上从卫生间向放电话的客厅跑去,可匆忙中一不小心碰到放在通道上的冰刀鞋锋利的刀刃上,脚上的血流了出来。他疼得到处乱蹦,但电话仍在急促地响着。他无奈地咬着牙,用满是肥皂泡的手抓起电话道:"喂?!"话筒中传来的却是嘟嘟声,原来电话已经挂断了。他一脸疑惑地看着话筒。接下来,镜头一转,原来是隔壁的两个老太太在搞恶作剧。当男士刚放下电话,又跑到卫生间去刮胡子时,电话又响起急促的铃声,……而两位老太太开心地笑着。最后推出产品:"贝尔电话追踪器。"

这则广告以一个恶作剧的方式来强调了产品的特色——直接拨打电话上的 *69 就能回拨电话,也就不会再有这样的尴尬可笑的局面了。这个噱头点好像就是生活中的一个恶作剧,真切而形象,即搞笑而又不会让人生疑和厌烦,达到了噱头广告的效果。

(三)噱头型电视广告的分类

根据噱头型广告设计的方法不同,可以将它分为以下三种:

1. 断裂式:是指广告有头无尾。有"欲知后事,且看下回分解"的意思。

案 例

新片《铁梨花》介绍广告

全剧广告以《铁梨花》的片花为画面,广告词中充满了悬念和诱惑:"史诗传奇大戏

《铁梨花》讲述了在军阀混战的动荡岁月里，一个出生在晋陕交界盗墓贼家的女儿铁梨花的传奇故事。她从一个普通人家女儿、到军阀家的姨太太、再到誓死离家出走甘当单身妈妈，最后成为抗日民族志士，演绎了一部爱恨情仇交织的女性传奇史诗。史诗传奇大片《铁梨花》近期播出，敬请期待！”这样的广告对受众的影响力是可想而知的。

2. 模糊式：这是指广告中充满了神秘感，一般在结束时才推出广告的核心信息。它能让受众始终保持着对广告情节的关注，广告效果显著。

案　例

AirTran 航线电视广告

在一个无人的会议室里，搬运工人正在往里面搬很多的大纸箱子，当最后一个纸箱子搬完后，工人们对一位好像是雇主的人说道：“谁有箱子要运就找我啊！”这位雇主送走这些搬运工后，关上门，对着纸箱子说道：“好了，伙计们，我们开始吧。”这时，从这些纸箱子里伸出人的手、头和脚，原来这些纸箱子装的全是大活人。他们出来后，不停地清理着身上沾上的泡沫碎屑，很是可笑的样子。当大家坐好了准备开会时，主持会议的人问道：“有人看见肖娜了吗？”大家面面相觑，纷纷摇头。接着画面一转，出现刚才在路上一辆装着大纸箱子的卡车正在路上行驶，突然其中一个大纸箱子从卡车的后门掉下来，摔在路上。更可怕的是后面来了一辆小轿车把这个纸箱子撞到了一边……，最后出现广告语：“就是这辆堵在路上的车，让肖娜没法去办公。AirTran 航线，往返于 40 个城市之间。去吧。没有什么会阻止你。”整个广告充满神秘感，一直让人们的心理充满好奇，只是在最后才推出广告内容，给人以深刻印象。

3. 悬念式：多利用惯性思维或定式联想，以热点、趣味、模糊的话题引起强烈的关注兴趣，并把这种惯性思维演绎成“错觉”，以引起受众兴趣。

案　例

台湾和信电讯公司·“‘轻松打’储值卡”电视广告

一位青年女士给一位正在乘公交车的青年男士打电话：“我跟你说哟，这个月没来呢！下个月也不会来了！以后也不会再来了！”这时，周围的人也都挤过来偷听，男青年一听这个消息，很是震惊，晕倒在地，这时有一乘客马上接过电话，女青年说道：“换了‘轻松打’储值卡后，电话账单再不会寄来了。”最后，一位老婆婆也举着“轻松打”储值卡说道：“我每个月嘛不会来了！”

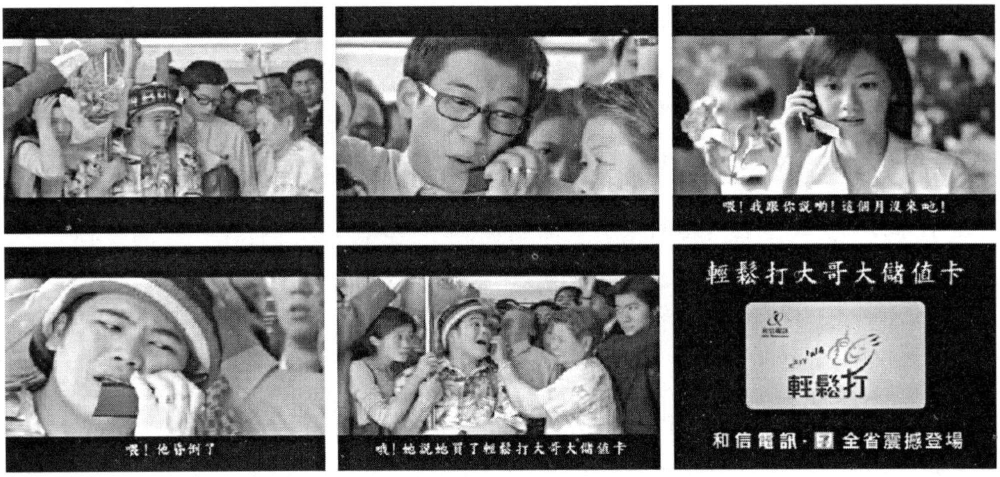

图 6—20

整个广告以女人的“这个月没来”为悬念，将产品的优势放在这其中，强调只要用上了“轻松打”储值卡，就会免去每个月都有电话账单来打扰的情况。广告中的悬念设置从一开始就吸引人的注目，激发起人们的兴趣和想象，提高了广告本身的收视效果。见图 6－20。

总之，噱头型广告是广告中的一个主要种类，只要能很好地把握受众的心理就能保证其有较好的效果。

四、说唱型电视广告

（一）说唱型电视广告的概念

即歌舞式，是明显的舞台表演型，载歌载舞，这也是对电视媒体优势的一种充分利用，其场面欢快热闹，气氛浓郁且感染力强。这类广告可以是明星单独演出，但多是群体演出的场面，也叫 MTV 式。

（二）说唱型电视广告的特点及创作原则

说唱型电视广告的主要特点就是气氛活跃，情调欢快，在这种氛围中使广告的商业气息弱化。

它的创作一定要使说唱围绕产品为中心，以促销为目的，切忌偏离主题的说唱。即再动情的说唱形式，也要遵循为广告产品服务的根本原则。

案　例

步步高音乐手机电视广告

一位女孩无时无刻不沉醉在音乐手机的魅力中：在家里刚起床时、在大街上闲逛时、在海边漫步时、在过生日时……在音乐中，在画面里，到处体现了温馨、快乐、浪漫的心境：阳光里、烛光下，蓝天下、大海边……音乐手机的特色被淋漓尽致地表现出来。广告中用音乐将美丽的风景和美丽女孩的心境联系在一起，没有解说和字幕，甚至音乐也很单调，但音乐手机的特色已经给人以深刻印象。见图6－21。

图6—21

五、场面型电视广告

(一)场面型电视广告的概念

这类广告是指用大型的场面为基本元素来完成信息传达的广告，它适用于表现企业形象或企业理念。

(二)场面型电视广告的特点及创作原则

这类广告的特点主要是场面大，它是依靠场面的积累来强化广告的感染力，画面中多是中远镜头和空镜。

这类广告的创作原则主要是尽量避免虚夸性和同质化的情况。即使是场面型的广告也要强调企业、产品、服务等特色，如果是泛泛地以场面来表现，很容易产生虚夸和同质的结果。如目前我国的银行广告，这种情况特别突出，使受众很难分辨农业银行、工商银行、商业银行、交通银行等之间的区别，并且这些银行的广告都是很讲究文化元素，大多数受众根本看不明白这些广告要说什么，广告的市场效果会受到影响。同样是服务类的行业，平安保险公司的一则广告就很有特色，它更强调公司是为保平安服务的意识。另外，国外的一些银行广告也很有特点，值得我们学习。

(三)场面型电视广告的分类

场面型按画面性质分，有精神象征式、产品主导式和品牌再现式。

1. 精神象征式广告：这是指在广告中用一种与产品好像无直接关系的画面，或是不太多的产品和品牌画面，但却是在隐喻企业形象、烘托产品的个性和体现品牌的价值。

案　例

361°电视广告

整个广告片都是各种运动员的不同运动镜头，表现了他们不断地拼搏、奋进、勇于超越自己、超越极限的精神，而这就是361°所要传达的一度精神，它通过画面和字幕强调："这一度是远，这一度是近；这一度是神，这一度是魔；这一度是盲，这一度是明；这一度是夜，这一度是光；这一度是对运动的热爱。为了这一度付出一切，我愿意。361°多一度热爱。"这则广告中对产品和品牌的表现并不是很明显，但它重点说明了品牌的精神价值，传递品牌361°的深刻内涵，帮助受众理解了产品的特色和意义。见图6－22。

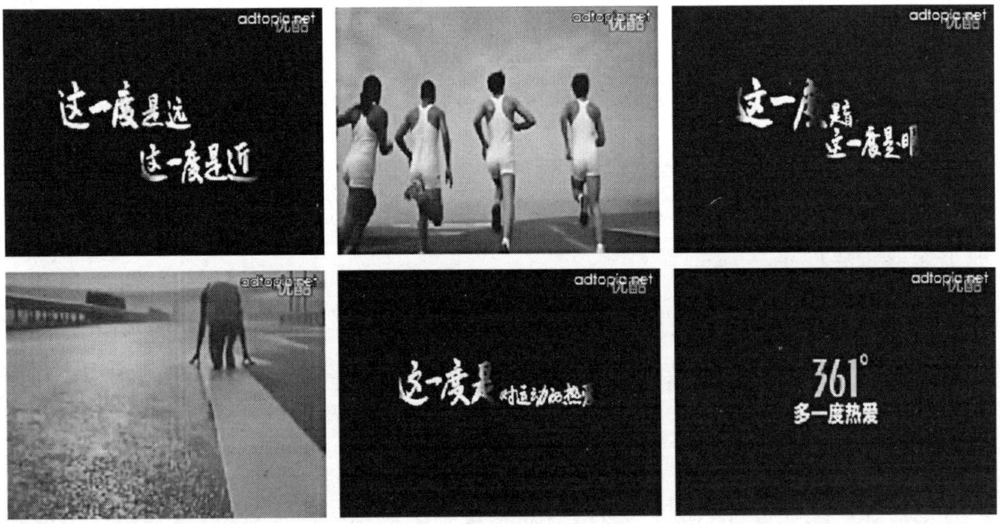

图6－22

2. 产品主导式广告：这类广告以商品为主角，用大场面的镜头来展示广告商品。

案 例

(英国)BP石油公司电视广告

火车轰隆隆启动……许多重型卡车开始启程……巨型飞机升空……在BP加油站的司机突然发现汽车、火车、飞机一起向加油站驶去……这个广告没有解说词,只有大型的场面,这些场面很有震撼力,但同时人们一开始又不知道这都是在做什么,最后广告中推出BP石油的LOGO,让人们认识了产品的魅力。

3. 品牌再现式广告:这类广告主要是强调品牌效应,以品牌形象在电视广告中的突出表现来达到广告的效果。

案 例

百威啤酒电视广告·蚂蚁篇

在一片荒凉的野外,一只蚂蚁发出清脆地口哨声,随之,一群蚂蚁抬着一瓶百威啤酒走过来,它们把啤酒瓶口朝下倒立在一个洞口,蚂蚁全都钻进了洞中。随着之后的开瓶声、哗啦啦的啤酒倒出的声和欢快的音乐声,引发出地动山摇般的效果。画面出现字幕:"This Bud's For You!"这则广告只有一个镜头,但产品和它的品牌标识在画面中十分醒目,一是因为四周的环境空旷,没有障碍物影响视线;二是因为产品与片中的主角蚂蚁在形体上形成了鲜明的对比结果,从而增大了对受众的视觉冲击效果,充分展示了品牌形象,是典型的品牌再现式广告。见图6-23。

图6—23

六、幽默型电视广告

(一)幽默型电视广告的概念

幽默是指某事物所具有的荒谬与荒唐的、出人意料的、而在表现方式上又有含蓄或令人回味深长的特征。在电视广告中如果以幽默方式来传达广告信息就是幽默型广告。

(二)幽默型电视广告的特点及创作原则

幽默型广告的最大特点就是有幽默的元素。现代广告发展到今天,它的娱乐化趋势越来越明显,首先,这是由于娱乐经济的影响和冲击,是时代的需要。其次,在产品同质化日趋严重的情况下,品牌差异化的塑造是需要创新的,以增强品牌的个性特点和内涵。再次,幽默广告可以提高收视率和关注度,引起观众的兴趣,满足大家放松心情的收视需要。因此这类广告越来越成为今后发展的一种趋势。

从创意幽默广告的原则来说,主要有以下几个方面:

1. 以广告目的为最终准绳。这个根本的原则和目标是始终要严格遵循的。

2. 考虑幽默元素的文化背景。由于文化背景的差异,幽默也会表现出区域、民族、年龄、性别等方面的差异性。因此,在设计和利用幽默元素做广告时,就要对此有一定的认识和了解,以免惹出麻烦。

3. 考虑幽默元素与广告产品或广告情节的关系。幽默元素的使用是为了增强广告的效果,因此,幽默元素与产品之间的关系就显得十分重要,如果与产品没有关系或关系不是很明显的广告,即它的幽默效果和产品效果缺乏内在关联性,那么,广告的目标就无法达到。

(三)幽默型电视广告的分类

以创意幽默广告的几种方法进行分类,它可以分为:

1. 以夸张手法制造幽默效果。即在广告中故意夸大某个情节,以此来达到幽默的效果。

案例

(英国)Polyfilla涂料电视广告

夜间,黑色的天空中划过两架直升机,飞机里的一群人正在一边看着地图上的一座楼房,一边说着什么。一会儿机上人员纷纷持枪跳下,并顺利地从绳索上滑到楼外,随着哗啦啦的声响,破窗而入。这时他们闯入一个房间,并四处乱射一通。房中的吊灯、挂饰等纷纷落地,墙皮上到处都是子弹留下的大小不一的破洞……接着镜头一转,两位老太太坐在房间的沙发上说道："这些客人怎么回事？这是唐纳路十四号。"这群闯入者中的一个头目惊奇地说道："十四号？我们找错门了。对不起。"随后，他们一边把两位老太太抬到一边，一边说道："夫人们，我们会把你家修复如新的。"然后，他们就从随身包中拿出一些材料，开始修复被破坏的墙皮和其他屋内物品……不久，一切修复如新。这时那个头目放下手中的咖啡杯，说道："现在，夫人们，我们就像没有来过一样。"然后他抬手看了看表，说道："伙计们，我们该走了。"于是他们又纷纷如来时一样，破窗而出。广告语："美化家居，不留痕迹。Polyfilla 涂料"这则广告的幽默之处就在于持枪者没有搞清楚具体位置，使夜间袭击落空，接着他们又由武装的士兵变成了装修工人，到最后，他们还习惯性地破窗而出，让人忍俊不已。见图 6－24。

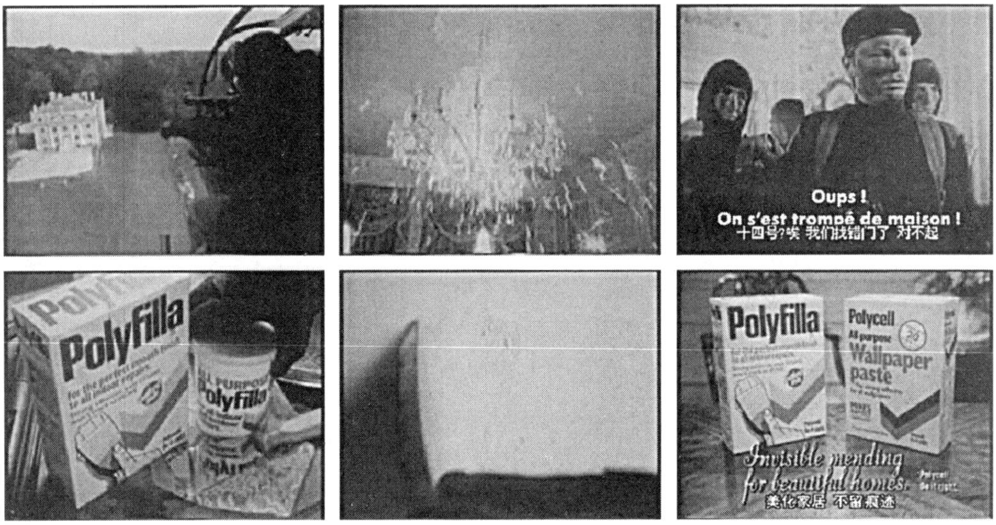

图 6—24

2. 以偷换概念的手法制造幽默效果。即在广告中打破生活常规和人们的视觉习惯，把本该顺理成章的事情偷换成另一种结果，从而制造出幽默的视觉效果。

案　例

三星照相机电视广告

一位父亲要给一个三岁大的孩子照相，当他让孩子看着相机准备照相时，没想到这个孩子跳起了街舞、太空舞、霹雳舞等，还摆出了各种造型，可笑至极。于是父亲手拿照相机也在不停地变换着角度来抓拍每一个精彩的瞬间。广告语："简单的三星，简单的惊奇。"这则广告以一个小孩的表演代替了大人的动作，产生了幽默的效果，体现出广告"简单的惊奇"的主题，强化了受众的记忆效果。见图 6－25。

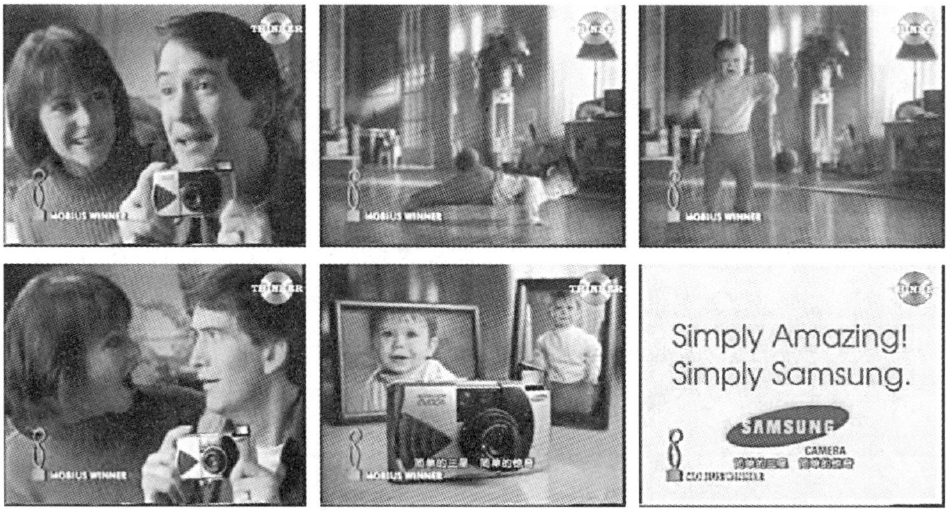

图 6—25

3. 以借用的手法制造幽默效果。即用以此代彼的方式，借用一些人们常见的行为表现来制造出幽默效果。

案 例

某眼科医院电视广告

广告中一位穿着一身红衣服的白发老太太来到地下车库，当她快走到自己的红车旁时，忽然发现有几个年青人正在开自己的车，她立即掏出手提袋里的手枪，向那些年轻人喊道："住手，滚出来。"几个年青人吓得立即从车中跑出来，落荒而逃。这时，老太太把手枪放回袋中，并掏出钥匙开自己的车，可这时她发现这个车上已经有一把钥匙了，于是她向旁边一看，还有一辆红车在那里停着，原来那个才是自己的。这时字幕出现："您需要检测视力，配一副眼镜了。"

这则广告借用了一个常见的情景，但把主角变成了一位老眼昏花的老太太，以出人预料的结果，传播了广告的主题，情节也非常可笑。

4. 以联想的手法制造幽默效果。即用联想的手法，表现出意想不到或匪夷所思的境况，从而达到幽默的效果。

案 例

TCL 冰箱电视广告

一位办公室里的男士，走过屋角的一台冰箱面前时，无意间被冰箱上色彩艳丽的两个把手吸引了。当他试着去触摸那对把手时，忽然冰箱变成了一位身着艳丽红旗袍、亭亭玉立的漂亮女士。随着舞曲声起，他拉着那位美女在一个豪华的舞厅里一起尽情地跳着交际舞……这时画面外传来“喂、喂”声，舞曲声止，画面又回到办公室，好多的同事都在围着他，而他却搂着那个冰箱……。广告语：“感受梦想，创意生活。TCL 电冰箱。”广告以联想的方式传达出产品的定位理念，即消费这款产品会带给你丰富的联想和美妙的幻觉，让你感受梦想般的生活意境。而在片中这种联想的效果也带有幽默的气息，一个衣着讲究、绅士般的男士却在众人面前抱着个冰箱不放，着实好笑，这也是广告吸引人的幽默点。

综上，电视广告的框架结构形式多样，许多广告可能会用到不止一种形式来表现，而根据创意的要求，灵活运用不同的方式来达到广告效果才是最终的目的，是选择电视广告框架形式时，必须遵循的根本原则。

思考题：

1. 朴素表现类电视广告的各种具体形式及优劣势是什么？
2. 艺术表现类电视广告的各种具体形式及优劣势是什么？

第七章　电视广告的创意

本章重点

- 定位的策略及方法
- 电视广告创意的心理理论
- 电视广告主题的策划
- 电视广告创意的原则和方法

电视广告有效与否，创意很重要，而创意的成功取决于前期所做的大量市场调查和研究工作。这些工作中有一个重要的环节就是给产品定位。因此，要做好电视广告，就要先有产品定位策略，然后根据这一策略进行广告的主题策划，即创意。只有这些都做得既充分又合理，电视广告的效果才能保证。

第一节　电视广告中的定位策略

电视广告中的定位策略就是指确定产品在市场中的位置策略，这是进行下一步广告创作的重要依据。

一、定位策略概说

(一)定位的含义

定位是指确定某一事物在一定环境中的位置，如产品在市场中定位、人物在组织中的定位、物品在某一地理位置的定位等。商品定位就是商品在市场中的位置。根据市场调查结果和行销组合策略给广告商品定位，是创意的出发点，是广告创意的依据和前提。

定位的内涵有三个方面：

1. 确定所要宣传的商品在市场中的位置，即确定产品的市场区隔。

2. 从众多的商品概念中，找出广告产品不同于其他产品的独到之处，即找到产品的独特个性。

3. 将独特的、有利于消费者的品牌形象刻入消费者的心中，即宣传产品的品牌形象。

(二)定位的作用

定位的作用表现在以下几个方面：

1. 定位有利于制定正确有效的广告策略和营销策略。

2. 定位有利于建立品牌个性，引导竞争，发掘市场。

3. 定位有利于突出产品优势，强化消费者对品牌的识别和认知。

4. 定位有利于反映企业的市场价值观，展现企业形象。

5. 定位有利于吸引目标消费者。

6. 定位有利于赢得忠实消费者。

总之，定位在广告创意之前是必须考虑的，这也是保证广告市场效果的必要前提。

二、定位的工作原则和内容

(一)定位原则

脚踏实地的去研究市场，以市场调查作为依据是定位的原则。借用电通的观点就是：定位是用脚做出来的。

(二)工作内容

具体要做以下几个方面的工作：

1. 彻底认识产品——它是什么？(用途、价值、价格、工艺、材料等)

2. 研究竞争商品——目前市场上与什么商品竞争？(同类的、不同类的、竞争的情况等)

3. 研究目标市场和目标消费者——产品适合于哪些人使用？(消费者及其生活习惯、需要、文化等)

4. 研究市场消费趋势——消费者有何新需要？(未来的发展态势、怎样引导消费等)

三、定位的类型

定位的依据不同，会出现不同的种类。主要有以下几种：

（一）品质定位

即通过突出商品与众不同的质量、价值、材料、工艺、产地和服务等方面的特点，来确定其在市场中的位置。如格力空调："好空调，格力造"、农夫山泉："有点甜"、青松岭果茶："来自大山的呼唤"等。

案 例

特仑苏电视广告·地缘篇

广告中以一对年轻而身份高贵的恋人骑马漫步草原为背景，两人都以特仑苏为饮品，画外音："我只追寻这样的境界，就像我只喝特仑苏。海拔纬度、阳光水土、精挑高质牧草，优选良种乳牛，造就富含优质乳蛋白的特仑苏。金牌牛奶，特仑苏人生。"

图 7—1

这则广告中的画面充满灿烂的阳光、浓郁的绿色、广阔的草原和纯美的乳液，给人以自然美的享受，也赋予产品高贵的品质，突出了产品的品质特色定位。见图 7－1。

（二）市场定位

这是以市场为核心，通过对消费者、竞争对手、产品的分析等来区隔市场和确定产品定位的策略。

案　例

新盖中盖电视广告·李丁篇

画面中李丁手拎着菜篮子一边上楼一边说："人啊，一上了年纪就容易缺钙。过去我经常补钙，可是一天三遍地吃，麻烦！"这时他拿出一个药片道："现在，有了新盖中盖高钙片，一片顶过去五片，方便！您看我，一口气上五楼，不费劲。新盖中盖高钙片，水果味，一天一片，效果不错还实惠！"

这则广告在一开始就把产品所对准的市场消费者进行区隔，"上了年纪"即是这个目标市场，这是一则典型的市场定位案例。

(三)价格定位

即以不同档次的价格为主要定位元素，是突出产品在价格上的优势，并以此作为打入市场和与产品竞争的重要武器，这种定位主要是强调其在价格上的合理性、优惠和可比性。一般中低档产品多用此定位策略。

案　例

肯德基·超值小食组电视广告

镜头1：一对热恋的男女青年走在路上，女青年用手指着肯德基的路牌广告说："我要吃肯德基。"

镜头2：男青年心里暗想："我只有10元，怎么够呀！"（画外音）男人的头上方呈现"￥10"的字样。

镜头3：女青年拉着男人冲进肯德基店。

镜头4：肯德基的服务员热情地说："您好！欢迎光临！"

镜头5：女青年手指高挂的商品单说道："我要烤翅，还要薯条，还要鸡米花。"同时男子头上冒出了冷汗，头的上方出现"￥￥￥……"的字样。

镜头6：服务员端上了他们点的食品，

镜头7：一份肯德基小食组。（服务员画外音："谢谢！一共10元。省4.5元"）

镜头8：男青年吃惊的样子。头上又出现"￥10"变成"省4.5元"字样。

镜头9：三种不同的肯德基小食组A/B/C。

（字幕：超值小食组，劲省4.5元。）

解说词：肯德基超值小食组A/B/C。

镜头10、11：不断旋转的三组食品。相继出现字幕：10元/盒，此零食劲省4.5元起。

解说词：烤翅加薯条加鸡米花、辣翅加薯条加鸡米花、烤翅加薯条加上校鸡块。三种组合每盒10元，省4.5元。

镜头12：女青年吃鸡块的享受样子。（画外音：嗯！）

镜头13：女青年和男朋友在吃肯德基，女的说："我还要……"，女的头上方出现各种肯德基的小食品，男的一边用手一弹，好像赶走了那些小食品，一边说道："明天啦。"

镜头14：肯德基小食品盒出现在桌子上，并出现解说词及字幕：生活如此多娇。

整个广告突出产品的价格和优惠策略，以此来体现产品的特色优势，并将此作为吸引受众的中心话题。

（四）功效定位

即强调广告产品卓尔不群的功能和效果，使之与其他商品区别开。如海飞丝倡导专业去头屑、小护士防晒霜"晒不黑"等就是如此。

案 例

肯德基电视广告·田园脆鸡煲

广告从一个女孩在美丽的郊外一片绿树间打着秋千的情景开始，她一边打着秋千，一边想着（独白）："我的他再帅一点儿。可是要很可靠。我想保持身材，可是懒得运动。我喜欢吃好的，可是又不能吃太多。"这时镜头一转出现各种蔬菜和水果，画外音道："肯德基田园脆鸡煲又小又巧，但鸡肉、蔬菜一样也不少，买百事星光套餐，送百事巨星四人组珍藏集。"镜头最后是女孩坐在树下，一边看着巨星珍藏集，一边吃着田园脆鸡煲，并自语道："到底哪个帅呢？"

图7—2

这则广告体现出产品的功能——不仅美味而且有营养，达到了受众的多种需要，特别是针对了年轻的女孩子怕胖，又想吃美味的心理。显然，它区别于上一个产品以价格定位的特点。见图7－2。

(五)包装定位

即以包装的特色来确定商品的市场地位，其中包括包装的材料、方式、包装的标识等。这种定位常常会与其他定位策略一并使用，以保证影响力和效果。

案 例

三精葡萄糖酸锌电视广告·董洁篇

画面以妈妈与孩子在一起亲密游戏的温馨情景为背景，广告词是："有些妈妈可能不知道补锌的作用。缺锌，孩子可能不爱吃饭，体质弱，易生病。三精牌葡萄糖酸锌口服液，爱孩子，要用心。"最后孩子强调一句："蓝瓶的，好喝！"

这则广告中产品主要从品质上进行定位，但为了区隔市场，最后强调了包装定位的特色。

(六)心理或观念定位

这是以消费者的心理活动，如感受、需要、欲望、想象等来进行定位的，有的是以某种观念为依据进行定位的。具体说，这类定位又可细分为：

1. 心理定位

这主要是指以感觉、需要、欲望、想象等心理活动来进行定位。

案 例

樱花牌电热水器电视广告

广告一开始是一片碧水中荡漾着一叶轻舟，上面躺着一位男士，他的身旁放着一本书，很享受的样子。画外音："每天让心灵度一次假。"这时鱼儿在水中溅起的水花打在男士的脸上，他被惊醒。这时镜头一转，原来他是在家里的浴缸中泡澡呢！广告语："樱花电热水器创造安心境界。"

这则广告通过一个想象的情景来展示产品的优质和消费者的使用感受，形象而生动，给人留下深刻印象。

2. 观念定位

这是根据受众的新旧观念对比来进行定位的。它是在广告中突出宣传品牌产品新的意义和新的价值取向，诱导消费者的心理定势，重塑消费者的心理习惯，培养新的价值观念，从而引导市场消费的变化或发展趋向。

由于产品的基本功能和消费者对产品的习惯性认识，在通常情况下消费者都有其确定的价值判断，这种固定的价值判断成了消费者选择或否定某种产品的标准。有时某种产品由于种种原因，形成了消费者观念上的某种障碍。采取观念定位，有助于推动产品为消费者所接受。如七喜饮料推出的“非可乐”观念和美国艾飞斯的“老二定位”观念都是经典案例。

案　例

新汰渍电视广告·海清篇

画面中海清来到一位女士家中，她看到这家中的小孩子就说道：“嘴巴也是，衣服也是，怎么弄得这么脏?!”女士一边把衣服泡在水中一边解释道：“每天都弄得很多油渍，就是这样泡久一点儿，还要用力这样搓都不掉。”这时海清拿出一个带着大问号的纸包说道：“你试试这个好不好?”画面中出现一个用洗衣粉水泡着衣服的盆子，那个女士专门把有油渍的地方搓了几下，说道：“轻轻地搓几下就干净了好多。你看这些污水，真的白了好多呀!”这时海清把纸包拿下来，露出产品标识。女士惊讶道：“啊！原来是汰渍。”海清赶紧说道：“是新汰渍才对。”女士忙应道：“啊，是新的。”画外音：“新汰渍，不费劲，更干净。”

这则广告中产品的主体定位策略是品质定位与观念定位的结合，特别强调了“新汰渍”的概念，以区分和强化产品的升级，以凸显其品质的优越。见图7-3。

图7—3

总的说来，各种定位方式都有自身的特点，在定位策略中，往往会有多种定位相结合的方式，以确保定位策略的完善与效果。

四、产品定位的方法

产品定位方法有很多，这里主要介绍以下几种：

1.“人无我有”——就是在广告中强调产品独特的价值存在，如低价位、高科技、新材质等，都是以在电视广告中凸显产品独有的特色为主旨的。

2.“人有我优”——就是在商品同质情况下，强调自身的优势。如比一般的补钙药含量多，容易吸收等。

3.“人有我无”——就是其他商品都存在的劣势而自身没有，如感冒药不含PPA、速成食品非油炸等。

4.“人各有志”——就是商品只强调彰显自己的特色，如夕阳红旅游、儿童专用牙膏、男人的衣柜等，都是这类定位方式。

案　例

美国吉利公司“维菊”牌女用刮毛刀

定位方案：

1. 弧形握柄易抓又安全
2. 维菊爱我
3. 双刃刮毛
4. 完全配合妇女的需要
5. 女孩不用操心
6. 不伤玉腿
7. 不到五十美分

最终，公司采用了第六个定位方案。因为这个方案更注重消费者的心理感受，能从他们的角度去理解产品，给予女性极大的心理关注。一个“玉”字暗合了女性爱美、自尊的心理，所以它更适合消费者接受产品。

（资料来源：李谋著：《CF大透视——影视广告创作指南》，中国摄影出版社，2000年版，第99页。）

另外，在这里还特别强调，定位一定是要在了解市场的基础上，引导和创造消费，而不是盲目顺从。定位必须要抓住一点，突出特色。

第二节　电视广告创意的心理理论

创意是电视广告生存的条件，也是电视广告策划与制作中的核心问题。电视广告创意的含义有两个词性。作为名词，是指使广告达到其目的的创造性主意。在商业广告中是指能使广告达到促销目的的独特主意，包括广告主题及其表现主题的形式。作为动词，它实质上是寻找一个说服目标消费者的理由并予以形象化包装，即是创作电视广告时萌生的灵感和优秀的意念。

消费心理学理论是电视广告创意的重要依据，它的主要内容涉及以下几个方面：

1. 消费者的心理活动过程：其中包括认识过程、情感过程、意志过程。

2. 消费者的个性心理特征：其中包括气质、性格、兴趣、能力等。

3. 消费行为中的心理活动：主要有需求、动机、欲望等。

4. 影响消费行为的心理因素：学习、记忆、注意、想象、态度等。

下面就对这些内容中与电视广告创意密切相关的内容进行简要介绍。

一、注意及在电视广告创意中的运用

如何强化电视广告中受众的注意力是其创意的重要问题。国外研究者认为人眼扫描一下电视画面的时间约是0.3—0.4秒。因此，广告创作者要在这么短的时间内完成对受众的吸引是非常重要的，这就需要充分地理解和运用注意的理论，使广告创意能增加对受众瞬间吸引的功效。

(一)注意的概念及特征

注意是指心理活动对一定事物或活动的指向和集中。它的基本特征就是指向性和集中性。指向性是指选择一定的事物作为心理活动的对象，并比较长久地保持在所选择的对象上。集中性是指人的心理活动离开与所选择的对象无关的一切事物，深入到所选择的对象中去，并将与对象无关的甚至有碍的活动抑制。当人发生注意时，他的所有心理活动都会指向和集中到这个注意点上。心理学的研究表明，生活在客观世界中的有机体会面临各种各样的刺激，有的源自内部，有的源自外部。而在特定的时刻，有机体并不能接受所有作用于其感官的刺激，他总是有选择地注意少数的对象。

(二)电视广告创意中吸引注意的方法

电视广告中吸引注意的方法很多，但要想真正达到在极短的时间内吸引受众注意的目的，就必须依据心理学上注意的理论来设计创意。

1. 加大客观刺激物本身的特点

心理学研究认为，刺激要达到一定的强度才能引起有机体的反应。在一定的强度范围内，强度增加，反应也随之增加。因此，在广告创意时就要适当地增大刺激物的强度，如刺激物本身的感染力、与其他物体的对比度、刺激物本身的变化、刺激物本身的新异性等，即在电视广告中让产品足够大、足够亮、足够新奇独特。

案 例

西门子电话电视广告

广告中一位女士在家里一边打电话，一边看着院子里丈夫和孩子们玩耍。丈夫正在给孩子们吹气球，气球被吹得很大、很大，丈夫还在不停地吹着。但突然间，气球变小了，丈夫的脑袋变大了，好像是气球里的气被吹进了他的大脑中，孩子们吓坏了，全都惊叫着跑开了。这时，女人也看到了丈夫特大的头、小小的身子在院子里摇晃的可怕样子，她惊恐不已，手中的手机停在了半空中。这时解说词和字幕出现："有些事情三言两语很难解释明白。"接着画面出现西门子电话产品并画外音："可持续通话 15 小时，西门子新 Gigaset C340 电话。"

图 7—4

在这则广告中最新奇之处就是人的头和气球一样大，也正是这一点吸引了受众的注意，同时也吊起了受众的胃口，这个广告到底要说什么呢？因此，这一点又能将受众的注意力维持下去，并让人过目难忘。见图 7－4。

2. 针对人的主观心理状态

有机体是否会产生注意心理，除了与外界刺激物的刺激强度有关，与接受刺激的主体自身的特点也有一定的关系，即对同样的刺激，有的人会产生注意，有的人则不会。因此，在电视广告创意之前对受众的心理活动要有充分的认识，这样才会保证广告刺激能达到吸引其注意的目的。这些心理活动主要有兴趣、情绪、需要、知识和经验等。也就是说，在电视广告中要注重表现一些受众有兴趣听、喜欢看、很需要等内容。

案　例

统一电视广告·心情篇

广告是以心情不好所表现出来的一些常态开始的：摔碎的工艺雕塑、撒得漫天飞舞的纸张、愁眉紧锁的表情、扔向地上的盘子、乱洒出去的水……继而画面出现一个表情愉悦的男士，正在喝一种饮料，广告语及字幕："心情好，感觉什么都好！源自喜马拉雅山的阿萨姆红茶＋新西兰乳源，给你顺滑好心情。全新统一阿萨姆奶茶。"

这则广告是针对受众的心情来进行诉求的，直接将产品的利益点和心情愉悦相联系，给人以印象。

3. 广告作品本身的刺激强度

广告中除了要在刺激物本身下工夫，同时，广告作品本身也是对受众的一种刺激，它本身要有感染力、魅力、幽默、新鲜和充满人情味。如果广告本身缺乏创意的新奇性和感染力，到处充满着雷同、模仿，那就不会对受众产生吸引力。

案　例

DQ新慕乐蒂冰卡电视广告

在一个像是实验室的房间里，两个穿着白大褂的男士，一位站在桌旁，手拿纸笔，好像在做记录；另一位则坐在一个桌旁，正在与对面的一位女士交谈，这位女士手中拿着一杯饮品正在品尝，而她的眼睛是被布蒙上的。坐着的男士问道："好啦！我们想让你尝尝这两杯冰拿铁咖啡。一杯来自全国连锁的咖啡店，另一杯是DQ的咖啡新品。"这时，女士已经尝过一杯了，手中正拿着另一杯在品尝。她说道："嗯，这一杯太好喝了。"那位问话的男士马上一边在纸上写着什么，一边说："她说是DQ的新慕乐蒂冰卡。很好！好了，你可以把它放回去了。"说完，他便伸手要从女士手中要回饮品，但那位女士紧紧握住杯子就是不放，最后，她竟然不顾自己看不见，就拿着杯子企图向外跑去，结果一头撞到了窗户上。画面继而出现DQ新慕乐蒂冰卡饮品，解说词："DQ新慕乐蒂冰卡，浓浓的咖啡搭配DQ香滑的奶油，三种诱人口味，试一杯吧！"

这则广告本身就很富有趣味性和吸引力，一开始的神秘试验，继而那个女人夸张的行为，都让人忍俊不禁。

综上，只要认真研究了受众的注意心理，就能有的放矢地去设计能够引起其注意的内容，从而保证广告的效果。

二、兴趣及在电视广告创意中的运用

人的兴趣是使人对某种事物或活动给予特别的关注与注意，并且具有向往的心情。因此，在广告创意中要对受众的兴趣有所了解，以求在广告中表现更多让受众感兴趣的内容，以保证达到最终的目的。

(一)兴趣的概念和特点

兴趣是指人们积极地探究某种事物或爱好某种活动的一种认识倾向。兴趣具有倾向性、持久性、差别性和效果性。倾向性是指人们的兴趣总是指向某种客观事物，有具体的内容和对象，即兴趣不会是虚无的、无具体目标的。持久性是指人们的兴趣会持续一定的时间，甚至会养成某种习惯，也就是人们对有兴趣的会产生一定的稳定性的喜好。差异性是指人的兴趣范围大小不一，对不同事物的兴趣程度也不会一样。效果性则是指兴趣对一个人的活动所产生的实际效果或效能的大小，即人们把兴趣转化为行动并产生效果的情况会不同。

(二)电视广告创意中对兴趣的运用

电视广告在创意时可以从多角度、多方面去考虑受众的兴趣点。这里就从不同性别的兴趣区分以及在广告创意中的运用来进行分析和说明。

以性别差异为例，心理学家研究认为，一般说，男性最感兴趣的内容是男性、男性与女性、机械、酒、竞赛、狩猎、战斗等，而男性兴趣的特点是理性多于感性。相比之下，女性最感兴趣的内容有女性、孩子、衣服、装饰品、家居等。女性的兴趣特点是感性多于理性。根据这些理论，在广告创作时就要对不同受众的兴趣内容进行区别，以求达到更好的效果。

案例1

酷睿2双核处理器电视广告·一心二用篇

画面一开始就出现了广告主题是：“英特尔，多重你的一切！”之后的画面就是对这一主题的表现：先是一个年轻美女在狂舞，然后两个、三个……多个一样的“自己”在狂舞，字幕：“多重娱乐享受！”接着，一个机器人出现，字幕：“多重电脑性能。”之后的画面是多个一样的机器人狂舞的场面不断出现，字幕：“多重你的潜能！”最后推出广告语：

图 7—5

“英特尔，强劲电脑的芯！”

这则广告运用舞蹈和音乐的场面来吸引年轻消费者的关注，它针对的是这些目标受众对音乐和舞蹈的兴趣点。见图 7－5。

案例 2

45 纳米英特尔酷睿 2 四核电视广告

广告主题是谁敢招架！广告利用了一个网络游戏的场面，表现了战斗的激烈情景，明显是针对酷爱网络中战斗型游戏的年轻男性……

这则广告是针对了目标受众对网络游戏的兴趣来制作的，而且有了明显的性别区分。

三、需要、动机及在电视广告创意中的运用

消费者的需要和动机是其决定购买的重要因素。如何在广告中激发人们的需要和动机就是创意时要考虑的重要内容。因此，认真研究需要和动机理论也是做好广告创意的基础和前提。

(一)需要、动机理论的概述

需要是个体的一种主观状态，是产生行为的原动力。它是一定生活条件下，有机体对延续和发展生命所必需的客观事物的需求的一种反映。动机是激发和维持个体进行活动，并导致该活动朝向某一目标的心理倾向或动力。当刺激引起需要时，会伴

随着心理紧张状态。个体由于学习体验和认知过程的提示，会指向能够满足需要的具体目标。于是，就形成了一种推动个体去满足需要目标的动力（动机），由此成为一种内驱力，产生指向目标的行为，推动个体行为以满足需要。需要对象的获得，即需要得到满足，原有的紧张状态予以解除，动机过程随之结束，同时新的需要又可能产生。如此循环往复，使人的思想行为不断向前发展。动机过程如图7－6所示。

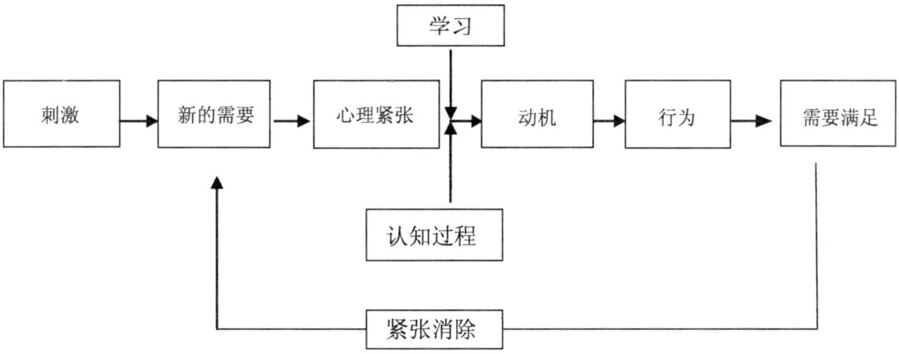

图7—6　动机过程

（资料来源：马谋超：《广告心理学基础》，北京师范大学出版社，1992年版）

（二）电视广告创意中对需要和动机的运用

需要和动机是消费者的重要心理活动，电视广告要注重针对这种心理进行广告创意。

1. 电视广告要注重表现商品在需要中的定位

消费者为什么要购买这个商品？也就是他对这个商品的需求点和利益点是什么？这是消费行为前必然要解决的问题。而如果能在电视广告中提前为他提出并解决了这个问题，消费行为就会变得很自然和顺畅，即要在电视广告中注重表现商品定位与消费者需要之间的必然联系。如对购买洗发用品而言，海飞丝是能去除头屑的，飘柔是能让头发柔顺、飘逸的，潘婷是对头发滋养呵护的等等，它们都有明确的定位，并在广告中明显区分开，让消费者明白自己的需要是可以用哪种商品来满足的，这就使广告能够产生明确的效果。

2. 电视广告强调优势需要，激发消费行为

消费者的消费需要往往是在同一种情况下有很多的内容，如购买方便面时就会产生诸如方便、及时、便宜、好吃等多重需要，但广告创意者必须明白这其中的优势需要是什么，才能有的放矢地进行说服。如果是想面面俱到地去满足各种需要，那就会使消费者感到困惑或怀疑信息的可信度而无法选择。如有的方便面广告又要说口味独

特、又要说价格便宜、还想强调品质超群，反而让消费者不知所措。相反，有的方便面就强调一点反而突出了自己的特色，如华龙面强调价格、五谷道场强调“非油炸”的品质。特别需要强调的一点是，一定要在众多的需要中找到那个优势需要，而这是需要前期市场调研和消费者分析的，如果是广告人自己凭空想象，那也不会有好的效果。如方便面的消费，其实最重要的是它能满足人们及时、方便的需要，这就是优势需要，其他都是其次的。但近年来我国的方便面广告大都偏离了这个方向，要么说口味、要么说健康、要么说高贵等等，这都是不准确的。早年日本的一则方便面广告是很值得学习和借鉴的。

案例

日清方便面电视广告·野人篇

荒凉的旷野中，一只狮子正在一块大石头旁睡觉，鼾声如雷，它的头前方还放着一块吃剩下的动物残骸。这时从不远处走来一位扛着木棒的野人，他轻轻地走近正在熟睡的狮子身旁，蹲下身正准备拿起那块剩骨头，树上的蝉鸣叫起来，他赶紧站起来走到树下，对着树上的蝉“嘘”了一声，示意蝉不要大声叫。接着他又走回到狮子身旁，可他刚蹲下身，旁边的青蛙又叫起来，他又赶紧走到水边，对着水中的青蛙“嘘”了一声。然后他再次回到狮子身旁，俯下身拿起那个剩骨头。可当他刚转过身子要离开时，他自己却不经意间放了一个屁，“噗”的一声把熟睡的狮子吵醒了，狮子起身向他追去，他急忙抱着骨头跑开了。广告语和商品出现：“饿了吗？吃日清方便面。”

这则广告以最基本，也是最突出、最重要的需求点——饥饿，进行诉求，强调了人们对方便食品消费的最基本心理需要就是充饥。片中的野人正是经常处于饥饿状态的代表形象。同时，片中以幽默的手法进行表现，给受众以轻松、愉悦的感觉，易于接受。

3. 电视广告诉求点不断变化以适应需要的动态性

需要的一个重要特点就是它具有动态性，即需要的内容会随着时空的变化而变化。如80年代结婚时的“三大件”——自行车、手表、缝纫机；90年代则成了电视、冰箱、洗衣机；世纪之交则是钻戒、汽车、房子等。社会在发展，需要在变化，这是客观的必然。因此，广告在诉求点上也要有所改变，特别是要有一定的市场前瞻性，也就是对人们新的心理需要点有一定的把握，这当然是要通过大量的市场调查和研究来确定。只有这样，产品才不会因时代的发展而被淘汰。

同时，即使是对同一个产品，人们的需求点也会发生不断的变化，如手机消费市场，最初的需求只是方便通话，到后来又增添了诸如彩信、音乐、视频、下载、游戏、照相等多功能的需求,这就要考虑在广告诉求点中不断适应消费需要的变化来设计。

案　例

TCL电视广告

两位男士在沙发上坐着看电视,其中一位手里拿着一只皮鞋,对另一位说:“你以为这是皮鞋吗?”那人回答:“当然了。”这时,手拿皮鞋的人把鞋放在自己的下巴上,像在用剃须刀刮胡子,并出现剃须刀工作时的嗡嗡声,而那只鞋也已经变成了一个电动剃须刀。接着那男人又问道:“你以为这是剃须刀吗?”回答:“当然了。”那人却说:“它是香水。”这时他手中的剃须刀已经变成一瓶香水,他用香水给旁边的男士腋下喷。他又问:“你以为这是香水吗?”回答:“当然了。”那人说:“这是电视。”香水瓶瞬间变成电视屏幕。那个男人手拿遥控指着前面的电视继续说:“你以为这是电视。”旁边的男士说:“是音响。”他回答道:“你以为这是音响吗? 也是电视。你以为我开玩笑,其实这是真的。”广告语:“TCL音响电视,是音响,也是电视。”

这则广告体现出人们的需要在不断变化,而TCL音响电视是以音响和电视的两大突出功能来满足人们同时产生的多个需求,这也使TCL王牌电视本身有它自己的特色,即音响与电视深度融合的功效,既满足人们能在看电视时对音响效果的需求,同时又能满足人们在听音响时对电视功能的需求,符合了消费需求不断发展变化的特点,并使TCL王牌电视机在同质化产品激烈竞争的市场中有了自己的一片天地。

4. 电视广告促使受众实现需求到欲望的转化

心理需求到欲望的产生还要有一个过程,当然这个过程的时间和复杂程度会受到许多因素的影响,并且呈现复杂多样的情况,而要想促使需求向欲望转变,其中广告就是一个很重要的因素。在电视广告中通过各种说服手段的运用来打动消费者,使其很快完成从需求到欲望的转变。如在广告中提供方便购买的方式、促销的价格和时间、用后的效果展示等,这些对消费行为的完成都会有积极的促进作用。

案　例

肯德基么么熊电视广告

一个年轻的女孩在车站等车,充满依恋和惆怅的表情,这时远处跑来一群年轻朋友为她送行,大家开心地拥抱在一起。其中一位美女拿出一个么么熊挂饰说:“送给你，有不开心的事就对么么熊说吧！”年轻女孩高兴地说：“好可爱呀！”又一位朋友也拿出一个说：“逛街带上我小么熊呀！”女孩把么么熊挂在自己的包上说：“真漂亮。”这时又有一个朋友拿出一个绿色小幸龟挂饰摆弄着，说道：“要学会照顾自己哟！”车要开了，大家依依不舍地说“再见”。这时一位男生走到女孩的身后，说：“喵！我是骨力精怪的弗罗猫。买你最爱吃的啦！”说着他拿出肯德基套餐。画面出现肯德基套餐和各种挂饰，广告语：“买肯德基套餐，得宠物挂饰。”尾镜是朋友们在肯德基聚餐，并说：“现在她不会孤单了。”

图 7—7

这则广告不单单是从赠品促销的意义上进行诉求，以达到促使受众从需要转向欲望，而是更进一步赋予了这些可爱的赠品挂饰不一般的意义和价值，特别是对喜欢它的年轻人，挂饰既漂亮，又有美好的内涵和寓意，同时带给人们快乐和兴趣，这就使很多本来就有消费肯德基需求的年轻人更急于去购买，因为现在有这些可爱的、漂亮的饰品，机会不可多得呀！见图 7－7。

四、态度与说服及在电视广告创意中的运用

态度是很重要的心理学内容，也是影响人们生活和行为的重要因素。当然态度也不是不可改变的，广告就是要通过说服的方式来改变人们的态度，促成消费行为的完成。

(一)态度与说服概说

1. 态度的概念和功能

态度是一个人对特定对象以一定的方式做出反应时所持的评价性的、较为稳定的

心理倾向。一般认为态度包括三个方面的内容:认知、情感和行为倾向。

态度的功能主要有以下几个方面:

(1)调节功能

即指人的态度是在适应环境中形成的,形成后起着更好的适应环境的作用。态度的这种功能使人们总是尽力发展能给自己带来最大利益的态度。

(2)自我防御功能

即态度可以使人们倾向于选择有利于自我防御的态度。心理学家认为,人都有维护自身价值不受到侵害的心理需要。因此,人往往需要选择有利于自我形象和价值确立的态度来进行自我防御,以减少焦虑,并使情绪冲突转移方向。

(3)价值表现功能

即指态度使人们可以主动表现自己。日常生活中人们常常需要通过表明自己的态度来显示自己的社会价值。

(4)认识或理解功能

即态度使人们认识了周围的世界,也引导着人们如何认识未知的世界,体现出个人与周围世界的关系。

(5)过滤功能

即态度在一定程度上决定着人们对所认识对象和所接受刺激的因素的取舍倾向和处理状况。

态度的这些功能表明了它在人们心理中的重要意义。因此,态度一旦形成,会对人们的行为和心理产生较持续而深远的影响。

2. 说服及广告说服的概念

说服是人际交往过程中的一种非常有力的手段,是施加人际影响的一种直接形式。它是指说服者通过有意识地发出的信息,使被说服者理解和接受劝说内容的过程。广告说服则是让消费者形成对某种商品的积极态度或改变其过去对商品的消极态度。电视广告说服就是通过电视媒体来传递广告信息并影响消费者态度的说服手段。

3. 广告说服的因素

影响广告说服的因素很多,主要有以下三个方面:

(1)说服者因素

它包括说服者的威信、技巧、个性品质、动机等多方面内容。电视广告中说服者必须具有权威性和可信度,也必须与产品和目标消费者有一定的关联性,以保证其能以自身形象和人格魅力来引导消费者形成对产品的需求态度。

(2)说服内容因素

电视广告信息就是说服的内容,它们必须真实可信,明确清晰,同时又能不直接与受众原有的心理态度形成冲突,以免引起逆反心理或反感情绪,因此要在适应受众接受的前提下,来试图改变他们的态度。

(3)说服技巧因素

电视广告中所运用的说服技巧有很多种,但不能过度依赖它,而且要能找到最适合目标消费者的才是最好的。

案 例

玉兰油电视广告

画面中一个人正趴在床上,身体的中部只盖了一个浴巾,这时一位女性保健员走进来,采用“踩背”的保健方法为这个人服务,可她刚站到那个人背上,只听“啊”的一声,就滑倒在地上了。画外音:“超润滑肌肤来自玉兰油沐浴乳。”

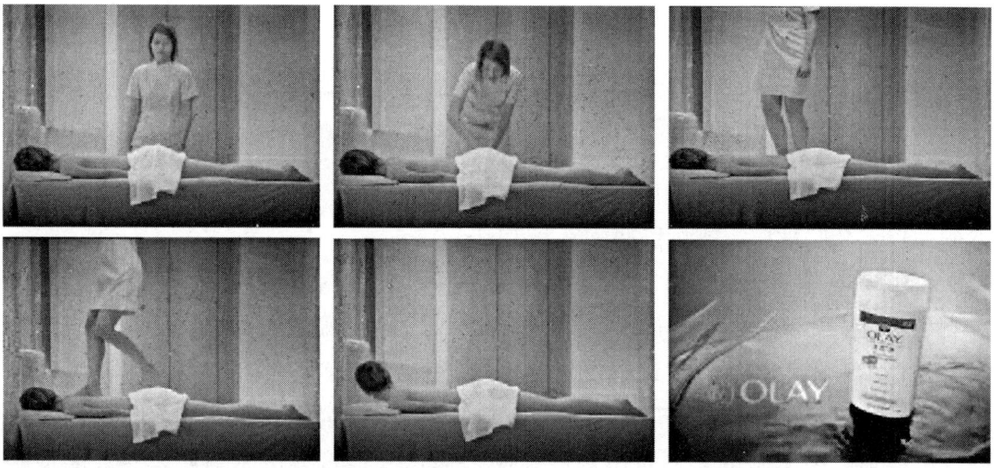

图7—8

这则广告没有太多的声音,并采用实景画面,但它最有力度的说服点就是以幽默的手法突出了“滑”的特点,在轻松的氛围中给人以感染力和说服力。见图7-8。

(二)电视广告中的说服方式

电视广告中的说服方式有很多种,常见的主要有以下几种:

1. 流泻式

即以一种很顺畅、很自然的说服条理来引导受众接受信息,这是广告说服中最常用的方式。它一般只有特定的说服者而没有明确的被说服者，没有强烈的、冲击性强的信息，但有“润物无声”的感觉，其目的是将潜在的消费者转化为现实的消费者。

案　例

(英国)Heineken啤酒电视广告

画面中出现了貌似电影《乱世佳人》的场景，男女主人公坐在沙发上，感慨他们的感情生活正在发生着不妙的变化。

男：艾利丝，我们不能这样下去了。

女：我知道这简直让人发疯。

男：所以你也知道了。

女：我当然知道。其实，我早就知道了。

男：你是说……

女：是的，我们之间已经结束了。我们说的和做的从来不是一回事。

男：至少，还有一件事不是这样。先生！请来两杯 Heineken 啤酒。

(侍者把托盘中两杯啤酒送到他们面前。他们各自取了一杯。)

男：先喝吧！

女：(喝了一小口，嘴唇上带着啤酒沫。惊讶状。)太棒了！它的确很有用。

男：你说得对！

这时侍者说：“你们还需要别的东西吗？”

他们齐声道：“不！现在一切都好了。”

画外音：只有 Heineken 啤酒才能如此神奇。

这则广告借用了著名电影的情景，以此增强广告的感染力。同时，广告以很顺畅的诉求内容表达了产品的功效，并促使受众轻松地接受广告信息。

2. 冲击式

即针对一定的说服对象，使其对某一商品的态度发生变化的说服过程。这种说服方式的对象和意图非常明显，信息的针对性和冲击力都强。它要解决的是在避免冲突的情况下，改变消费者已有的态度，使其“弃旧从新”。在电视广告中常用实验法、验证法、示范法等来完成这一说服目标。

案　例

(英国)保护动物的一则公益电视广告

音乐声中，闪光灯下 T 台上模特儿们婀娜的身姿、轻盈的脚步、迷人的表情，再加上她们身上名贵、高档、华丽的裘皮大衣,让台下的人垂涎欲滴、啧啧称赞。可正当这一切美妙的事情正在进行时,突然一个模特儿在转动她的身体时,裘皮大衣下飞溅出大量的鲜血,台下一片惊呼,而这位模特儿好像全然不知发生了什么,不停地转动,鲜血也在不断地飞溅,直到最后她拖着大衣离去,地上留下一大摊血迹。音乐停止。字幕:"一件皮衣需要40只动物的皮毛才能制成,而一件皮衣只有一个人穿。"

这则甚至有些血腥的广告冲击力极强,本来是一个看似很平常的模特儿时装表演,而在其中形象地传达出广告信息,平常中的不平常,其实揭示了一个很平常的现象:人类为了自己的私欲,杀害无数的动物,这就是血腥的事实。广告冲击了人们的心灵,引导人们改变那种不顾稀有动物的生命,只追求自身求美的态度,形成维护生态平衡和保护濒危动物的态度。

3. 主张概念式

即提出来一个新概念来使受众接受。如七喜提出的"非可乐"概念、美国的出租车艾维斯的"老二宣言"、五谷道场提出的"非油炸"等,电视广告中通过宣传这些新的概念和主张来说服受众接受这些新产品。

案 例

(日本)松下电熨斗电视广告

音乐声中,一只电熨斗在一块干布上,就像汽车在不断绵延起伏的山间急速奔驰,而它所经过的地方已经变成了一条平坦的大路。最后出现字幕:"松下电熨斗。"

这则广告以最简单的方式传达了一个全新的产品概念,即在干布上松下电熨斗一样能产生效力,把不平的布熨得非常平整。这是一般产品所不能达到的产品优势所在,是熨斗产品的品质新概念。

4. 塑造形象式

即通过塑造自身的形象来取得受众的信任,强化产品消费的意义和价值,特别是一些服务性行业利用这种方式比较常见。如银行、保险、电视台等形象宣传片都属于这一类。

案 例

中国移动企业形象电视广告·牵手篇

画面中一个中国男孩子的歌声从长城垛口起,遥看远处山峦起伏、古城门楼在阳光下，庄严雄伟。艾菲尔铁塔巍峨耸立；雅典卫城白鸽飞过；纽约世贸大楼高耸云天；茂密树林绿荫遮日。

一中国男孩注视远方，放声歌唱。高大的红墙下，男孩站立继续歌唱。蓝色大海，白色帆船。一黑人男孩游出水面，仰着脖子聆听着远处传来的歌声。立交桥旁，一美国男孩坐在滑车上，直起身子聆听着远处传来的歌声。雕花红墙，一穿红长裙的印度女孩跑到门前，扶门张望，聆听着远处传来的歌声。白色桥头，穿蓝色套裙的法国女孩，拎着小提琴，抬头远望，寻找着歌声。

中国男孩注视远方，继续放声歌唱。美国男孩跳下滑车，滑着旱冰鞋飞快地奔向远方。法国女孩拎着小提琴穿过白桦林，在塞纳河大桥上飞奔。一群非洲少年跳上白色海滩，向海上的帆船奔去。印度女孩和屋内的少年一齐跑出门，寻找着歌声。法国女孩跑进教室，站在窗前遥望远方。一阿拉伯少年骑在骆驼上，遥望天空。一群美国少年飞快地滑着旱冰。一群非洲少年坐在船上，帆船在海上飞速航行。法国女孩与同学围坐一堂，拉着小提琴。圆弧形的地球，大海上几艘帆船向一个方向进发。烈日下的沙漠，一骆驼队在行进。阿拉伯少年欢快地敲着长鼓。法国女孩热情地拉着小提琴。非洲男孩激动地吹响了海螺。纽约曼哈顿高楼林立，美国少年继续飞速滑行。连绵起伏的群山，一群中国少年奔跑在长城上。天坛、祈年殿、红墙外，一群少年跑过。祈年殿前，各国少年手牵着手，欢呼跳跃。两只手紧紧相握。

字幕：沟通从心开始。画面出现中国移动通讯商标。

歌词：能不能对你说，我心中的希望，我想知道海那一方推起浪花什么样？我想遇到我一样从来好奇的眼光。可不可以为我回答一声说：友谊连着所有，不会只是梦想。我想要的，就是在这里，请你牵起我的手，就像这样紧紧握手……男声旁白：沟通从心开始。中国移动通讯。

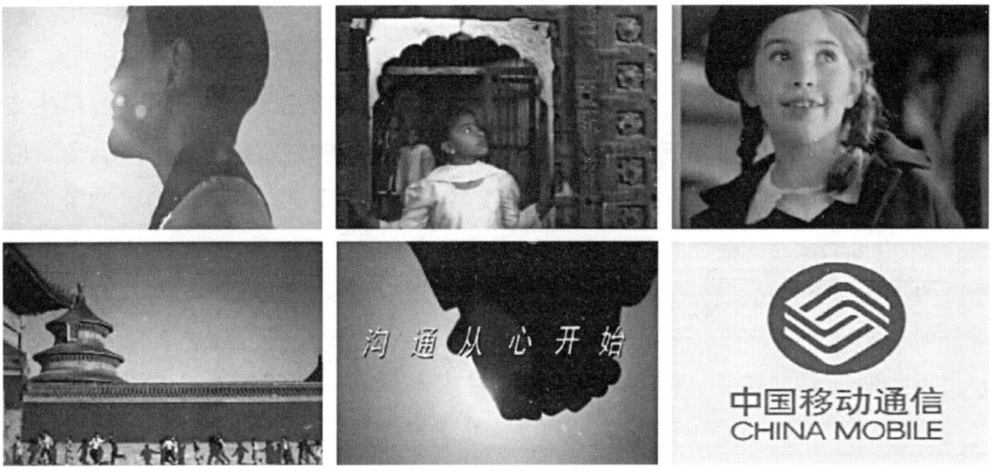

图 7—9

这则广告在2000年第30届莫比广告奖上获得中国影视作品金奖。画面在短短的时间内，将世界各处名胜展现出来，体现出广告主题：沟通无国界，天涯若比邻。其次在作品中不同地域人们的各种美好期望和梦想也都汇于一处，人们最后齐聚在天坛下，体现出中华文化的博大与包容。整个作品从视觉感受到心灵冲击，都很宏大、开阔、广博和深远，让人们产生丰富的联想和美好的憧憬，从而对企业也会形成鲜明的形象认识，是形象广告中优秀的作品。见图7－9。

（资料来源：百度网）

5. 情感渗透式

即在广告中不直接说产品信息，而是用情感故事或情节来打动受众，以此引导其情感转移到产品上，这也是一种“迂回”说服术。

案　例

腾讯12周年情感电视广告

广告以一个儿子独白的方式，结合画面讲述了母子间浓厚的情感。开始是儿子还在家读书的时候，深夜妈妈还在缝衣服，不时会到儿子学习的房间门外听听孩子在做什么。但儿子对母亲的这种关爱不能理解，反而很是厌烦。画外音：“她，是我最亲近的人。但也许正因为相距太近，反而有了距离。”有时妈妈晚上有意在他学习时来打扰他一下，他也是很不耐烦。终于，他考到了国外的大学，在机场送行时，他对妈妈的唠叨很不爱听。画外音“那个时候我好想逃开，我终于实现了这个愿望。”转眼来到国外，在学校的图书馆里，自己的QQ上突然有人在联系他，原来是妈妈在别人的帮助下正亲自学习上网和用QQ聊天。画外音：“有一天，她竟然在QQ上出现。”他会心地笑了。春节到了，他没回家，在冰天雪地的异国他乡，奔波忙碌着，妈妈则在家中的电脑上学着给他在QQ上留言。画外音：“当与她相隔在地球两端，我才逐渐读懂生活，读懂她。”他因思念母亲而流泪，独自走在街头，眼前不断出现母亲送别的场面，画外音“对她的思念因为距离而不断放大，对她的偏见因为距离而消失不见。”春节前，他外出时被车撞倒，只好独自休息，妈妈在QQ视频上对他说：“哎呀，儿子，他们都来了。天气冷了，你自己注意身体啊！”爸爸也端来了煮好的饺子放在视频前让儿子看：“爸爸亲手做的饺子。”妈妈说：“明年一定得回来呀！”画外音：“距离远了，心却近了。爱突然变得清晰。唠叨变得动听。无论母亲离我有多远，弹指间我觉得她就在身边。”广告语：“十二年相伴，腾讯。”

图 7—10

这则广告画面、语言、情节都充满了浓浓的母子亲情，母亲细心的关爱与儿子的思念在这里表达得细腻、真实、动人。而产品正是沟通和传达这份亲情的重要手段和渠道，这就使人们对产品的认同和肯定自然而顺畅。见图 7－10。

总之，电视广告中说服态度的方法很多，在使用时要根据具体的市场和消费者情况进行选择，以保证说服的效果。

（三）电视广告中说服的原则

概括地说，在电视广告中进行说服要遵循以下几个原则：

1. 适应受众习惯，不要直接批判

受众的习惯往往已经形成了某种固定的态度，如中国百姓习惯于用洗衣粉时能看到很多的泡沫出现，如果新的洗衣粉为了宣传产品对“手”的无伤害而少了或没有了泡沫，则很难让人接受。美国的速溶咖啡和日本的尿不湿在推销时也都曾遇到过这样的问题。电视广告中如果直接批判，即使是用科学的道理来解释也很难让人们接受，反而会引起逆反心理。

2. 不要过于夸大和全新

过于夸大产品功效和全新产品形象会让人产生陌生感，需要经过一段时间才能接受，但在这个过程中消费者有可能会接受其他产品，所以不能在广告中过分夸大或全新，以免失去原有的市场。

3. 不要玩世不恭的态度

广告说服的态度往往会在广告中表现出来，如严谨的、认真的、轻松的等，而如果是玩世不恭的态度就会让人不信任。

4. 不要过于重复地刺激

重复是电视广告必须的手法，但不考虑技巧而随意的、呆板的、简单的重复只会引起受众厌烦，另外也会让受众有“熟而不闻”的感受，这反而会削弱说服的效果。

5. 针对受众需要，有的放矢地进行说服

受众的需要是其进行购买的基础，在广告中要针对其需求点诉说才能有效果。最关键的问题是要找准需求点是什么？然后围绕它去诉说，以求达到预期效果。

6. 用积极的语言引导，尽量少用消极的

心理学认为，积极的语言会使人心胸开放，更易接受说服信息，因此，在广告说服中要尽量少用消极的，以免让受众产生抗拒和抵制心理。

7. 注重引起受众美好的情感体验，并强调商品所带来的快乐

美好的情感体验，会使受众心情放松，更易接受说服信息。因此，要注重在广告中多用美好的情感，多体现商品的能引起受众快乐的心理意义。

只有在电视广告创意时考虑这些原则，才能确保说服的最终效果。

五、记忆及在电视广告创意中的运用

电视广告的时间都是在5～30秒内，那么要想让受众不但注意到其内容，又能记住其购买信息，以达到最终完成消费的目标，就必须研究受众的记忆心理，强化广告中的记忆效果。

(一)记忆理论概述

记忆就是在头脑中积累和保存个体经验的心理过程。

根据记忆保持时间的长短，分为感觉记忆、短时记忆和长时记忆。当进入感觉器官的刺激停止作用后，感觉信息在一个极短的时间内保存下来，这种记忆就是感觉记忆，也叫瞬时记忆。它是记忆系统的开始阶段，具有鲜明的形象性。感觉记忆的储存时间大约是0.25～2秒。图像记忆就是感觉记忆的一种，它是指视觉器官能识别刺激的形象特征，能保持一个生动的视觉图像。听觉通道也存在感觉记忆，即声像记忆。国外研究者认为，声像记忆的容量要比图像记忆小，平均只有5个左右。声像记忆的保持时间要比图像记忆长，可以达到4秒之久。受众对电视广告的记忆既有图像记忆，也有声像记忆。

短时记忆是感觉记忆和长时记忆的中间阶段，保持信息的时间一般也不超过1分钟。长时记忆则是指信息经过充分和有一定深度的加工后，在头脑中长时间保留下来。信息在长时记忆中的保存时间从1分钟以上以至终生。在电视广告创意中就是如何让受众从感觉记忆走向短时记忆最终保持到长时记忆。

（二）电视广告中增强记忆的方法

电视广告中增强信息记忆的方法很多，概括地说有以下几种：

1. 适当减少记忆材料的量

一般来说，在同样的时间内，材料越少，记忆水平就越高。电视广告时间短，转瞬即逝，文字说明更应该简洁扼要、重点突出，切忌文字冗长、信息过杂，中心过多。

2. 适当重复和适时提醒

重复是增强记忆的最好方法。特别是在记忆的开始阶段，适当重复是很重要的。著名心理学家艾宾浩斯通过实验就发现，人们的遗忘进程是先快后慢。即在记忆一开始最容易被遗忘，达到一定的时期后，遗忘的速度才逐渐减慢。因此，必须在记忆刚开始时对其内容进行重复、强化，以防止遗忘。电视广告时间短，要达到好的记忆效果，就要适当地重复并适时地提醒，如在不同的时间内、在不同的频道上、在不同的媒体上等进行重复和强化，让人们在电视台看到的广告，又会在购买现场看到；在中央台看到的广告，在地方台也常常看到；在白天看到的广告，在晚上也能看到等等，这会达到不断提醒受众的作用，从而增强记忆的效果。当然，也可以在广告创意时，考虑在广告作品内进行适当的重复和提醒，如不断出现产品商标和品牌名称等。

3. 充分利用形象记忆的优势

心理学家研究发现，形象记忆比抽象记忆更容易让人们记住。以感知过的事物形象为内容的记忆，通常以表象形式存在，所以又称“表象记忆”。它是直接对客观事物的形状、大小、体积、颜色、声音、气味、滋味、软硬、温冷等具体形象和外貌的记忆，直观形象性是其显著的特点。形象记忆按照主导分析器的不同，可分为视觉的、听觉的、触觉的、味觉的和嗅觉的等等。电视广告是属于听觉与视觉综合的形象记忆。因此，要充分利用这一媒体优势，加大形象化的刺激，以给人留下深刻印象，如个性化的企业商标、独特的背景、奇妙的声音、靓丽的颜色等等，都会对记忆有极强的影响意义。

4. 尽量用有意义的材料

心理学研究表明，有意义的材料比无意义的材料更容易识记。据此，电视广告中宣传的信息一定要通俗易懂，并有一定的意义，以使受众印象深刻。切忌使用过于专业、不常用或外文的词汇，这些只能给受众带来困惑并最终导致其厌烦。

5. 提高信息的有序度

广告中信息的排序一样对记忆有影响。首因效应和近因效应的理论表明，开头和结尾的材料更容易被记住，所以在广告中一定要把核心的、重要的信息放在这样的位置上。

6. 激发联想

一个成功的电视广告，一定是善于利用各种事物之间的联系来激发受众联想，从而加强其记忆效果的。联想是在现实刺激影响下，人脑对以前的形象进行加工改造，形成新形象的心理过程。它是回忆的基础，是人们在感知当前时引发的对其他事物的一种关联性的回忆。电视广告通过激发人们的联想，来增进其对广告信息的记忆是非常重要的。

案例

（美国）某狗食电视广告

画面中一条全身黑白斑点的狗正在吃它面前放着的一盆狗食，突然它身上出现了几条非常醒目的彩色花纹，而且这些彩色花纹越来越多，很快狗身上的黑白斑点全变成了彩色的。画外音："你是否担心狗食里面有人造色素？某狗食没有人造色素。"画面中出现广告产品。

少量的元素、简单的联想、精练的语言所构建的广告会使受众印象深刻。这则广告就符合这些特点。画面中只有狗、食物、变化的色彩，但这些生动而形象地让人们联想到"人造色素"所带来的危害，从而使人们能够将产品与"没有人造色素"的广告主题联系到一起，广告的记忆效果明显。

六、想象及在电视广告创意中的运用

想象是人类重要的心理活动，是推动人类发展的重要心理因素，它也是创意的原动力。想象在广告创意中的影响可以分为广告创作者的想象活动和广告中如何激发受众的想象力两个问题。在这里，仅讨论后一个的问题。

（一）想象的概念

想象是人脑对已有表象进行组织加工，创造新形象的过程。人能够根据他人口头或文字的描述在脑中产生没有感知过的事物的形象，这就是想象活动。

（二）电视广告对想象心理的运用

根据反映事物间联系的不同，联想主要分为：相似联想、对比联想、接近联想和因果联想。相似联想是指人们由对一件事物的感知所引起的，对与该事物在性质、形态等方面相似的事物的联想。如由鲜花想到美女、由阳刚想到男人等。对比联想是指人们由对某一事物的感知所引起的，对与该事物有相反特点的事物的联想。接近联想是指由一事物联想到空间上或时间上与之相近的事物。如由黑夜想到白天、由痛苦想到快乐等。因果联想是由于事物之间存在某种因果逻辑关系，而容易由于某一事物的出现而使人联想到具有因果关系的另一事物。如由天寒想到地冻、由旧社会想到白毛女等。在电视广告中要利用各种表现元素来激发受众的想象，从而引发其消费欲望。如在饮料广告中为了突出产品的清冷效果，就会把产品使用前的背景设置得十分炎热，从而激发人们对这种产品的记忆效果。

案 例

轩尼诗VSOP电视广告·我的梦想海阔天空

画面中男主角是一个音乐人，他带着自己的吉他从纽约的中央公园一路来到巴西的里约热内卢，好像是在找寻一种对音乐的灵感，又像是一种对音乐无国界的探寻。唯美的画面中，异国他乡的风景与各种音乐的汇集，最终推出产品。

这是一则充满想象力和灵性的广告作品。广告中的音乐人在纽约的中央公园，邂逅初雪之后的手风琴演奏者，琴声悠扬，配合公园的空旷，该是怎样的一种空灵与悠扬？在街头上偶遇吹奏笙的老者，是不是会激起一种独特的乡愁？中国传统乐器与西方文化的碰撞，会碰发出怎样的独特灵感？巴西人是热情的，就像架子鼓的节奏一样，有力并且富有激情，很容易在这样的鼓动下，加入他们，唱着节奏一起让音乐流淌，让身体舞动。每次轩尼诗VSOP的广告都是一个开创，他们不仅仅是为了广告而广告，而是会将梦想的理念渗透到每个广告，引起我们对于“梦想”的再次追寻与探讨。一个好的广告除了能传达出产品信息，更多的是可以传达出一种对于生活的态度。“相信音乐无国界，我的梦想海阔天空”，这也许正是广告之外的心灵丝语。

（资料来源：百度网）

总之，研究心理学的意义就在于电视广告创意时一定要把握受众的心理，一定要发挥广告人自己的想象力，一定是在心理科学的指导下完成，这样才能确保广告的市场效果。

第三节 电视广告主题策划的方法

电视广告主题的策划，是指对广告作品中所蕴含的中心思想进行策划。在确定了产品定位后，对广告主题进行策划，是广告成功的重要保证。

一、什么是广告主题

广告主题也可以说是广告定位，产品定位解决了说什么的问题，广告定位则要解决怎么说的问题。广告主题是整个电视广告作品的灵魂、主旨和统帅。在电视广告创作中，起着主导和支配作用。它会使广告重点突出，主旨鲜明，易于为受众接受，从而达到广告目的。可以说，它是用以表现商品定位的核心思想，它影响整个广告作品的质量和效果。

二、电视广告主题的构成要素

电视广告主要的构成有三个方面：即信息个性、广告目的和消费者心理。

1. 信息个性：即电视广告所要宣传的商品、劳务、企业或观念主张等信息内容，与同类事物相比，具有与众不同的特殊性、个性和优越性，可以给消费者带来的利益或承诺。如红牛饮料："渴了喝红牛。困了，累了，更要喝红牛！"电视广告的主题要把诉求点定在强调某种商品具有的个性上，才能吸引观众的兴趣和注意，使之产生好感和购买欲望。

2. 广告目标：指电视广告要达到的目的。目标不外是树立形象、打造品牌、扩大市场，促进销售、战胜对手，赢得知名度等。

3. 消费心理：主要指消费者的心理欲求、消费特点和购买动机，广告主题必须针对目标受众才能取得其认同和接受，即广告主题＝广告目标＋信息个性＋消费心理或销售重点＋人性的东西＋灵感。

总之，电视广告的主题只有体现明确的广告目标，鲜明的信息个性，并完全符合消费者的心理欲求时，才能引起共鸣，实现理想的广告目的。

三、电视广告主题策划的原则

电视广告主题的策划也要遵循一定的原则来进行，主要有以下几个方面：

1. 鲜明性

即电视广告脚本的主旨、中心思想或基本观念要清楚、明朗，一目了然。广告要说什么必须用简单的语言清楚地表达出来，既不能含糊，也不能啰嗦，而且要对准消费者心理。如白加黑感冒药的广告"白天吃白片不瞌睡，晚上吃黑片睡得香"就是很好的案例。

2. 单一性

即电视广告脚本的立意、主旨要单纯、集中、突出，中心思想只能有一个，不能面面俱到，无所不包，否则就会模糊受众的视线和观念，反而引起疑惑和拒绝。如一种以鸽子为主料的营养液，原定位主要功能是给病后或术后的人补养专用的，市场效果很好，但后来为了扩大市场需要，把产品定位为男女老幼皆宜的营养品，这不仅没能让更多的消费者接受，反而让原来的消费者产生怀疑而放弃产品的使用。还有金利来服饰，本来是"男人的世界"，后来又出来一种女人的服饰，让人无法接受。电视广告的主题来源于实际，创意思想来源于生活。立意单纯，主旨集中统一，才会有更强的说服力。

3. 正确性

即广告主题要真实可信和积极健康。任何广告主题的策划都要有前期的市场调查做基础，都不能凭空想象，要立足于实际，实事求是地传达重要的信息。同时广告主题要积极向上，拒绝低俗、没落、消极的观念，要注重审美的意识。

4. 独特性

即广告主题的策划要强调独立创新，应该尽量避免雷同。现在国内广告普遍存在一种同质现象。许多电视广告的创作者在创作过程中总是走不出他人创意的窠臼，独特而又能让人们耳目一新的广告作品确实少见。广告中到处充满着："妈妈，我要喝"、"让几千亿个妈妈放心"、"孩子有病了怎么办"等，这些主题雷同的广告，只能让受众感到厌烦。因此，强调电视广告在主题策划上的独立创新是今后中国广告努力的主要目标。

5. 先行性

即在电视广告脚本创作中，必须首先确定主题，然后再进行创作。

案　例

一种"不用开瓶器"的啤酒

定位：不用开瓶器

主题：如何最有效、效果最形象地表现定位

同样的产品定位，但在不同的国家，有不同的主题方案：

一个是在日本，广告的主题是："毫不费力"，电视广告中表现一位姑娘用纤纤细指轻松开启啤酒瓶的动作。另一个则是在美国，广告的主题是："从今以后不必再用牙齿了"，电视广告中表现了一名50岁的男人手拿一瓶开启的啤酒，咧嘴一笑，嘴里少了两颗门牙。显然，产品定位一样时，也可以通过不同的主题来表现，而且效果都很显著。

（资料来源：李谋著：《CF大透视——影视广告创作指南》，中国摄影出版社，2000年版，第101页。）

总之，只要做好前期的市场分析和研究，并认真把握好这些主题策划的原则，电视广告的主题策划就能更为有效。

四、策划广告主题的方法

广告主题策划是一项很复杂的工作，但也是有法可依的，可以从以下各方面因素进行考虑。

(一)原料因素

这里主要包括产品的产地、种类和品质等因素。

案 例

伊利品牌电视广告·黄金奶源篇

绿色的版图上赫然出现伊利品牌标识，接着是一片美丽的草原上，几头大奶牛在吃草……画外音：“锡林郭勒(十二世纪的皇家牧场)、呼伦贝尔(牧草之王，紫花百盛)、新疆天山(长达16小时日照)，伊利三大黄金奶源基地，凝结天地精华。”这时画面中出现一个可爱的蒙古小男孩，正端着一碗热气腾腾的牛奶喝着，嘴唇上留下一层白沫。画外音：“浓、香、纯，自然融在嘴里。”

图7—11

这则广告是典型的以产品原料产地因素为诉求点的，所有的画面、语言都是为这一个主题服务的。见图7-11。

(二)制造因素

主要包括产品生产工艺、生产设备和生产技术等因素。

案 例

乐百氏27层净化电视广告

画面一开始是在海蓝色的背景下和轻快的音乐声中，一颗水滴从上向下滴落，好像经过了一层层的过滤，最后水滴落在水中并出现产品标识。字幕："第一层石英粗型砂过滤悬浮杂质；第二层石英粗型砂过滤泥沙杂质；第三层石英粗型砂过滤铁锈杂质；第四层石英粗型砂过滤胶体杂质；第五层石英粗型砂过滤有机物杂质；第六层石英中型砂过滤悬浮杂质；第七层石英中型砂过滤泥沙杂质；第八层石英中型砂过滤铁锈杂质；第九层石英中型砂过滤胶体杂质；第十层石英中型砂过滤有机物杂质；第十一层石英细型砂过滤悬浮杂质；第十二层石英细型砂过滤泥沙杂质；第十三层石英细型砂过滤铁锈杂质；第十四层石英细型砂过滤胶体杂质；第十五层石英细型砂过滤有机物杂质；第十六层活性炭过滤去除颜色；第十七层活性炭过滤去除余氯；第十八层活性炭过滤去除气味；第十九层保安过滤器滤除颗粒杂质；第二十层反渗透膜过滤热源；第二十一层反渗透膜过滤细菌；第二十二层反渗透膜过滤病毒；第二十三层反渗透膜过滤残留病毒；第二十四层反渗透膜过滤重金属离子；第二十五层反渗透膜过滤钙、镁、锰等离子；第二十六层终端过滤杂离子 0.2μm；第二十七层紫外线杀菌"。画外音："为了您可以喝到更纯净的水，乐百氏不厌其烦，每一滴都经过严格净化，足足二十七层。您会喝得更放心。乐百氏纯净水，真正纯净，品质保证。"

这则广告以产品的制作过程为诉求点，提出独特的 USP，即"27 层净化"，以此向受众保证产品的品质，赢得其信任。

(三)成品因素

包括产品名称、包装、式样、色彩、手感、性能、作用、价格、使用方法、使用寿命、工作原理、声音、口感等因素。

案　例

(美国)搋子电视广告

画面中一只木棒，它的一头是螺旋状的，然后出现一个胶皮的搋子头，两个东西被组接在一起，画外音："这一部分是木制的，它有一个螺旋状的接头，另一部分是橡胶做的，它有一个圆形浅槽，可伸缩自如。这两部分是这样连接的，它不会发出噪音，不会影响你的生活。当下水道堵塞时，你可以用它来对付最糟糕的情况，做好资金积累，赶紧去买一个吧！"

这则广告用了理性诉求的方法，它把一个疏通下水道的搋子产品的构成、原料及功效很细致地讲述了一遍，让人感到真实可信。

(四)销售因素

包括产品销售的时令、地域、消费者的年龄、性别、文化程度及用后评价等因素。

案例

好利来月饼电视广告

画面中圆圆的月饼，被切开后，馅大皮薄，小孩子、老人们都有美美地品尝，画外童音齐声道："圆圆中秋到，家家好利来。"广告语："中秋到，好利来。好利来月饼。"

这则广告画面简洁，诉求明确，广告语更是直接强调"中秋佳节"与产品的密切关系，即中秋的美好，好利来的运气，满足了受众的追求团圆幸福的心理需求。同时也是利用这个特殊节日来促销产品，强化了其市场效果。

总之，电视广告的主题策划不是随意性的行为，它关系到整个广告的成功与否。因此，它必须遵循一定的原则，以保证广告的效果。

第四节　电视广告创意的原则与方法

从产品定位到广告的主题策划都是广告创意的过程，下面就从电视广告创意的视角对一些问题进行阐述。

一、电视广告创意的原则

（一）原创性原则

即指广告的创意思路、诉求方式要独特创新，有自身的特色，不能与其他广告创意雷同。

（二）关联性原则

即指广告创意要与商品定位、消费者、广告策略等紧密相关。

（三）销售力原则

即指广告创意中的利益承诺和促销方法要鲜明且有切实价值。

（四）适地性原则

即指广告创意要针对目标市场。

（五）适力性原则

即"看菜吃饭，量体裁衣"。电视广告本身也是商品，它的设计与制作也要考虑到广告预算和制作成本，以免犯秦池酒那种为了做黄金时段的广告而使自己财力不支，并最终导致破产的错误。

(六)冲击力原则

即在极短的时间内能否抓住受众的眼睛和兴趣,并产生深刻记忆。

案　例

阿迪达斯运动鞋机械变形电视广告

画面在强节奏感的音乐中展开,浅黄色的背景下只有一个大的组合式音箱,可以看到它的部件在运转着,并不断随着音乐的节奏开始各种变形,一会儿变成一个电脑桌,一会儿又变成一个台式电脑、笔记本电脑、手机,最后变成一只鞋。字幕:"THE COMPUTER THAT HOOPS."广告语:"IMPOSSIBLE IS NOTHING."

图 7—12

这则广告创意新颖,力图使科技、现代、时尚等元素与产品紧密相连,凸显了产品一贯的广告主题"一切皆有可能!"广告表现也很独到,利用了电脑编辑手法,使画面呈现出色彩简明、变幻奇妙、节奏明朗等特色,体现出大品牌产品广告的强大优势。见图7－12。

二、谨防电视广告创意的陷阱

电视广告创意是能充分体现广告人才智的工作,但往往也会在创意中忘记了原则和目的而陷入到可怕的陷阱中。

(一)为追求原创性、独特性和冲击力,让受众有新奇感,而不顾或忘记了创意的原则和目的进行天马行空、恣意纵横的创意构思，即是把创意等同于“创异”，这就违背了广告创意的出发点和最终目的。

（二）片面追求创意与产品的相关性，把影视广告做成产品说明书。

（三）多中心，以为功能点愈多，愈令消费者信服，愈能展现产品的优势。

以上这些陷阱是广告人必须时刻牢记和努力克服的。

案　例

红罐王老吉2011年新年电视广告·过吉祥年，喝王老吉篇

鞭炮声中，到处是穿着红色衣服的人、到处都是红色装扮的人们在超市里整车整车地买王老吉的情景，无论大人小孩喝得都是王老吉，回家的车上装的也都是王老吉，拜年送的也都是王老吉，举杯畅饮的也是王老吉……画外音并字幕：“买年货买王老吉，红火吉祥；过年回家的拿王老吉，如意吉祥；拜年好礼王老吉，体面吉祥；过完大年送王老吉，美满吉祥。过吉祥年，喝王老吉。王老吉凉茶”最后画面出现广告语：“怕上火，喝王老吉。”

图7—13

王老吉自上市以来就以鲜明的产品定位区隔了市场，它的产品特色就是“怕上火喝王老吉，中药成份。”但在这则广告中，全部突出另一个新的主题“吉祥”，而且这与之前的定位也没有产生什么关系，如在广告中可以说“过年油腻食品多，爱上火，喝王老吉可以保证不上火，平安过大年。”没有这样的过渡与关联词，这就让人们感到疑惑，到底是不上火还是只有吉祥的美好寓意呢？广告中明显犯了多中心的错误。其实它之前还有一则广告也存在这个问题，那个广告的主题好像是在说“大瓶的”包装定位，应该是在

与“和其正”进行竞争，但这反而把自己也弄得面目全非，本来它一直在消费者心中的定位挺明确的，而且在饮料产品中，“不上火”这个定位还是有独特性的，之后的几个不伦不类的广告反而让人们对以前的产品品质产生质疑，干扰了消费者的选择。见图7－13。

三、电视广告创意的来源

从根本上说，电视广告的创意来源是从现实中来的，主要有现实中的产品、市场、受众、媒体等，而不是从头脑中自生的。

（一）对企业、产品、市场、消费者的了解

创意之前要有一个细致的、真实的市场调研过程。在这个过程中，不仅要搜集大量的第一手材料，包括对企业、产品、市场、消费者的认识和了解，同时也可以在现实的调研过程中，找到一些创意的思路和感觉，抑或是灵感的东西。因此，这是一个必不可少的过程。

（二）对广告整体策划意图与精神的理解

广告是一个长期的战略性活动，这其中的每一个广告都是要依据整个战略的要求和目的。因此，每个广告的创意都不能单独考虑，在创意之前，对整个广告战略的理解和把握是必须的。

（三）对媒介语言的把握

电视广告是一种特色鲜明的媒体，视听综合是其最主要的特点。在电视广告创意前就要考虑媒体的特色，突出视听综合的价值和意义，区别于其他媒体，确保创意能将电视广告的重要意义体现出来。

（四）创意源于生活

无论是什么样的广告，其创意都是源于生活。生活实践是创意的源泉、基础。离开了生活，就会使创意成为空中楼阁，无法保证其效果。

案　例

（瑞士）尊尼获嘉威士忌电视广告

随着摔碎瓶子的清脆声音传来，画面出现几片散落在地上的玻璃碎片，音响声起，从画面的上方有一些很浓的、有颜色的液体在慢慢向下方流过来。一会儿，地上的液体组成了一个挥着棍子的绅士模样。画外音：“请不要喝醉！”

这则广告形象地描绘出男士醉酒后的可怕状态，它对受众有一定的冲击力，而这既不是靠长篇的说教，也不是靠情感渲染，而是利用画面的巧妙造型，给人以新意。而这种新意绝不是空穴来风，它源于对生活的热爱、感悟、思考和追求。

总之，广告的生命和灵魂在于它的创意。因此，只有在创意上下工夫，广告才会成功。

四、蒙太奇创意的要求

所谓蒙太奇创意，就是通过蒙太奇思维——视听形象思维，运用镜头画面来进行创意，使灵感、意念、点子或构思，都能化为视觉形象，这是电视广告创意的关键。其具体要求如下：

1. 目的性：即蒙太奇创意必须符合电视广告的目的性。
2. 经济性：既经济又简单，冲击力强，它与简洁性密切相关。
3. 准确性：即广告中所传达信息要保证无误，合乎逻辑，恰当可信。
4. 新颖独特性：即立意新、语言新、视觉形象新。
5. 民族性：即要根据不同的民族要有不同的创意特色，以保证广告的效果，并避免引起歧义或不必要的麻烦。

案　例

（印度）百事可乐电视广告

广告中一个印度小男孩拿着一罐百事可乐，看着水边嬉戏的大象群。画外音："在我很久的记忆中，就记得我是一直和大象在一起。"这时一个小象用鼻子够他的可乐。小男孩高举起可乐，并引逗小象。画外音："可有一天我发现，我总拿着可乐引逗他们不断向上够可乐……"。于是可乐罐挂得越来越高，渐渐地两个、三个甚至更多的大象叠罗汉式地站在一起伸着长鼻子来够。小男孩也长大了，并成了一位驯象的技师，经常带着大象表演，并风靡全印度。一天他们又在表演，几头大象正在他的引领下叠罗汉式地在够高空中的可乐。突然台下坐着的一位小男孩"呲"的一声打开了他拿着的可乐瓶盖，最下面的那只大象一下子被这声音吸引了，便不顾身上的另外几头大象，自行向小男孩走去，瞬间叠在一起的大象们向台下倒去，观众们吓得四散而逃……画外音："我发现用大象表演这个创意还是不可靠的。"画面转换为男主角拿着一罐可乐在河边凝思，当他"呲"的一声打开可乐时，一只大鳄鱼忽然从水里窜出来，他身子向后一仰，鳄鱼重重地摔到水里，河边的人们一起鼓掌。他露出惊喜的表情，画外音："我又发现了新的创意。"

图 7—14

这则广告是完全的印度版本，大象可爱的表演体现出印度的民族特色，整个广告把这种民族特色的元素与产品结合顺畅而有创意，故事新颖并突出了产品魅力，给人以深刻印象。见图 7－14。

电视广告要灵活运用蒙太奇理论和手法，服从市场需要和促销目的，以视觉化的优势为受众提供更形象、生动、新颖的信息，从而保证对企业产品的促销效果。

五、电视广告创意的思考方法

电视广告创意的思路可以从一般的、宏观的和具体的、微观的两个方面来考量。

（一）一般的策略方法

人类思维方法归纳起来不过有以下几种，这些方法也是电视广告创意常用的方法。

1. 垂直思考法，即直接思考法、逻辑思考法，这是一种叠罗汉式的思维，属于传统思维方法，常用于更理性思维，是一种基本的思维方法。

2. 水平思考法，即侧向思考法或横向思考法，拓展思维，具有创新性。

3. 逆向思维法，从相反的方向进行思考。如用找不到某某品牌车的抛锚车，或某某品牌车的维修人员都无所事事等情节，来表现汽车的质量好，无后顾之忧的特色优势。

4. 集思广益法，即集体思考法，头脑风暴法。

这些方法都是广告人和广告公司常用的。

(二)具体的实用方法

1. 调整关系法

创意就是要有不同于大众化、常识化、正常化的新主意。人们常说:“创意是旧元素的新组合”,而这种新组合就是调整旧有元素之间的关系顺序,以达到全新的效果。比如颠倒原有的元素结构关系,常常会让人觉得眼前一亮。

案例

(法国)perrier 饮料电视广告

密密的草丛中,一位美女正在急速奔跑,而有一个大狮子也在急速奔跑,一会儿他们一起来到一个高土坡的两边,土坡上放着一瓶饮料,这时狮子张开血盆大口,露出尖利的牙齿,咆哮起来,而对面的美女并没有被吓倒,她张开比狮子还要大的嘴,发出更大的吼声,并用手指着大狮子。狮子害怕了、退却了、溜走了。美女以胜利者的姿态,站在土坡上,将饮料举起,并开始畅饮。画外音并字幕:“自然之水,生命之水。”

这则广告的最大看点就在于它颠倒了人们观念中常规的故事情节,美女战胜了狮子,只因一瓶饮料。那么,这个饮料怎么会让人能有这么强悍、反常态的冲动和力量呢?这正是产品的诉求点,它给人以深刻印象。

2. 任意想象法

想象往往是不受约束的,这样人们的想象力才会更丰富,创意才会更活跃和多样。可以说,也许正是这种貌似随意的想象过程,却会产生出不少美妙的广告。

案例

(英国)BEROL 水彩笔电视广告

一位男士买了一只水彩笔,并把它放进了自己的外衣口袋里。可当他走到大街上时,它的水彩笔就像是变成了水彩的光环,到处飞舞,所到之处的人、车、路灯和各种景物都变成了彩色的,像被彩色花环所围绕着一样,连他自己也是这样的。广告语:“制造你的标志,BEROL 水彩笔。”

这则广告充分发挥了想象力的作用,把水彩笔的作用想象成会让所有遇到它的事物彩色化,这就将产品的意义具象化了,更容易引人注意。

3. 广泛联系法

即创意者要打开自己的思路,不受约束地去展开联想,这样会使许多看似没什么关系或关系不大的事物或情节关联到一起，特别是对那些不太容易被直观、正面表达出来的内容，则是很好的一种处理手法。

案 例

(比利时)杜雷斯电视广告

田野中一只兔子正在四下张望，这时又一只兔子看见了，跑了过来，然后它们就一前一后跑回了草丛中的洞穴中，画面中一片片的黄土被从洞中刨出来……字幕并画外音："忘情时刻别忘安全。杜雷斯避孕套。"

这则广告将发情的兔子与热恋中的情侣相联系，以巧妙而有趣的表现手法传达了广告的主题思想，它不仅让人印象深刻，而且还不会让人观看广告时感到尴尬。

4. 指代比喻法

即把不太好说出来的、或不太好直接表现出来的一些内容，通过相似的内容来借代一下，既能保证准确地传达出广告的主题思想，也能达到不让受众感到尴尬或感官不舒服的效果。

案 例

(智利)某痔疮药品电视广告

桌子上放着一排整齐的鸭梨，看上去它们的样子很像是坐着的一排人的臀部，可是其中有几个就是坐不住，总是向下歪倒。画外音并字幕："患了痔疮吗?"一只手将倒下去的鸭梨又一一扶起，并道："它能迅速缓解你的痛苦，你还犹豫什么?"画面最后是一只鸭梨坐在一盒药品上。

这则广告运用了丰富的联想手法，竟然将鸭梨的形状暗喻成人坐着的姿态，灵活地阐明了产品的功效，不失幽默，让人感到很受启发。

当然，创意无定法。只有当广告人真正了解了产品定位、读懂了消费者心理、明白了市场状况，并能在此前提下运用丰富的想象力，才能创作出有新意和效果的广告。

第五节 电视广告中的人文创意

人文创意是指在电视广告创意中渗入民族心理、传统文化、民间习俗、审美情趣等多种人文因素。广告创意发展到今天，人们越来越重视人文创意的意义。近年来，在我国人们也开始注重这种创意方法，下面仅就我国如何运用传统文化进行人文创意进行分析。

由于生存和生活的环境背景和历史沿革的不同，每个民族的文化都有它自身的特征。以中国传统价值观的源头而言，中国古代文化的基本特征有以下三个方面。

(一)中国文化的原生态特征与广告创意

原生态，是指没有经过特殊雕琢，存在于民间原始的、散发着乡土气息的表现形态，它借用了生态学科之"生态概念"。原生态实际上是一个大众文化的符号，中国文化的原生态特征主要包括以下内容：

1. 大陆文化：具有独立的、一贯、自我意识等特点

中国长期处于半封闭的地缘环境，东濒太平洋，北临大草原，西接沙漠、戈壁，西南靠近青藏高原，这就造成了它与外界相对隔绝的状态，从而导致中国古代文化系统中呈现出独立、连续、"自我意识"强、相对保守的大陆性特征。

2. 农业文化：具有东方专制主义、儒家意识形态的特点

中国的温带亚洲东南季风性气候以及天造地设的两大水系，使中国长期保持以农业为主体的生产方式，也使文化中呈现出务实守常、中庸思想，以及"重实际而黜玄想"等特征，这种儒家文化的意识形态对后世价值观产生深远的影响。

3. 宗法文化：具有重血缘关系、天地君亲师、家庭精神、注重正统、正宗、传统等特色

中国在几千年前就较早地踏入了阶级社会的门槛，原始制度的解体很不充分，因而保留下宗法制度的意识残余，加之自然经济的长期延续，特别是农业社会长期定居式的生存方式和繁衍方式，给宗法制度、宗法思想的继续流衍提供了丰厚的土壤。这种思想在封建统治者的不断改造和加工后，形成了一套宗法制度的政治伦理学说，给中国文化造成深远影响，这主要体现在"重血缘关系、推崇天地君亲师、关注家庭精神、注重正统、正宗、传统"等特色上。

而以上这些古代文化的主要特征在电视广告创意中都不时体现出来。如食品广告中宣传正宗、传统的手艺；礼品广告中宣传亲情、师生情、友情等；家电广告中运用实验或验证的方法，迎合人们重实际、"眼见为实"的传统心理。可以说，在电视广告创意时从这些文化中汲取精华，合理利用，就会产生很好的效果。

案　例

雕牌牙膏电视广告·后妈篇

一个可爱的小姑娘正在房门边靠着，很小心的样子。这时一对年轻的夫妇出现，

男的对女孩说:“叫妈妈。”女孩扭头跑开了。女孩独白道:“我有新妈妈了,可我一点都不喜欢她。”画面中女孩看电视时,新妈妈把正在织的毛衣给她披在身上看看大小,可她却表现出很反感的样子。夜里女孩望着窗户上落下的雨水,想念着自己的亲妈妈。白天上学的路上,是新妈妈为她撑起一把雨伞。女孩独白道:“她好像也没那么讨厌。”夜里女孩睡前又拿着亲妈妈的遗像看着,然后把它放到一边,上床躺下。一会儿新妈妈来了,摸了摸她的小脸,把桌上妈妈的照片放好。女孩睁开眼睛看看,窗外的月牙好亮……朦胧的月光中出现了新妈妈甜甜的微笑,女孩独白:“她笑起来像我妈妈。”慢慢地,她进入了梦乡。第二天,她正揉着刚睡醒的眼睛起来洗脸时,发现自己的牙刷上已经挤好了牙膏,新妈妈也正在向她微笑呢……画外音:“真情付出,心灵交汇。雕牌牙膏,纳爱斯。”

图 7—15

这则广告以情感诉求的手法,演绎了一个动人的故事。小女孩纯真的情感和后妈真挚的关怀让人为之动容。见图 7 - 15。

(二)中国文化的次生态特征与广告创意

由原生态的文化形态中衍生出许多的次生文化形态,它们更详尽、具体地表现出中国传统文化的内涵和物质,也是电视广告创意的源泉。

1. 人伦价值观——群体取向

与西方强调个体为中心,主张个人自由、个人奋斗和个性张扬不同,中国文化中更注重以群体为重、以集体利益为主、以团结、合作为方式,以广告创意来说,主要表现在以下几个方面:

(1)重视家族人伦,偏爱情感广告

中国伦理以“仁”为核心,强调“家国同构”,“格物致知,诚心正意,修身齐家治国平天下”标示了中国人通达理想境界的道路。因此,中国对“家”、“国”、“民族”有着更特殊而深厚的情感。这又表现在:

第一、注重家的存在和延续,关心下一代。

第二、家庭伦理中,强调“孝道”。

第三、强调家族、民族、国家意识。

以上三个特征都可以成为广告中的诉求点,并能对中国受众产生深刻的影响。

案 例

“孝”与商业营销智慧

孝,确实就活生生地潜伏在每一时代的中国人的心中,只不过有时潜伏得很深,但是如果被激发出来,那么在商家那里就会成为极好的生财之道。

我们来看“脑白金”的商业销售案例,就可以体会其中的妙处。

脑白金(口服液+胶囊)由“上海健特”制造,1998年进入市场,巅峰时期年销售额超过15亿元,而且至今畅销。

脑白金的有效成分是褪黑激素。根据卫生部的认证,褪黑激素具有改善睡眠的保健功能,可以用来促进睡眠,调整时差,以及延长睡眠时间,主要适宜人群是中老年人。调查发现,交际活跃的中年人和60岁以上的退休老人共有1.5亿人,而其中有90%的老年人睡不好觉。睡眠不好会引起众多的病症,这就为脑白金提供了潜在的庞大市场……

中国人讲究“孝道”,做子女的无不希望父母身体健康、年轻永驻;而大家逢年过节又都有访亲问友的习惯。一年的忙碌之后,同亲友相聚而欢,在拜访时候还要送上一份自己精心挑选的礼物,以示心意。可是当时市场上还没有谁把保健品包装成礼品来迎合这种需求。

他们捕捉到这一点,于是脑白金打出了如下广告:

今年过节不收礼,收礼只收脑白金。

今年孝敬咱爸妈,送礼还送脑白金。

两则广告,一方面脑白金作为营养品,正好满足人们过节不知道送什么礼物给亲朋好友的需要。另一方面年轻态的概念也正好符合子女们希望父母年轻、向父母表示孝心的意愿。于是大量脑白金作为礼品的广告,出现在电视荧屏上。

此后脑白金的购买率和知名度逐年上升,其销售额在1999年重新达到2亿元,

2000年到达黄金期的年销售额12亿元。几年之后，脑白金作为礼品的价值褪去，但是购买脑白金产品，期待改善睡眠的消费者留了下来，他们成为脑白金在改善睡眠产品中稳占一席之地的重要力量。（以上参见《郎咸平说》，东方出版社一书内容）

我们进一步分析，脑白金正是用"唤醒"、"激活"的方法，"唤醒"、"激活"了本来或已是洋溢的、或潜伏的、或淡化的人人内心的"孝"的情感，使之转变为一种孝的行动。

其实商界打出"孝敬牌子"的努力并不少，衣食住行各方面都能见到这方面的广告和产品。不仅在中国，在外国也有做"孝道"生意的。笔者还看到一个材料，韩国重视"孝道"，出现许多"孝道"产品。每逢重大节日，韩国厂商都会争先推出孝敬老人和父母的产品，其中最畅销的要数无公害的保健食品。比如，西瓜经过特殊处理，上面隐现出一个"喜"字；一套精美的点心盒上印着一个"孝"字，等等。为表彰企业为国家经济发展所作的贡献，韩国政府还专门设立了"孝子"企业奖。总之，东方的儒教文明在韩国无处不在，甚至比有着礼仪之邦美称的中国更胜一筹。

笔者另外想到的一点是，如果商家"忽视"了孝子们的真心、"忽略"了孝子们的诚意、"疏忽"了货真价实的定律，用伪劣、虚假的东西"忽悠"了顾客，那么不仅销售额不会上去、或上去了还会跌下来，而且在良心上、道德上是一个输家。因此，企业家要打好这一孝道之牌，首先自己就得是个孝子，是一个行孝道的人。

（资料来源：姚淦铭著：《孝经智慧》，山东人民出版社，2009年版）

（2）从众行为

从众心理是人类的普遍心理现象，但中国人的文化中更多地体现出从众的心理特征，这是因为：

首先，几千年来群体社会的生存方式使中国人对群体有了一种适应力。

其次，长期的集体主义伦理教化使脱离群体的个体行为失去了道德支持。

再次，个人在群体中可以逃避责任并借以获得"法不责众"的心理保护。

最后，封建专制条件下特别严酷的生存环境使人产生巨大的偏离的恐惧。

这种很强烈的从众心理倾向主要表现在：对群体的信任、对偏离的恐惧、群体意见的一致性、群体规模、群体的专长、群体的内聚力等方面。

广告创意中体现得也比较多，如广告语中说："我们都在吃！"背景则是一群人在消费广告产品，这就是最常见的从众心理。

案　例

碧生源常润茶电视广告·利益篇

镜头1：一位男士正在饮茶，他说："碧生源常润茶，上午喝，下午通，轻松、痛快！"

镜头2:一位女士正在饮茶,并说:"喝碧生源常润茶肚子不胀了。"

镜头3:男士接着说:"口气清新了。"

镜头4:两位一起说:"感觉好极啦!"

镜头5:另一位对她身旁的女士说:"喝碧生源常润茶,色斑淡了,皱纹少了,腰身也变小啦!"

镜头6:又一位女士说:"不上火,不长痘。"

镜头7:三位女士一起说:"皮肤越来越好啦!"

镜头8:一对老年夫妇在树荫下,女的竖起大拇指说:"碧生源常润茶真是了不起呀!"

镜头9:这时一起下棋的老大爷说:"多年的老便秘好啦! 省力更省心。哈哈!"

镜头10:女士拿出一盒产品说:"家里常备几盒,心里更踏实。"

镜头11:药店的工作人员说:"碧生源特别受欢迎,回头客特别多。推荐给顾客,我们放心。"这时背景中出现好多来买产品的顾客。

镜头12:一位女士举起一盒产品说:"实惠。效果特别好。"

镜头13:一个全球的版图,上面画出许多产品行销的地区。画外音:"出口欧美等20多个国家和地区,深受世界各地人们的欢迎和认可。"

镜头14:一群人拿着产品齐声说:"快给肠子洗洗澡吧。"

广告语:让你轻松每一天。

这则广告没有什么特别的创意点和独到之处,它就是通过众多不同的人物、不同的地域及产品的不同疗效来表明产品的消费者十分广泛,利用人们的从众心理来引导其认可产品的功效。

(3)崇尚礼仪

中国是传统的礼仪之邦,民间也有着悠久的送礼习俗,原因主要有以下几个方面:

首先,中国农业文化长期稳定的群体生活与西方商业社会颠沛动荡、个人奋斗为主的生活方式相比,更多了一份人伦感情。

其次,宗法社会以血缘为纽带的社会组织形式,做事都会尽可能有一层情感投资的意义。

最后,长达两千多年的封建专制传统和中国特有的政治生活方式对民间社会生活的强大影响,使盛行于官场的"送礼"风习毒化了整个社会风气。

针对这么浓重的尚礼文化进行创意的电视广告很普遍,有些产品直接将自己定位为礼品,如"初元"、"脑白金"、"金浩茶油"等产品。

案 例

黑牛豆奶粉电视广告

过年了，黑牛(陈佩斯扮演)拿着两袋黑牛豆奶去女朋友家，他一边走，还一边看着自己两个手里的豆奶，并高兴地说："黑牛、黑牛。"到女朋友家敲门时，里边问道："谁呀?"他回答："黑牛！"门打开了，两位老人出来说："哈，来啦！"这时，从他们身后挤出一个小女孩，她看见豆奶便嚷道："啃！黑牛豆奶！"然后就一下子抢过一袋豆奶，高兴地说道："我爱喝。"这时，女朋友也挤过来说道："哇，我爱你。"然后一头扑向黑牛手中的一袋豆奶，高兴地说："黑牛豆奶。"黑牛看着露出很是无奈的表情。这时，老丈人高兴地指着豆奶说："我们全家都喜欢。"接着，由小女孩高举产品，并和全家一起说出广告语："营养新主张，植物蛋白更健康！"最后，黑牛举着产品说："豆奶还是黑牛好呀！"

图 7—16

这则广告以过年到女朋友家送礼为背景，传达出产品的定位和品质，对中国受众有一定的影响力。见图 7-16。

(4)道德追求

区别于西方社会以法律和宗教来调节各种关系，中国传统上就崇尚道德的约束力和调节意义，文化中侧重于唤醒人的内在良心。中国的商业文化中几千年来一直都有这样的特色，如各种老字号招牌常以"德"、"仁"、"义"等来命名。而今天这仍然可以是广告创意的重要文化切入点，很有潜力可挖。

案　例

中国农业银行电视广告·瑞雪篇

2008年中国农业银行新的形象广告——“大行德广 伴你成长”开始在中央电视台一套节目黄金时段(每晚新闻联播后大气预报前)播出。名为《瑞雪篇》的农行新广告演示片阐述的是一种“厚积，不忧天地；蕴蓄，只为生机”的内涵：厚厚的积雪覆盖着广袤的大地，一声婉转清脆的鸟鸣，给冰封的大地带来了春的生机，溪水潺潺，枝丫吐蕊，转眼间一树碧绿，芳草满地……片尾，深沉的画外音响起“大行德广 伴你成长”。整段广告通俗易懂而又意味深长，沉稳大气而又毫不张扬。新的形象广告传承了农行原有的品牌理念。“大行(xíng)”，意思是成大事、行大道，指农行人成大事、建伟业的胸怀；另外，也可以理解为“大行(háng)”，暗指农行大型银行的地位与身份。“德广”出处在《庄子·外篇·天地第十二》“故其德广”。“德广”解释为“德行圣明而又虚广”这是一个组合结构，可以是“德广”也可以是“广德”。“大行德广”中“大行”有1.远行；2.广为推行，普遍流行；3.行大事；4.古代接待宾客的官吏；5.古代称刚死而尚未定谥号的皇帝、皇后；6.高尚的德行。在这里应该是第六种解释“高尚的德行”。那么放在一起“大行德广”即是有着高尚的德行(崇高道德、伟大行为)，德行堪为楷模，惠及大众之人。“德广”也可以理解为成恩泽广众，指农行人良好的职业素质与社会责任感、使命感；既指深度，也指广度，将农行的深厚积淀和广泛覆盖同时融入其中，而“伴你成长”则是在此基础上对农行原有品牌的承接与升华。“大行德广 伴你成长”意指中国农业银行将以成就大业、造福于民的历史责任感与使命感，为社会、为客户提供完美卓越的服务，鼎力支持社会经济的发展。见图7－17。

图7—17

(资料来源：百度网)

2. 社会价值观——权威意识

与西方民族相比，中国人具有较强的权威崇拜和等级观念。这是由于：

一方面，相对封闭的地缘条件限定了中国人的世界意识。长期以来，人们一直生活在“普天之下莫非王土，率土之滨莫非王臣”的地理背景中，导致对国家、王权、等级的千古不变统治秩序的认同。

另一方面，封闭定式的大河农业生活是专制集权帝国产生的温床，出于对外族入侵的防御要求和对整个黄河水系整体治理的历史需要，中国大河农业文明很早就完成了对民族力量的集结，产生了中央集权的统一帝国，而没有走上西方海岛国家政治、经济多元化的道路。由此，长期在一种强大的、先定的政治秩序和相对稳定的农业方式下生活，中国人的社会历史观和社会价值观就不可避免地打上了权威意识的烙印，这一烙印的特点是：

(1)国家崇拜

中国人的国家意识转化成了对故土、对国家和民族的强烈情感，对国家和民族的尊严的终极关怀。广告创意若能契合中国人这一深层心理，往往会产生意想不到的效果。

案 例

爱东心宝电视广告·蒋大为篇

画面以大红色调为背景，并出现像电影胶片似的生肖剪纸艺术品，画外音：“剪纸是中国艺术，生肖是中国文化。”这时，蒋大为对着观众说：“十二生肖爱东心宝，浓缩中国剪纸艺术与生肖文化。健康、如意、吉祥。送给本命年的朋友，年年好；送给过生日的父母，健康长寿。十二生肖爱东心宝祝您吉祥如意。”画面一转，背景为浅色调，蒋大为接着说：“我是蒋大为，我相信中国制造。中国人，有骨气。爱东心宝，中国制造。爱东品牌，民族品牌，民族骄傲。爱东心宝恢复心脏健康，大品牌，效果好，纯物理疗法，安全长效，值得信赖。健康品牌，世界品质。”广告语：“爱东国际，爱满天下，健康未来。”

这则广告利用名人形象，以“中国”、“民族”、“有骨气”等“国家崇拜情结”为主题元素，将它们与产品的品质相结合，以求赢得人们的信赖。

(2)权威崇拜

由于对国家崇拜而导出对国家权威及其派生物的崇拜是中国人权威意识的一大特点，这种崇拜包括：对国家的人格倾向——皇帝、皇权的崇拜权威部门的认可；对国家权力及其派生部门功能的崇拜；对国家意志的载体——传播媒介的崇拜。在商业发展中，这种现象时时表现出来，如权威部门的认可，“国家权威机构鉴定”、“国优、部优、省优”等概念就是体现这方面的意义。

案　例

迎驾贡酒电视广告

宫廷外传来一声：“迎驾。”接着，一群宫女们端着托盘鱼贯而来，盘中是一个精美的酒瓶。一个美女端着托盘中的美酒走进大门，进到现代……画外音：“大驾光临，喝迎驾贡酒。迎驾酒，国人的迎宾酒。”

图 7—18

这则广告利用中国人对“皇帝”的尊崇，强调的是产品“迎驾”的尊贵特色，暗合了消费者对权贵、身份、地位的心理需要。见图 7－18。

(3)等级观念

中国封建专制统治的政治架构是极其森严的等级秩序。到清朝晚期，等级秩序及其观念已经渗入到政治、经济、文化和社会生活的一切领域，逐步演变成一种深刻的文化存在。这在商业文化和广告文化中表现很多，如广告宣传中的“第一”、“高档”、“老大”等概念和品牌中的“大王”、“王朝”、“ 霸王”等称呼。

案　例

品鉴酒电视广告

画面中一只酒瓶在黑暗的背景下，瓶子上面的品字凸显，一位男士正在细细品味。

画外音并字幕:“品,而后知稀有。”接着,瓶子上又出现一个“鉴”字很是夺目,画外音:“鉴,方可辨高贵。”画面转为人们酿酒的场景……画外音:“心之怡,意久远。唇齿之间,岁月至上。一品天下浓香,悠悠鉴君情。品鉴酒,源自泸州老窖。”

图 7—19

这则广告以“品鉴”为核心词汇,以高贵、稀有、一品等来表达产品的高档优势,以满足消费者自我实现的心理需求。见图 7-19。

3. 自然价值观——天人合一

由于中国温带的农业文明及其长期稳定的自然耕作方式是以人与自然和谐相处为前提,反映到哲学上,中国哲学的终极理想之一是追求天人合一的境界。这种天人合一观认为:首先,自然与人、物与我在本质上是属于一体的。其次,认为天地万物按照自己的本来状态发育发展,生灭循环,这是万物之本性。再次,师法自然而后相辅,最终顺其自然。这些理念在电视广告中经常是创意的源泉和表现的元素。具体说:

(1)崇尚自然

中国人天人合一的自然观,视自然宇宙及万物皆为有情,对自然抱着一份心心相印的感情。中国的艺术,无论诗、词、赋、画,都强调物我一律的“自然观照”。反映到今天的广告创作上,以自然美景传达出天地造化的力量,以唤起人对这一造化的无限深情,往往能达到特殊的效果。一般在宣传企业理念、企业形象和某种概念时常会使用这一表现方法。

案 例

大自然地板电视广告·陈道明篇

一片绿色围绕中的湖水，一队水鸟轻盈地飞过。陈道明正在湖边一个平台上翻阅一本书。画面一转，一片木地板上放着一个鸟笼子，里面有一只小鸟在笼中跳来跳去，好像很想飞出牢笼。画面又转到一个大房子中，陈道明坐在地板上，旁边放着许多的书，他透过落地式的大阳台窗向远处望去，并道（字幕）："动，风起云涌。静，物我两忘。万物皆自然，我爱大自然。大自然地板，活性生态漆，负离子净化空气，生态油漆，健康地板。我爱大自然，大自然地板。"

这则广告利用了"大自然"这个产品名称为主题词，阐明产品的原料成分是其保证自然本色，健康无害的理由，于此将自然的美与产品的优势紧密联系起来，并以名人代言的形式表现创意，满足了消费者对自然的热爱情感，让受众产生共鸣。

(2)和谐安详

由于在人与自然的关系上不是外向的、扩张的、攻击性的，受此影响，中国人的内在精神在总体上是平和的，安详的，这也是商业文化的历史发展中的一大特色。清人朱彭寿在其著作《安乐康平室随笔》里，把名目繁多的吉祥字号取义，编成一首七律诗：

顺裕光隆瑞水昌，元亨万利复丰祥。
泰和茂盛同乾德，谦吉公仁协鼎光。
聚益中能全信义，天恒大美庆安康。
新春正合生成广，润发洪源厚福长。

在今天的广告中，此类吉祥词语经常出现，如法国人头马："人头马一开，好运自然来。"上海豫园商城的黄金首饰广告："老庙黄金给您带来好运气。"在电视广告的创意和表现中，"和谐安详"也是很重要的文化元素。

案 例

舍得酒电视广告·围棋篇

两位男士，一老者和一中年人，正在房中下围棋，迎面墙上挂着四个大字："舍得之道"。老者时而稳步出击，时而微笑走棋；而那中年人或是凝眉沉思、或是面露喜悦，可见两人战事正酣。字幕："心有灵犀。舍得是智慧的回归，更是人生的顿悟。"这时，老人拿起舍得酒的瓶盖当棋子，放在围棋上，两人开怀大笑。于是，中年人拿起桌上的舍得酒为老人倒上，两人举杯畅饮，画外音并字幕：“舍与得，感悟智慧人生，舍得酒。”

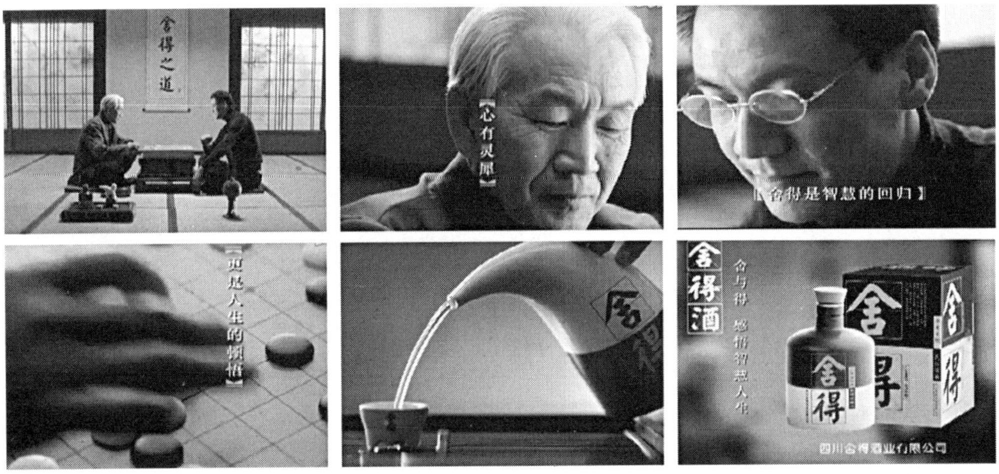

图 7—20

这则广告运用的核心创意就是以产品的名称作为主题，以传统的“舍得”价值观、“和谐”、“平衡”的道德观来表现产品文化定位，这是应用传统文化的典型案例。见图 7－20。

4. 知识价值观——思维方式

这是指由一系列基本观念所规定和制约的，被模式化了的思维的整体形式，是特定的思维活动形式、方法和秩序的总和。由于各民族生存环境和历史沿革的不同，导致它们的价值观产生差异。中国人的传统思维方式有以下特点：

(1)功利性思维——致用原则

即中国人追求知识和学问的结果——实际的使用价值。这种知识论上的功利主义逐渐形成了一种追求实惠的功利主义价值观。在消费上则表现为比较容易接受一种小恩小惠的、琐碎的、相对节俭和实利型的推销宣传。电视广告创意中则强调价格、优惠策略和产品的实用价值等内容。

案 例

天勤 V668 电视广告

强节奏的音乐中，画面出现产品，并逐一呈现出其功效和实用性的特色：超大字体、超大按键、快捷拨号、FM 外放调频、超大音量收音机、SOS 求救系统、一键定位追踪、健康宝典、医疗宝典、急救电话、电子放大镜、超长待机 31 天、长按 0 键语音报时……

这则广告中的产品定位是老年人的消费市场，这个市场需要的特点就是实用、实惠、功能性强、能针对老年人眼花、忘事、爱听收音机、容易发生突发病、关注健康和治疗等身体和心理要求。广告中突出了产品的特色，体现了产品的强势功效，给人以深刻印象。

(2)具象性思维

与西方人相比，中国人更习惯于用一种非逻辑的通感直接把握事物的本质，从而获得一种高于逻辑的直觉体验。因此，中国人更容易对一种非抽象的经验事实发生兴趣，并直接推出判断。电视广告中也常用直接的、形象的、具体的表现方式来宣传产品信息、理念和帮助受众理解。

案例

肯德基电视广告·老北京鸡肉卷

画面中出现北京的城门和华表，华表上的龙像是活的一样在空中飞卷，接下来的画面中都有飞龙卷过的影子：大石柱上、巴士上、广场上、服装店里……，画外音："当今天下，谁领风潮？中国风席卷而来。"之后，画面转换为肯德基标识及产品，即由鸡肉、黄瓜、甜面酱卷起来的肯德基老北京鸡肉卷。画外音："肯德基把喷香的鸡腿肉、黄瓜、精松、甜面酱卷了起来。"最后，在肯德基店中飞龙再次出现，落在一位美女顾客的T恤上……，画外音："肯德基老北京鸡肉卷，卷出流行中国味。"

这则广告形象地将代表中国文化的龙动态化，让受众更亲切地感受到"老北京、中国味"的鲜明特色，这是运用了具象的事物形象，生动地展示出广告主题和产品定位的个案。

5. 语言文字

中国的语言文字从全世界范围看，具有极为鲜明的民族特色，仅以中国文字为例，其迥然异趣的个体特征为广告创意提供了最鲜活的土壤。广告中主要是运用字形、音韵、拆分组合、字音、字意等来创意和表现所要传达的信息。

案例

保护森林公益电视广告

森林背景下的一个"森"字，被斧子砍下去一个"木"，这时背景变成很稀少的几棵树。接着，"森"字上的又一个"木"字被砍掉，背景变成一片沙漠。最后，"森"字的最后一个"木"字被分别砍下一撇一捺，变成一个"十"字，画面中这个"十"字好像是坟上的十字架，这时画面中出现许多插满十字架的坟墓。字幕："保护森林。"

这则广告是很久以前看过的，大概是这样的情景。它运用了中国文字的特色进行拆分字的创意，很有新意。一般地，这种手法多用于平面广告中，所以电视广告用到的情况不是很多。

总之，中华文化源远流长，其内涵广博而丰厚，只要我们能将产品、消费者与文化紧密地联系起来，发挥丰富的想象力，就一定会有很好的创意理念和表现形式，广告就会对中华文化有充分的挖掘和运用，这也是弘扬中华文明的重要方式，值得我们不断地追求和探讨，以为中国广告业的发展有所贡献。

思考题：

1. 定位的策略及方法有哪些？
2. 电视广告创意的心理理论有哪些？
3. 电视广告主题的策划方法有哪些？
4. 电视广告创意的原则和方法有哪些？

第八章　电视广告创意的分类

本章重点

- 各类电视广告创意与表现的特色

电视广告的创意理论与实践之间有着很大的区别，对此，为了弥补在教学中实践环节上的欠缺，并能使学生更形象、具体地分析和解读各类电视广告的创意与表现策略，能够提高鉴赏作品的能力，积累今后实践的知识基础，在这章中以不同类型的电视广告为例，来进行更详尽的阐述和探究。

首先，电视广告分类研究是有必要性的。具体表现在：

1. 不同行业其自身特点存在差异

虽然创意有一些普适性的原则，但如果不进行行业区分，创意就会只停留在理论上和观念中，也会抹杀不同行业电视广告的许多特色和意义。

2. 行业的不同特色和属性直接影响广告创意的策略和表现方式

行业不同就会直接影响其广告策略和表现方式。如日用品与工业品就不能是同一种创意理念，在表现方式上，日用品更合适用生活片段式，而工业品则更应用理性或严肃的专家代言式。

3. 行业特色与属性也与消费者直接相关

首先，不同行业的产品所面对的消费者也会有许多差异，如日常生活用品更多的目标受众是家庭主妇，而工业品则是男士，所以广告中的诉求对象就不同，诉求方式和内容自然要有所区分。

其次，在这部分的分析中，采用从具体到一般的分析思路更利于初学者直观、形象、具体地探讨电视广告的特点。首先是从现实存在的各类不同行业代表产品和品牌的电视广告案例说起，在这些案例中，我们对其创意和表现特点进行梳理和归纳，为进一步的深入分析打下基础。

再次，在分析了大量案例的基础上，研究目前不同行业电视广告中存在的问题及原因。在这部分内容中，还借助一些同类行业电视广告中的经典案例进行对比和探究，以期更全面、深刻地认识各行业电视广告不足之处。

最后，结合上述分析的结果，对不同行业电视广告的改进和发展提出参考意见，以培养学生解决问题的思考能力，并力求电视广告水平能不断提升和达到更好的效果。

第一节　家电产品类电视广告创意与表现

家电产品类主要指家用电器，包括大型的家电设备，如电视、音响、空调等，也包括小型的家电产品，如豆浆机、微波炉、电磁炉等，这里以空调为例，选取五个不同的电视广告作为案例材料进行分析和说明。

案例 1

格力空调电视广告·成龙篇

镜头一开始就是身着太极服的著名影星成龙，他用一只大如拖把的毛笔在地上挥舞，用心、用气、用力在地面上书写着，之后四个大字出现："核心科技。"这时画外音："中国人走向世界，不能靠花拳绣腿。只有掌握核心，才能出手制胜。"之后，全景镜头，成龙双手托起白纸黑字的横幅"核心科技"道："格力掌握核心科技，成为世界名牌。"接着出现字幕：2006 年荣获，成为世界名牌。最后，成龙竖起大拇指称赞道："好空调，格力造。"见图 8－1。

图 8—1

简评：这则广告在中央电视台的新闻联播后的黄金时间播出了很长时间。总体上看，广告的色彩、名人的效应、核心的定位都表现出来，而且是一则很有美感的广告片。其不足之处则在于：广告中在中国传统文化的运用上还挖掘不够，广告中有意识将中国功夫（成龙为代表）、书法艺术与广告产品建立一定的关联度，但这种关联度明显很牵强，主要还是靠名人效应来强化广告效应。

案例2

TCL儿童空调电视广告

镜头首先以儿童版字幕出现：“爱是什么？”并渐变成TCL壁挂空调。（字幕：TCL儿童空调）接着画面展开，一间充满温馨气氛的儿童房间里，孩子已经躺在床上睡觉了，妈妈走过来给孩子盖好被子，画外音：“爱是用心呵护。”（字幕：用心呵护）镜头转换，画外音：“爱是由心尊重。”画面呈现出一个三口之家在一起开心地做着游戏。（字幕：由心尊重）镜头接着转换成一对热恋情侣，画外音：“爱是真心表达。”（字幕：真心表达）最后画面上出现TCL儿童空调，空调外观绘有儿童画，空调中有钛金核芯板，画外音及字幕出现：“TCL儿童空调独有专利钛金核芯技术，专属儿童健康的好空调，来自真正用芯的好设计。TCL儿童空调，同样的价格，给孩子一个更个性的选择，更专属的选择，更量身定做的选择。有芯才有爱。TCL儿童空调。”音乐以轻快的儿童乐曲贯穿。见图8-2。

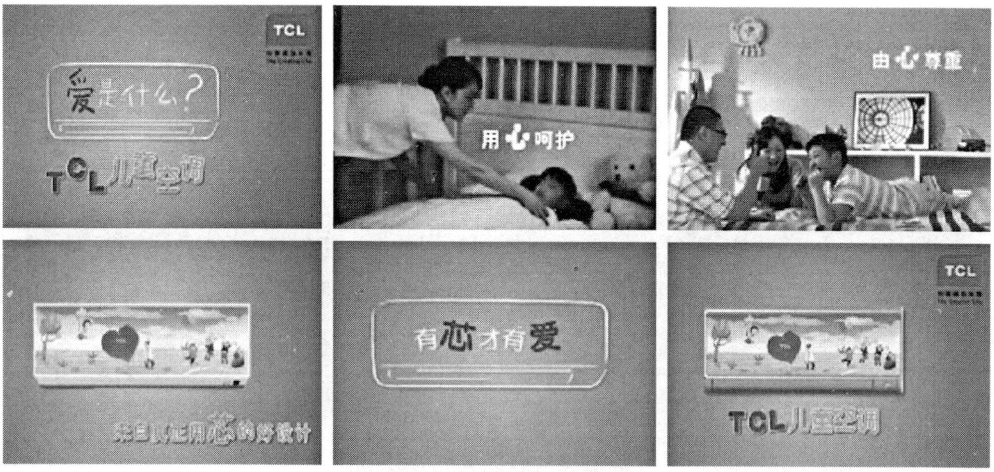

图8—2

简评：这则广告中主要是静态的儿童版画面，借此来表现其产品的儿童版定位特色，总体看来这个定位确实在广告中得以强调，基本上各种广告元素都服从了这一要求。

但奇怪的是第三个镜头画面怎么出现了一对情侣，这明显与广告定位、主题不相符合。

案例3

海信空调电视广告

镜头以一个空调与一位正舞动红丝带跳舞的女性叠化的方式出现，之后一位女性熟睡在一个空调房间中，有不断变化的数字呈现。画面整体色彩是白色，轻快、抒情的音乐同时起，画外音："为你所变，不变的是温馨。"这时，女性起身，打坐在床上，用手一点，画面出现品牌标识，并道："我做事，你节能。"广告语："海信空调。"画面以品牌标识字幕："Hisense"结束。见图8－3。

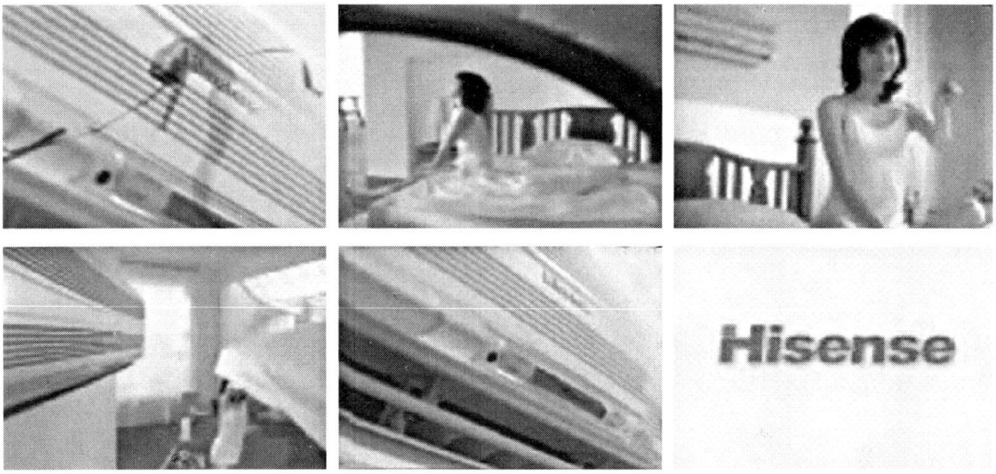

图8—3

简评：这则广告的唯美特色突出，色彩运用完美，画面幻想感强。但广告中对产品的定位不是很突出，可能主要是想表达：产品的自动调温功能，能体现产品的人性关怀。可让人质疑的是那位美女模特在几个画面中，更多是在床上躺着的时间。她刚一坐起来，就说"我做事，你节能。"她明明是什么事还都没开始做呢。再说节能与温度自动调控是不同的两个概念，也是不同的两个定位理念。广告中的处理方式明显不合理，模糊了受众的认识，弱化了广告的效果。

案例4

美的超微感舒适变频空调电视广告

画面以空调远景镜头与人体五官特写镜头相结合构成，一开始是一只耳朵在静听正在工作的空调所发出的声音，字幕："听，22 分贝的宁静。"接着是一只眼睛在凝视，字幕："感，多 20%的水分滋润。"又一只微张的嘴在享受，字幕："享，十赫兹的恒温精控。"画面转换，一个魔幻般的大空间下，有蓝天、白云，一个紫色的空调柜机和一对在沙发上依偎休息的恋人。画外音及字幕："美的'超微感'舒适变频空调。"画面转换为三个并排的、不同颜色的柜机空调，画外音为广告语："买空调，选美的。"见图 8－4。

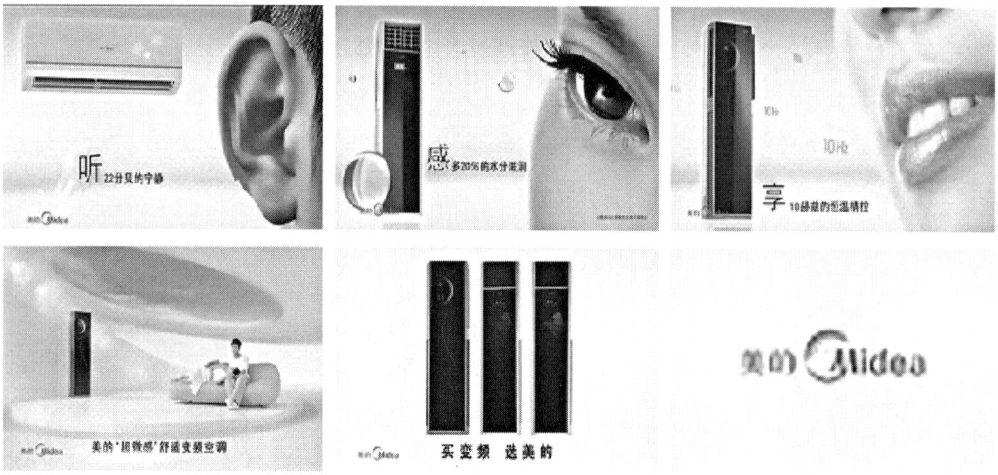

图 8—4

简评：这则广告充分运用了高科技的编辑手法，整体感觉很美，画面感染力和空间感都很强，能够从各个不同的角度体现"超微感"的产品定位。广告顺畅地完成了各种元素对广告创意理念的充分表现。

案例 5

志高空调电视广告

极强节奏感的音乐与画面同时呈现，画面一开始是空调上的品牌标识特写，渐渐整个空调柜机呈现，同时伴有空调上不断变换的温度数字，不时从空调中吹出来的绿叶子。这时出现画外音："节能改变世界，志高三超王空调。"（字幕：能效比、静音、空气净化，刷新世界纪录。）画面不断转换：辽阔的大草原、转动的风车、绿色的山峰和繁华的都市。画外音："跨越节能巅峰，刷新世界能效比。"（字幕：超高能效比 7.4，省电 40%，国家出口免检企业，品质保证，零配件终身免费更换。）画外音："节能惠民领先，节能空调选志高。"这时出现一组空调产品的静态画面。（字幕：国家节能惠民指定产品，一级能效 300 多个产品中标，居行业首位。）最后画面是志高空调标识及字幕：零配件终身免费更换。见图 8－5。

图8—5

简评：这则空调广告对画面美的追求有所体现，但给人的感觉是过于空乏，实质性的内容、感染性的元素明显不足。广告中所强调的"节能"功能表现牵强，这样的电器广告是最常见的，同质化也十分明显。

一、家电行业电视广告的特色

从上述的案例中我们可以看出，以空调为代表的家用电器行业电视广告在创意和表现上有以下几个特点：

1. 以高科技、新材料、新品质为主要诉求点

上述几个广告不管是怎样去表达的，但其诉求中心就是产品品质的特色，即高新技术和材料所造就的卓越品质。

2. 广告所设定的拟态环境多是虚幻、唯美、想象式的

虽然 TCL 儿童空调的画面也选用了一些家族式的温馨场面，但给受众的感觉仍是梦幻的空间。

当然，家用电器电视广告还有一些其他的特色，但以上两点表现得更明显。

二、家电行业电视广告的消费心理和产品定位

家用电器的消费有特定的家庭消费群体，它不同于组织或单位电器消费行为，因此，要对这样的消费者有充分的了解和认知。

1. 家庭消费是核心理念

家用电器行业的消费往往不以某一个单一的个体成员为主，而是要注重家庭不同

成员的消费需要和需求特点。

2. 家庭消费常以节能、方便、美观为主要需要点

家用电器是需要家庭不断的支出费用来维持其正常运转的，所以它的消费不是一次性的，这一点在消费过程中是最被看重的。同时，家庭消费者需要在电器的使用过程中更方便、易行，有问题能得到及时修理。最后，家用电器也是家庭装饰的一部分，它的美观和实用一样重要。

3. 家电产品的定位一般是比较多集中在“节能、美观、实用、便利”等方面

定位是广告创意的前提，一般情况下，家电对自身的定位还是比较明显的，但电视广告中表现得往往还不准确。

三、目前家电行业电视广告存在的问题

基于对消费者的认识，结合目前此类产品的电视广告特点，可以发现这类电视广告中存在着一些问题。

1. 家电的电视广告整体感觉“虚空”

一个幻境般的场景、一群生活在仙境中的人、一连串的高科技词汇、一台至美无比的电器……太多这样的背景和场面，让真实的家庭受众体会不到真实，相反只能感到迷惑和不解。而又有太多的同质产品在做这种“虚空”广告，根本无法让消费者比较和分辨出其真实需要到底是什么。因此，家电广告要注重真实可信，不要过于夸张和偏离生活。家电产品一般是经常使用的，要多用人们比较熟悉的场景，从而带给人们一定的熟悉度和积极刺激。

2. 人物的使用、语言的设计、产品的特色、消费心理及与广告的创意要有一定的关联性

以人物为例，在家电广告中也不乏明星的身影，但他们与产品、消费者及广告创意本身的关联性很弱，或干脆就没什么关系。我们甚至可以将这个广告中的明星换成任何一个明星，广告本身并没有什么不同，这就表明其中存在着问题。也许这个广告在明星身上投放了许多资金，但效果肯定不如想象的那样好。巩俐给美的空调做的广告就是再典型不过的案例，这则广告可能主要是考虑了明星的知名度，但这个对产品的影响力、对消费者的感召力、对市场的推动力到底有多少，很值得商榷。

总之，在众多的家电广告中，这些普遍存在的问题一定要引起广告人的注意。不断克服缺点，勇于探索和创意，积极向优秀广告学习，电视广告才能有更好的发展前景。

第二节 家用轿车类电视广告创意与表现

近年来，随着我国经济水平的发展和人民生活水平的不断提高，家用轿车的拥有量急增，家用轿车的生产和消费成为汽车行业的重要内容，也成为人们消费的重头戏。此类产品的电视广告也在不断增多。

案例 1

通用雪佛兰·乐风防尘版电视广告

画面一开始是一位美女在轿车的后面拍手示意着什么，接着是一位男士在车的前面打开一个车衣，向车身一铺，这时俯拍全景镜头出现，原来在绿荫间的车道上停放着一辆蓝色的小轿车，一对恋人正在给自己的新车穿上车衣。可是他们并不像人们想象的那样很轻松地完成这件事，而是费了很大的力气才把车衣铺好。可正当他们为自己刚才费力的成果感到高兴时，新车穿着的车衣突然发出一种撕裂的声音，他们回头一看，原来车衣正在一点点的开裂，直到最后全部脱落在地上。轻松音乐及画外音起："出色小车，出乎想象。"见图 8－6。

图 8—6

简评：这则广告整体上看克服了一些汽车广告虚夸、空幻的表现方式，它以一个具体的情景细节来表现产品的定位，应该说是一个不错的创意理念。但不足之处是表现元素与创意的关系在细节表现上容易让人产生疑惑。一开始车衣很费力的被套在车上，人们总会联想为车衣太小，车体长，认为可能是要说明车体的特点，到最后也没有突出说明"防尘"的定位特征。画外音："出色小车，出乎想象"中的"小车"又会与前面受众的"车体长"的概念相矛盾，让人疑惑。

案例 2

比亚迪轿车 M6 电视广告

画面从特写比亚迪汽车标识开始，接着是一个与外国人士合作成功的镜头，画外音并字幕："尊贵 M6。"随着车门的关闭，画面中出现轿车行驶在道路上的全景。画外音并字幕："安稳 M6。"接着是对车轮、车尾灯、侧身等特写镜头，从不同的角度反映行驶中的轿车画面。画外音并字幕："尊贵、安稳 M6。"画面中轿车停在绿草地上，全家人欢乐的场景，空中出现字幕：尊贵、安稳 M6。画外音并字幕："比亚迪汽车。"最后画面全红色，字幕及品牌标识："成就梦想，比亚迪。"画外音：比亚迪汽车，高品质好车。见图 8－7。

图 8—7

简评：在家用轿车发展的过程中，比亚迪汽车的问世确实让一些有驾车梦想而又财力一般的人实现了这一梦想，对家用轿车的普及有重要的意义，所以在消费者心里和市场定位中，它明显的具有一个低价、普及、代步工具的性质，是人们"成就梦想"的产品。但在这则广告中，对新产品 M6 的各方面性能进行展示，特别是最后强调：尊贵、高品质，这就明显与众所周知的产品定位不一致，让人感到不解，怀疑其广告在肆意夸大。

案例 3

Veran 北京现代瑞纳轿车电视广告·王力宏篇

画面从王力宏潇洒的 pose 镜头开始，画外音："打动世界是我的梦想。"伴随有他的歌曲《美》，画面是王力宏与一辆红色轿车之间不同角度的镜头转换，以及他开车驾驶时的各种不同角度的镜头表现。最后，画面是他站在轿车旁边的 pose，画外音及字幕："V·我非凡，瑞纳。"见图 8－8。

图 8—8

简评：画面是通过电脑科技手法制作出来的，色彩、名人、音乐都配合得很恰当。但它们与产品定位"非凡"关系牵强，广告对这一定位的挖掘和表现明显欠缺。

案例 4

捷达汽车电视广告·父子篇

镜头从父子两人逛街开始，可爱的小儿子突然看见一辆小汽车玩具而久久不愿离去。当父亲拉着孩子继续向前走时，看见一辆银白色汽车从前方静静地驶来。父亲注视着这辆车，画外音："在你一生中有许多想要的东西，但只有某些东西才是你真正需要的。"画面呈现出轿车不同部位的特写镜头，画外音："新捷达可靠品质，更有 21 项改进，才是你心动的本质。"字幕并画外音："捷达，理性的选择。"画面定格在汽车标识及字幕："汽车价值的典范。"

简评：广告通过一个生活中的情景来表现，画面亲切、有感染力，但产品的定位、广告的主题（理想的选择、汽车价值的典范）都没有得以体现，广告各元素、情节之间没有关联度，让人感到莫名其妙。

案例5

中华骏捷汽车电视广告

画面全部是从不同侧面来展现汽车的外观、内部组件和行驶动态，其画外音是主体内容："静，犹如雄鹰展翅滑翔。动，则似狮豹疾驰捕猎。骏朗外形，敏捷操控。骏捷，保障激情与智慧，将东方的稳重内敛与西方的动感商力融为一体。骏捷，动力超凡出众，品质卓尔不群。源自华晨汽车悉心打造。骏捷，以国际五星级安全标准设计，人性化的保证体系，引领物超所值的生活享受，成就自主品牌，终极轿车梦想。骏捷，品质生活，家轿典范。一路有我，华晨汽车。……"

简评：这则广告画面有一定的唯美特点，但广告画面元素、语言元素都有自说自话的嫌疑，好像广告只是在说这些特点，很虚空，冲击力和感染力都很差。目前汽车广告中同质化广告多是这种。

一、家用轿车电视广告的特色

可以说上述的案例基本上能从不同的方面和角度来展示家用轿车电视广告目前的状况。

1. 广告中多用画面和镜头表现汽车外观、色彩、流线型、行驶时的力度和速度

由于这样的镜头多是依靠摄影和电脑编辑手法制作出来，使画面呈现出唯美性。

2. 多种方式表现汽车的安全性能

由于许多汽车的性能或功效不能很直观地展示出来，广告中常会使用如实验法、故事法、比喻法等手法来说明，这是比较可取的创意手法。

二、家用轿车电视广告的消费心理和产品定位

今天轿车正走进千家万户，走进普通百姓家。而轿车的消费有它特定的心理特色。

1. 以家庭为消费单位

如果说前几年家用轿车还是主要以男士为消费对象的话，近年来则有不少女士也成为司机中的一员。"全家都满意"可能是目前家庭轿车消费的主要心理。

2. 价格是主要的决策因素，但外观和品质也是必要的考量因素

价格适当是影响消费者决策的必然因素。同时，作为一个家庭的消费产品，它与

这个家庭的社会评价往往关系密切。因此，消费者在价格确定的情况下，主要考虑轿车会不会影响社会对自己家庭的评价。

3. 能耗是对消费者有重要意义的影响因素

开车就是在消耗能源，就是增加了一项日常消费开支。特别是目前油市的不断变动，其价格升多降少，人们常说："买得起车，开不起车。"就反映了这个现象，所以对能耗的关注是一个重要的影响决策因素。

4. 家用轿车的产品定位

主要是节能(省油)、美观、10～15 万的价位、安全、多功能等方面，这些也都是消费者需要考虑的元素。

三、目前家用轿车电视广告存在的问题

此类产品的电视广告普遍存在的问题有以下几个方面：

1. 虚空的、同质化广告特点明显

汽车虽然不是太高科技的产品，但一般人也不了解它的结构、原理、构造等情况，往往理念中的认识也是听来的、一知半解的、零散的、模糊的东西。在汽车广告中最好是用具象的、比喻的方式来说明。目前广告中多是虚空的说教，想说的产品优点很多，但又都只停留在表面上，这更造成市场中广告同质化严重的问题，无法达到在消费者心中进行产品区隔的目的。

2. 广告中的名人元素使用只是个符号，最多在名人效应上有一定的意义，对整个产品的广告意义不明显

汽车广告中的名人也不少，但他们与产品定位、广告主题往往相去甚远。如上例中的王力宏和现代瑞纳汽车，如果不是王力宏或不是现代瑞纳车，这个广告照样是个完整意义上的作品。这就表明广告的各种元素与主题创意、产品定位等关联度差。

总之，家用轿车广告中存在的问题还需要在今后的广告发展中得以克服和回避，以求为这个产品的市场促销做出更多的贡献。

第三节　药品、保健品类电视广告创意与表现

药品、保健品市场近年来随着经济的发展十分活跃，但这类产品的电视广告存在的问题也最容易引起人们的关注。下面仅以药品为例进行说明。

案例1

新康泰克感冒药电视广告·鼻塞篇

画面开始一位正在工作室上班的男士因为感冒，鼻子上就好像是戴上了一个小气囊，呼吸极不通畅。这时卡通的小药片来到他身边，说道："打喷嚏、鼻塞、流鼻涕，感冒很少甩不掉。"说着，它用手很有力地拔下男士鼻子上的小气囊，说道："对付感冒，要快！"男士立即呼吸通畅自如。小气囊被狠狠地丢进垃圾桶。特写卡通药片得意的形象，男士也轻松的工作去了。画面出现拟人的卡通药片在屏幕上画了一个12小时的钟表盘，道："更要时时刻刻稳定有效，不给感冒留机会。"画面切换为小卡通人和药品图，字幕并画外音："新康泰克。"见图8－9。

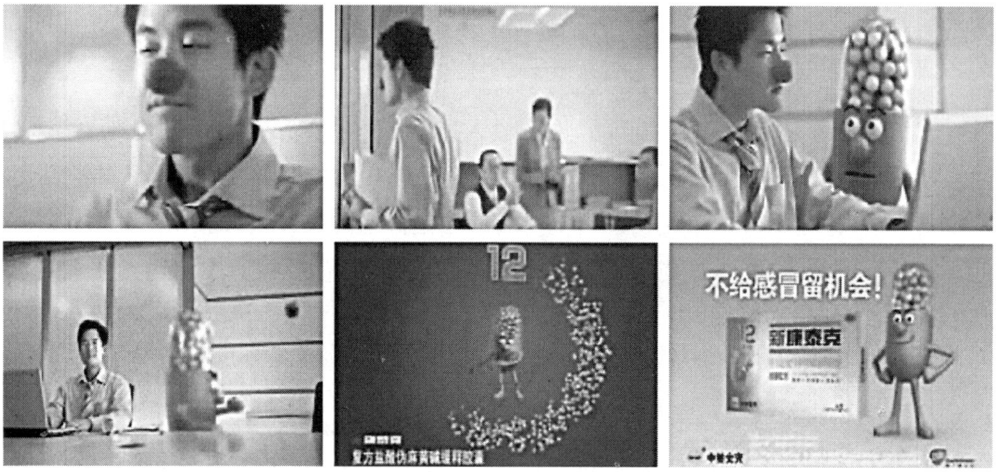

图8—9

简评：卡通的形象、真实的场景让人感到亲切又新奇，广告也是"困难解决式"的诉求模式。作品中对感冒状态下的"困难"描述比较到位，但对产品起效"快"的定位挖掘不够，表现牵强。

案例2

朴雪口服液电视广告·刘嘉玲篇

轻松的音乐里，几个画面从不同的角度在表现明星刘嘉玲坐在家中的阳台上沐浴阳光，悠闲、享受的样子。她说(字幕)："女人嘛，都想越来越年轻，可脸色一差，人就像老了很多。"接着产品出现："试试朴雪口服液呀！"特写明星手中的一支产品："朴雪口服液，富含乳酸亚铁，补血补铁，改善女人贫血，女人气色红润，有精神，看起来当然年轻多了。女人年轻的秘诀。”画面转换到产品标识：“朴雪口服液，哈药六厂生产。”见图8－10。

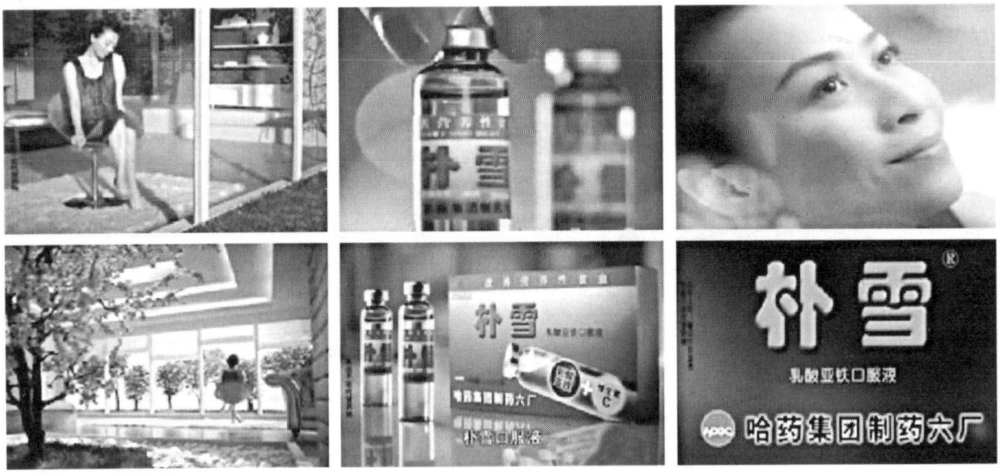

图8—10

简评：这则广告以红色为主色调，色彩明朗，突出广告主题和产品特性。名人刘嘉玲与产品定位有一定的关联度，她的年龄做女人补血药还是合适的，不像周笔畅做的“血乐”广告让人感到疑惑。广告对产品特性的说明和消费者心理的把握也比较准确，是一则较好的广告。

案例3

小快克感冒药电视广告·刘谦篇

画面是以刘谦为主角的舞台表演情景，台下有许多观众。他一出场就用变魔术般的手法展示了产品，并说道（字幕）：“小儿感冒，用小快克牌分隔包装。”然后，用手不断挥动，剪开药品包装道：“这样剪半袋，这样剪一袋。用量更精确，妈咪更安心。”画面转换为妈咪和孩子及卡通人在一起开心的场景。画面又转到刘谦手中的一只大草莓和一袋药品，道：“草莓口味呦。”接着他把药品送给刚才的那位妈妈：“小快克牌，小儿感冒的专业品牌。”画面最后定格在产品标识上，画外音：“小快克和刘谦。妈咪都喜欢。”见图8－11。

简评：名人为药品做代言是一个极普遍的现象。广告利用了刘谦的名人效应，也是为了吸引和突出产品“儿童药”的定位特点。画面是运用了电脑编辑技术，动画与真实人物、场景相结合，给人以深刻印象，也对儿童有一定的吸引力。

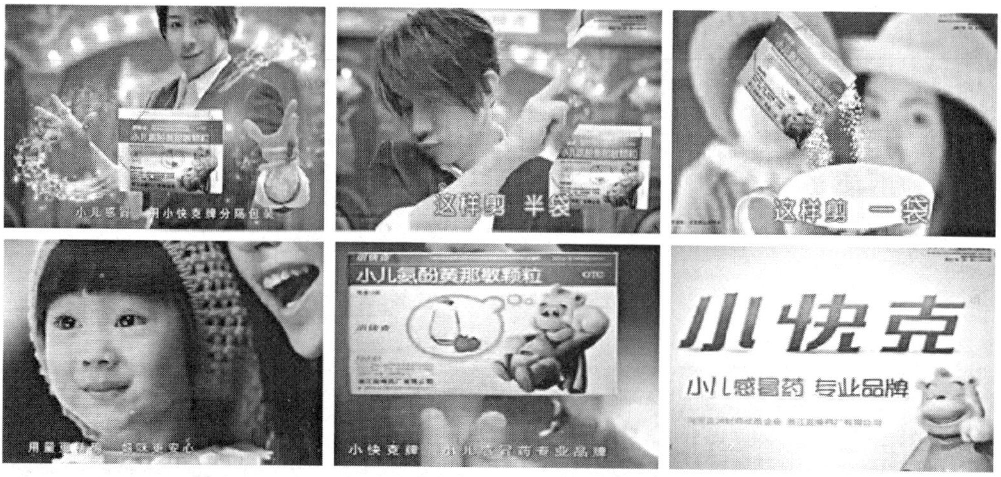

图 8—11

案例 4

开瑞坦电视广告

镜头从一位女士在家中抖她手中的毛毯开始，而随着她的抖动，毛毯上的细菌、尘埃大量散发在空中，这时画面中出现丈夫不断揉鼻子的样子，接着他就不停地打着喷嚏，喷嚏甚至把花盆中花的叶子都震落了。女士马上说："鼻子又过敏了。"她拿出药品道："快吃一粒开瑞坦吧。"画面转换为动漫镜头，一个拟人化的卡通开瑞坦，像一个无所不能的外星人在空中挥动着拳头，对准各种过敏症状的表现：鼻塞、喷嚏、流涕、鼻痒，一拳打过去，所有症状全被消灭。画外音："开瑞坦，快速缓解各种过敏症状。"画面中出现丈夫做深呼吸并舒展身体的样子，见图 8－12。

图 8—12

简评：现实场景与动画情景的结合确实对受众冲击力强一些，这则广告是典型的“困难解决式”，这也是药品广告常用的方式。广告中对“过敏”的原因、表现也很突出，从而强化了药品的意义，是一则不错的广告作品。

案例 5

三九感冒药电视广告·周华健篇

镜头中周华健正在钢琴旁为他的家人演奏他的《爱相随》，可是刚弹奏了一半，他就因要打喷嚏赶紧跑开了。家人都很惊讶。接着，他说道：“感冒可不能分享。”画面转换为一只手正在向一个杯中倒药，旁边是一盒药品，药品颗粒很快在杯子的水中融化。画外音：“有 999 牌感冒灵。”画面再次呈现出水溶的药品，字幕：中药治本，西药治标。这时家人为他端来冲好的药品，孩子亲切地叫着“爸爸”，画外音：“感冒没了，家人近了。”周华健拿着药品说道：“暖暖的，很贴心。”

简评：整个广告比较顺畅，各种元素搭配较合理，家庭的氛围、周华健的名人效应、亲切、动情的音乐共同演绎了一则较完整的广告作品。但广告的主题、产品的定位与广告表现有些地方不够严谨，“中药治本、西药治标”这只是一种习惯说法，它不是科学的论证。懂一些医学知识的人都会明白，中药和西药的作用，不能从治标、治本上严格区分开，而且这一点也不能说明“起效快”到底是什么原因，这则广告明显经不起推敲。

一、药品、保健品电视广告的特色

综观目前众多的药品、保健品电视广告，可以总结出它们的特点：

1. 名人代言类较多

名人代言的药品广告很多，也一直受到社会各界的关注。一方面它有利于迅速提高产品知名度；另一方面，太多的名人代言此类产品广告，会直接使其效应下降。

2. 情感诉求和理性诉求相结合的广告多一些

以专家形象来说服受众，通过讲解病理、分析药性和阐明价值来影响或改变消费者的态度。同时为了增加广告本身的感染力和亲切感，往往在作品中设定情感背景或情节。

3. 问题解决型广告较多

药品、保健品的模式化广告就是“问题解决型”，这样的广告直白、针对性强，能很快突出自身的定位特色和实际价值。

其他同类广告的特色可能会有所不同，这里只是列举一些常见的、突出的特点。

二、消费需求特点和产品的定位

药品、保健品毕竟是入口治病的，消费者对此类商品的消费心理与其他产品会有明显的不同。

1. 消费者强调安全性、有效性

消费者更注重产品的实际效果，最好能立竿见影，这是治病过程中的常见心态。

2. 消费者注重商品的品牌知名度和可信度

关乎生命的健康和发展的商品肯定会引起消费者的高度重视。但通常情况是消费者往往不了解或不太了解病理、药理知识，所以要想保证疗效和质量只能是靠品牌和知名度来建立对商品的可信度。

3. 产品定位一般是比较注重起效快、无副作用、服用方便等方面

药品、保健品都是强调快速的效果，无副作用和服用方便，因此这类商品一般也以此来定位自己的市场。

当然，不同的产品也会有许多其他的消费心理和定位策略，这只是主要的、常见的几个方面。

三、目前药品、保健品电视广告存在的问题

由于经济的发展和人们生活的富裕，更多的人在更多的时间内开始注重身体健康和保健营养这样的问题。因此，人们对药品、保健品的消费更加关注，这类产品也成为电视广告中的一个主要内容。从目前的情况分析，这类电视广告中存在的问题集中在以下几个方面。

1. 名人代言往往受到社会关注，虚假代言事件屡屡发生

大量出现的名人代言药品广告，不仅使产品的区分度降低，而且会让人产生怀疑和反感。如周笔畅血乐广告，明显是产品与代言人没有什么关系，这就增大了明星虚假代言的成分。近年来不断有虚假名人广告出现，已经受到社会的普遍关注。

2. 随意夸大产品效用，特别是保健品

此类产品的效果、作用不仅是消费者最关心的，也是生产者所关注的，更是广告中要着重突出的。但往往由于太渴望对消费者有感染力和震撼力了，广告中不乏夸大其词的虚假宣传，导致消费者对此类广告的可信度产生质疑。

3. 不能找到自身的定位特色，广告同质化严重

此类产品的同质化情况相当严重，产品本身就缺少特色，在广告中就更是互相抄袭，无创意可言。这样的广告实际上就是通过重复，提高知名度。它对消费者区分产品、选择针对自己症状的产品带来很大的困难。

相信今后随着国家对此类广告监管力度的加大，这类广告的发展会更加规范。

第四节　食品类电视广告创意与表现

食品类广告的范围很大，这里以方便面为例。为了更清晰地了解这类广告的情况以及企业的广告战略，专门选择了今麦郎方便面的五个广告进行比较分析。

案例 1

今麦郎弹面电视广告·葛优篇

画面首先出现桶装产品，画外音为葛优道："面越弹越好吃。"镜头转换，葛优手捧一桶方便面，不停地用筷子挑起桶中的面条："面要弹才够意思。"这时画面中葛优手中的面条被拉出很长一段，他惊喜道："诶！弹。"画面中出现众多被拉得很长的方便面。最后葛优说道（字幕）："弹面才好吃！"广告语："今麦郎弹面。"见图 8－13。

图 8—13

简评：整个广告色彩靓丽，画面干净、简洁，表现力强。名人效应突出。产品定位"弹面"在广告中得以强调，给人以深刻印象。

案例 2

今麦郎今野拉面电视广告·大学生运动会篇

广告是典型的 MTV 型，画面与音乐结合较完美。画面首先从飞机场开始，有特写的机身侧影与远处一辆大货车拉着几箱方便面。字幕："今野拉面随团出兵土耳其。"音乐起，画面中产品标识闪过。送行的人们、紧张搬运方便面的职工、飞机上的大学生运动员们相继出现在画面中，接着便是运动员到了异国他乡，与来自各国的运动员拥抱、欢呼。运动场上他们奋力拼搏，用餐时他们都在争先恐后地抢着方便面……画面中还不时出现方便面中大块的烤肉、新鲜的蔬菜，甚至让外国朋友也为这方便面的香美所陶醉，大学生们津津有味地吃着，仿佛享受着什么高级的美食……

广告歌唱道："我们的心腾空而起，像阳光冲出地平线，心与心要交汇，让真情相连。海，会分享满天的蓝，让梦想卷起澎湃的帆，迎风呼啸，爆发全部动力。只要有你，力量永不停息。只要有你，我们成就奇迹。……"广告语："美味无国界。今野拉面，第23 届世界大学生运动会中国代表团专用面。"

简评：这则广告是个典型的失败个案。首先创意就有问题。方便面的最大需要点是方便、快捷，而这个广告把产品定位在"营养、力量"上，这明显是错误的。如果我们的大学生去参加国际比赛，吃的不是高能量、高营养的食品，而是方便面，这是让人很难想象的事情。即使是偶尔吃一两次，也是为了应急，绝不可能把方便面当成是能量的补充源。其次在表现中，明显是虚假的。大学生运动员在进餐时像饿了多少天一样去抢食方便面，这本身既不合乎逻辑，又表现低俗。另外，为了表现方便面的高营养、高能量，还在画面中呈现大块的烤肉、新鲜的蔬菜，这明显就与其他方便面广告一样虚假。最后，广告歌词对产品也有明显的虚夸成分，这些只能让人觉得幼稚、可笑。

案例3

今麦郎上品卤蛋红烧牛肉面电视广告·葛优篇

画面从葛优及面前桌子上摆放着五桶方便面开始，他表情丰富地说："红烧牛肉面老是一个味道，老百姓不满意，产品该升级了。"画面转换为一堆热气腾腾的熟鸡蛋，又一大碗带着一个切开了的熟鸡蛋的方便面，葛优用筷子夹着方便面碗中的卤蛋接着说："上品卤蛋红烧牛肉面，有料就是不一样，高一年级的味道。上品。"见图 8－14。

简评：广告中利用了名人效应，表现顺畅，情理结合密切，有一定的感染力。产品的定位也比较明确："上品，有卤蛋，产品升级。"但方便面因为加了一个卤蛋就变成"上品"，还是有些牵强。只能说是更实惠、更有营养，"上品"可能意义会更宽泛一些，表达上用这个词来突出产品定位，让人觉得有夸大不实的嫌疑。

图 8—14

案例 4

今麦郎秦皇膳坊电视广告·高尚品味元素篇

画面中不断出现交响乐演奏、高尔夫球场挥杆、牧场上飞马驰骋等场景，画外音："高尚，是一种旋律；高尚，是一种品味。"接着画面转换为一碗面条，碗中还有新鲜的蔬菜、大块的炖肉、鲜亮的汤汁，十分诱人。这时绅士般的人物模特在自己的书房中，端着桶装方便面，正在品尝。画外音："我的高尚生活品味，秦皇膳坊。高尚生活元素，今麦郎。"

简评：这则广告的画面较美观，但关键是广告中所诉求的产品定位不正确。它明显把方便面定位为"高尚元素"，这既不符合人们心里的产品概念，也无法表现出真正"高尚"的实质性内容，只是靠几个所谓"高尚生活"的画面和语言上的提示，远远没有说服力，反而让人质疑。

案例 5

今麦郎方便面电视广告·标准篇

首先是一群身穿白大褂的技术工作者在车间工作的画面，其中一位一边在电脑屏上点击着，一边说道："方便面营养新标准：1. 优；2. 富；3. 不加防腐剂。"画面转换为特写的一个麦穗和麦粒，画外音并字幕："1. 优：精选专用优质小麦。"画面又切换至特写的长长的面条，画外音："2. 富：富含维生素 B1、B2、铁。"画面为一大碗面，画外音："3. 不加防腐剂。"此时，画面出现一位美女正在享受般地吃着方便面。最后，画面定格

图 8—15

在产品标识上，画外音：“今麦郎，营养的面、健康的面。”见图 8－15。

简评：这则方便面广告创意和表现上都还顺畅，并已有模版化的感觉。它对受众所形成的刺激和感染力不大，没有太突出的定位特点和市场区隔点，无法形成有力的冲击。如果换成另一个牌子的产品也一样可以这样说，这就表明广告没能将产品个性在市场中凸显出来。

一、食品类电视广告的特色

食品不同于其他商品的最重要一点是它关乎消费者的生命安全，在分析了上述方便面广告案例后，不难看出此类电视广告的特点主要有以下几个方面：

1. 强调产品品质

主要是从原料成分、加工程序、营养价值等方面来强调产品的品质保证。

2. 注重体现产品的附加值

市场同质化严重同样是食品市场的特点，为此，广告企图从商品的附加价值上来强调和凸显自身的优势定位，主要表现在广告中强调消费此类商品就是高级的“身份”、“地位”、“品质”、“档次”等象征，这一点也普遍为商家认可和大量运用。

上述这两个广告特色在食品广告中具体共性的特征，也是常见的广告模式。

二、食品类产品消费者心理和产品定位

从食品类的消费市场中进行分析和研究，此类商品消费者和产品定位有以下几个特点：

1. 消费者注重产品的安全性

这种安全性表现在对食品本身品质的关注上，如食品的原料、成分、生产基地、生产程序等环节。此外，今天消费者对食品生产中的绿色、环保、天然等理念也很注重。

2. 消费者对这类广告的感知性较突出

消费者观看此类广告更强调食品的色彩、美观、气味等感官刺激的内容，这是消费者能够在广告中获得食品安全、高质量、有保障等信息的重要依据。

3. 产品定位多是安全、品质和情感体验上

针对消费者对此类产品的心理需求，产品定位就必然是在这些方面下工夫。当然具体到不同的食品，电视广告也会有不同的表现特点。

三、目前食品类电视广告存在的问题

食品类广告中存在的问题主要有以下几个方面：

1. 为了强调品质、品味、档次等，偏离了产品本质的属性，引起消费者的质疑

上述方便面的广告就存在着这样的问题，方便面本身作为一种快消品、便捷食品，它最大的特点就是方便、简单，能在最短的时间内和最简单的重要条件下完成“充饥”的任务。至于它的营养、品味、高质量等，这些都不可能在这个产品中成为主要的特点，这是由产品本身的定位决定的。但许多方便面广告利用各种表现元素：皇帝、御膳、名车、高尔夫球场等来表现产品的高档定位和消费者的高档身份，或是用充满诱惑的、新鲜惹眼的大块炖肉、蔬菜、鸡蛋等来表明方便面的高营养，这都是偏离了产品定位和消费者心理的，让人难以接受。日本的一则日清方便面广告“饿了吗?”就只是用原始人来表达对充饥的渴望，广告中充满了原生态的气氛和幽默的感染力，很经典，值得好好学习。

2. 夸大其词，让消费者厌烦

上述方便面广告中的一些元素明显被夸大，别说一碗方便面中不可能放那么多的肉、菜，就是一箱能用这么多原料都是很不错的了。而这种明显夸大的广告只会让人厌烦，根本无法让消费者了解产品的个性特色。时间长了，人们对此类广告干脆没了兴趣。

综上，食品类广告要明确自身的特征，要时刻以消费者心理和产品定位为创意前提，肆意的夸大只会最终使自己的产品失去市场。

第五节　公益类电视广告创意与表现

公益类电视广告也是电视广告中重要的一部分，随着社会的不断发展，许多文明、

科学的生活理念需要通过广告传递给广大的受众。因此，对这类电视广告也要有一定的认识和理解。

下面首先来看几则公益类电视广告的案例。

案例1

公益电视广告·"关心别人，快乐自己"

画面以一个小伙子晨练为背景，他在轻松的音乐中，在路边上迎着朝霞慢跑。路上遇到各种需要帮助或危急的情况，他都热情相助：正在打篮球的孩子们差点儿把球打到小车中的婴儿，这时他用头把球快速顶出去；一位男士正在一边打电话，一边开车门时，他腋下的文件差点儿掉出来，他赶忙帮着拿好；一位大爷骑着三轮车拉了满满一车的货物，上坡时很是吃力，车子还差点儿倒回去，他赶紧在后边帮着推了一把；路边一排自行车倒在地上，他也赶紧上前一一扶正；正在打羽毛球的孩子们正在发愁地望着挂在树枝上的球时，他帮她们拿下来……当他看到广场上的垃圾桶外有一个空的可乐罐时，他试图用脚把它送回垃圾桶中，可是那个空罐还是掉了出来，这时一位美女走过来，捡起空罐放入垃圾桶中，并对他微笑示意……广告语："关心别人，快乐自己。"见图8-16。

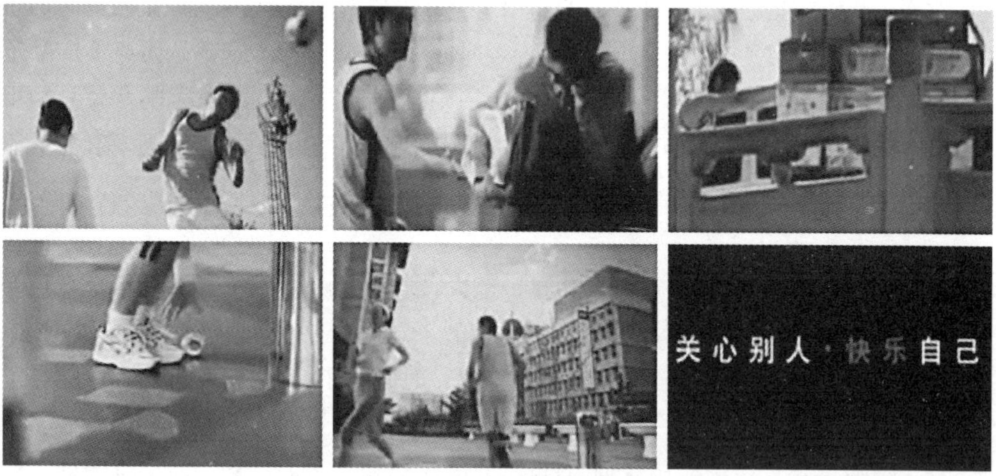

图8—16

简评：这则广告创作于90年代，最近又在中央电视台重新播放。它的典型特点就是在一种轻松的环境中把"关心别人，快乐自己"这种助人为乐、乐于公益的理念传达出来，一改过去严肃的教育模式，让受众以更放松的心情来接受文明的熏染。

案例 2

爱护森林·电视广告

画面以黑白画与镜头交错出现，以讲故事的模式来演绎一个村庄中发生的事情。

先是一幅黑白画，上面写着："从前有座山。"字下面有一个山。

接着黑白的实景镜头，一座山脚下有一个村庄。

一幅有树的画面，上面有字："山上有片树。"

一片森林的实景镜头。

一幅画上面有个村庄，有字道："山下有个村。"

一个村庄的实景镜头。

一幅画中有几个人在树下商议事情，下面是字："村里人要致富。"

实景镜头：一位男性村民，站在一棵大树下正说着什么，树上挂着一个小黑板，上面写着"富？"下面有三个坐着听讲的村民，纷纷站起来说着自己致富的想法。当第三个村民手指森林的方向示意去砍树来致富时，大家都很兴奋。

一幅画中有一棵大树，上面的字："要致富就砍树。"

实景镜头：那个树下的村民立即挥着手中的草帽，示意向森林方向出发。于是，大家拿起各种工具，开始了砍树工作……

一幅画中只剩下两个树墩子。上面的字："树没了。"

实景镜头：村民们累得正在休息，地上堆满了他们砍好的树墩。

一幅画中写着"人富了。"

实景镜头：砍树的村民在自家的院子里拿出躺椅，悠闲地躺在上面喝着茶水。这时另一个村民跑过来着急地比划着并说着什么。

一幅画上写着："山洪来了。"下面是凶猛的山洪图。

实景镜头：刚才的两位村民在院子里像没头的苍蝇一般，胡乱地到处撞，不知所措。

一幅画中只有一串省略号……

实景镜头：山洪冲走了当初他们商议致富时的小黑板，上面写着："富？！"

一幅画出现字幕："完。"

简评：这则广告的表现手法很是独特，它以传统的讲故事模式来传递理念，这本身就使广告表现得轻松、幽默。同时它的画面与实景结合，并利用黑白色调来表现，体现出它的趣味性和可视性。整个广告主题突出，表现紧凑有序，是一则难得的好广告。

案例3

央视公益电视广告·鼓掌篇

整个广告以各种不同场合、不同的人的掌声来表现对美好事物的赞美和对奋斗者的鼓励：运动场上人们的热情掌声、列车服务员们在站台上的掌声、草原上少数民族一起载歌载舞时的掌声……这都是欢迎的掌声；运动场上拉拉队的掌声、家里的宝贝学走路时家长们的掌声、教练给运动员的掌声……这都是鼓励的掌声；还有领奖台下响起的掌声、会议时的掌声等文明的掌声……各种掌声最终汇成一股力量，为2008年北京奥运会加油。画外音："让世界记住我们的掌声。"见图8－17。

图8—17

简评：这则广告以"掌声"为创意元素，运用了平行蒙太奇的手法，把各种不同的掌声表现出来，以此传达"文明奥运"的主题。但其中有的画面元素之间的关系交织不清，对主题的表现有所影响。

案例4

反超速公益广告

画面首先出现的是奥运会上游泳、田径运动员们你追我赶的竞技场面。接着画面一转，一辆轿车在高速公路上急驰，司机不停地加速，车内的仪表盘上已经显示他在超速行驶，但后边的一辆轿车更快，从它旁边飞驰而过……只听到急刹车的声音，画面一片黑暗，只有一串白色的省略号。接着，画面中一个掉下来的轮胎和远远的路上有已经底朝天的轿车。字幕："珍爱生命，拒绝超速。"

简评：这则广告运用了对比蒙太奇的手法，以"超速的相似性"为创意点，用竞技场上与高速路上不同的超速状况来表现主题——汽车超速带来的不是荣誉而是失去生命的悲剧。通过对比的表现手法，形象化地传达了广告信息，竞技场上与高速上的色彩也形成对比，让人触目惊心，印象深刻。

案例 5

反腐倡廉公益电视广告

画面中首先是一个办公室的场景，简单的办公用品，墙上挂着横幅“公明廉威”。接着是一把办公椅，旁边字幕：“副科长。”这时，椅子下面出现三叠人民币；又换了一把椅子，字幕：“科长。”椅子下的人民币明显增多了；又一把更高大的椅子，字幕：“处长。”椅子下的人民币也在增加；再换更高大的椅子，字幕：“局长。”椅子下面的人民币已经像小山一样多了，并直接顶到了椅子上，使椅子摇晃起来……“嘭”的一声，画面中一个闪电后，椅子倒掉了，“公明廉威”的横幅也倒在地上，钱也都摊放在横幅上……字幕：“为财而坐，危若累卵；为民而坐，稳如泰山。”

简评：这则广告运用形象比喻的方式，表达了“为官腐败，必然倒台”的主题，它用不断变化的“椅子”和“人民币”形象地演绎了为官者由“廉”到“腐”的整个过程，简明的比喻，简单的元素、明确的主题都给人们留下深刻印象。

一、公益类电视广告的界定与特点

公益类电视广告是以公益事业为主题的电视广告。遍观所有公益电视广告，可总结出其界定与鲜明的特点：

1. 公益电视广告的主体不是某种商品或某项服务，而是一个事关社会、人类、国家等的观念，因此其目的是非商业性的。

2. 公益电视广告的受众面远远大于商业性广告。

3. 公益电视广告是由政府部门、社会团体、企业等发起和赞助的，而不像商业广告都是由企业法人组织进行。

4. 公益电视广告基本都是免费播出，且受媒体、制作公司的支持而形成阶段性主题潮流。

二、公益类电视广告的主题来源

公益类电视广告的来源主要有以下几个方面：

1. 政府部门、社会团体在倡导的内容。

2. 发生过或正在发生的重大社会事件。

3. 涉及公共秩序、社会道德、人类健康的永恒性主题。

4. 企业个性、企业理念、企业经营发展策略与社会环境相关联的话题。

三、公益类电视广告的特点

总的看来,公益类电视广告的特点还是比较明显的。

1. 单一性

在一则公益广告中一定是只集中说明一个主题,所有的表现元素要为这个主题服务。虽然公益广告的受众非常广泛,但也和商业广告一样要有独特的、鲜明的、单一的主题,如果想说的太多,就会相互干扰而失去效果。

2. 方向性

即指公益主题的方向、导向要非常明确,是倡导文明、环保、爱国等,就一定让受众一看就明白,它不需要隐藏什么,也不要把有争议的问题,或目前还没有定向性说法的话题放在广告中,否则会让人们对广告产生质疑或不置可否。

3. 平易性

公益性话题关乎大众和社会的整体利益,它所面对的是全部的社会成员。因此,一定是以一种平易近人的态势来传递理念,并以其循循善诱、娓娓道来式的讲述来表现主题思想。那种强迫式的广告会给人以压力,容易导致逆反心理产生,反而达不到预期的效果。

4. 感人性

打动人、感染人是公益广告很重要的效果。商业广告可能更多是通过它的实用性来强化效果,但公益广告不需要人们去消费什么,而是在培养人们积极的生活理念、文明的生活习惯、科学的生活方式等,这就意味着要让受众从心理上真正感受到所接受的广告主题有意义和价值,所以这类广告要触动人的心灵,引发人们对生活的思考,从而影响其行为。

综上,各类电视广告从创意到表现都有自身的特色,我们只有充分地分析和认识产品、市场和消费心理的具体情况,才能保证电视广告的效果。同时,注重学习和剖析已有广告作品的创作手法、表现形式和广告策略,才能克服缺陷,推进广告业向前发展。

思考题:

1. 各类电视广告创意与表现的特色有哪些?

2. 选取一类电视广告案例进行分析,总结其创意与表现特色有哪些。

第九章　电视广告的文案写作

本章重点

- 电视广告语言创作的内容和原则
- 不同类型的电视广告的文案写作
- 不同类型的电视广告中广告语言的创作

文案是创意的书面表现方式，电视广告的文案亦是如此，同时它也是电视广告创意与执行的中间环节，是电视广告拍摄的基础和前提。电视广告文案的写作要准确地体现创意的核心内容和表现元素，文案写作的成功是电视广告创意与表现能够最终完成的重要保证。

第一节　电视广告文案的概念、特点和内容

尽管广告的文案都是对广告创意与表现的表达，但由于媒体特点的不同，各种广告文案有着不同的特色。电视广告的文案不同于其他媒体文案，这是源于电视媒体本身的特点，同时也是电视广告创意与表现的要求。

一、电视广告文案的概念

电视广告文案，即电视广告脚本，是电视广告创意的文字表达，是体现广告主题，塑造广告形象，传播信息内容的语言文字说明，也是摄制电视广告的基础和蓝图。文字脚本与画纲是电视广告文案的重要组成部分。

二、电视广告文案的特点

根据电视媒体的特殊性，电视广告文案有以下特点：

(一)体现出视听综合媒体的特点

电视是视听综合媒体，它综合使用动态视觉符号(运动画面)、静态视觉符号(字幕)和多种听觉符号(人声、音乐、音响)。而视觉要素和声音要素相互完美结合是成就优秀电视广告的关键。电视广告的文案要包括这些内容的描述，即它要在创作时考虑到这一特点，要能用语言和文字的形式来体现出形象逼真、如闻其声、如见其形的媒体特色。因此，在进行电视广告的文案写作时，要有画面感，要充分考虑所写的内容是否可以及怎样能够通过电视媒体传达和表现出来，即要能够运用丰富的想象力来创作出生动而形象的文案内容。

动态性也是视听综合媒体的重要特点。写作电视广告的文案时要有动态描述的意识和感觉，这就不同于广播或印刷媒体的广告，要发挥充分的想象力去写作。动态的内容在描述时要清楚、准确、逼真，因为它将是重要的拍摄依据。

(二)注重时间性

电视广告的时间非常有限，而要想在几秒钟的时间内就把重要信息传递出来，特别是要在开始的时间内能把受众的注意力抓住，这是需要在创意和表现中精心设计和规划的，并通过文案表现出来。因此，在写文案时就要有这种时间观念，不能天马行空地随意写作。

(三)强调目的性

电视广告文案写作的目的是为了完成广告拍摄的任务，最终实现广告促销的目的。因此，在写作时，要时刻围绕这个目的进行。重要的信息和特色性的内容要能够体现出来，特别是需要受众记住的内容，一定要简洁、易懂、易记。同时，还要注重在文案中体现品牌意识，以便给受众留下印象。

(四)突出广告主题

广告主题是电视广告文案的中心思想和主线，它贯穿整个文案内容，是所有的元素要为之服务的中心。如大宝洗面奶的广告突出大众化的定位，广告主题则要体现这一定位，表现产品为普通人每天都要使用的产品。因此，在电视广告的文案创作中，所选用的人物模特、所使用的语言、所设置的情节、所选择的背景等，全部都要体现这一主题。

(五)语言的概括性和简明性

由于电视广告的时间很短,并主要是通过画面来传达信息,所以文案写得要有高度的概括性和简明性,即以提示性、说明性的表达方式为主,文字内容不宜过多、过繁。不论是对画面的描述,还是对广告语、画外音、对白的说明,都要有言简意赅、特色突出、画龙点睛之意义。

(六)配合受众休息及娱乐需求,应对其抵触心理

广告应创造轻松、愉悦的氛围,要避免给人以过于严肃、沉重、不合时宜的感觉,从而保证受众能在开放的视听环境中接受广告信息。

总之,在进行电视广告文案创作时,要充分认识和理解它的特色,以求创作出更好的文案内容。

第二节　电视广告文字脚本

脚本是指表演戏剧、拍摄电影等所依据的底本,也可以说是故事的发展大纲,用以确定故事的发展方向,即确定故事到底是在什么地点、什么时间、有哪些角色及角色的对白、动作、情绪的变化等等,这些细化的工作都要在脚本上清楚地确定下来。

一、电视广告文字脚本的概说

电视广告文字脚本的内容,就是广告创作者(编剧)按照广告主的意图,所要传达的商品、服务或企业信息,以及创作者对这些信息的认识、评价或主观意念(观念、主张、希望等),它是主客观的统一,基本要素是素材(信息)和主题。它具体包括:静态画面的内容、动态的内容和听觉的内容,有的也有镜头运动方式、景别等内容。

二、电视广告文案脚本的类别

电视广告的脚本主要可分为以下五种:概念脚本、故事脚本、分镜头脚本、导演执行台本和相片脚本。其中需要学生重点掌握的是前三种,特别是故事脚本和分镜头脚本。它们既是相互联系、相互配合,又是各自独立的。故事脚本是分镜头脚本的基础,分镜头脚本是对故事脚本的分切与再创作。前者是由文案撰写者(编剧)撰写,后者由导演来完成。

(一)电视广告概念脚本

这实际上是在进行电视广告创作之前,首先要写出来的一个重要的、概括性的、文

字性的创作说明。

1. 电视广告概念脚本的含义

即是阐述创意说明、表达创意思路、描述创意表现的一种脚本形式，也就是以它来向导演、拍摄人员、后期制作等人员提供“为什么要这样说”的理论和依据，以期他们能在充分理解和明确创作意图的前提下，进行实际的制作工作，最终使所创作的电视广告能完美地表达创意的原旨。

2. 电视广告概念脚本的内容

这种脚本形式主要包括以下三方面内容：

(1)广告产品的定位说明

即关于产品定位的简明介绍。

(2)广告创意说明

即将创意的思路、核心理念、广告主题思想等描述出来。

(3)广告表现说明

即将广告表现上的方法、特色、关键的环节等描述出来。

案 例

概念脚本——世邦·水岸电视广告文案

世邦·水岸，作为珠海靠海岸线地段的高级楼盘，在创意中充分表现在世邦水岸生活而产生的美好意境。运用舞蹈、绘画、音乐的元素以唯美的手法演绎出岸边生活的悠远境界，展示出一幅似真似幻的境界生活场景。在一幅幅唯美超绝的画面中，展现出楼盘性格，使消费者充分记忆楼盘形象，以最终推动楼盘的实际销售。

(资料来源：何建平编著：《广播电视广告》，中南大学出版社，2009年版，第192页)

(二)电视广告的故事脚本

电视广告的故事脚本，是导演进行再创作的基础和依据。它的写作过程是广告创意形成、完善、体现的过程。

1. 电视广告的故事脚本概念

一说故事脚本即故事画纲、故事板，是将广告文字脚本视觉化的产物，它又称故事脚本和故事画纲，源于英文中的“story board”，它是电视广告文案中的重要内容，也是区别于其他媒体文案的一个特色，这也是指导拍摄和后期制件的重要依据。

2. 电视广告故事脚本的意义

电视广告故事脚本的意义主要有：

(1)它是与广告主沟通的桥梁，能帮助广告主理解创意，使其做出明确的判断和抉择，从而赢得广告主。

(2)它是拍摄的直接依据，有助于拍摄与制作。

(3)它有助于检验广告创意的视觉化效果。

(4)它有助于检验电视广告的摄制效果和创作质量。

3. 电视广告故事脚本的内容

电视广告故事脚本的内容主要有：

(1)客户名称，产品名称。

(2)整条片子的长度，每个镜头的时间长度。

(3)镜头画面及画面内容的文字描述。

(4)与镜头画面相对应的声音的文字描述。

(5)每个镜头的拍摄方式，镜头与镜头的组接方式。

(6)特殊要求或其他应该注意的事项。

(7)最后附一个创意说明。

4. 电视广告故事脚本创作的原则

主要有以下几点：

(1)应该用导演、摄影的眼光来创作

这个脚本是在实际的拍摄过程中，为了帮助导演、摄影师制作而绘制的，所以首先要从他们的眼光来制作。其次，脚本绘制时要对电视媒体的特点有充分的了解，以保证绘图确实有利于在电视上传播。

(2)脚本的画面是对典型瞬间的显示

好的画纲脚本应准确地反映电视广告片的基本内容，具体地说就是每个画纲的内容都应该是它所对应画面中最核心、最需要突出的部分。也可以理解为每幅画面应该是镜头的关键瞬间的记录，而不是随便什么都可以的内容。

(3)要有镜头感、运动感、层次感，要细致、完整

绘制故事画纲不是一般地绘图过程，它需要心中有目的、脑中有镜头、手中有重点，只有这样才能保证它确实起到为广告创意服务的作用。

画面数量一般在 15～20 个，画面的长高比是 4∶3(16∶9)。

(4)要牢牢抓住观众的注意力和兴趣

电视广告一定要强调在瞬间对受众心理的把控，因此，画纲也要注重突出这一特点。

5. 制作故事板的方法

制作故事板常用的方法主要有以下两种：

(1)手绘故事板

即指通过素描的手法来制作的故事板画纲作品。见图 9—1。

鲁花花生油电视广告脚本(学生作品部分)

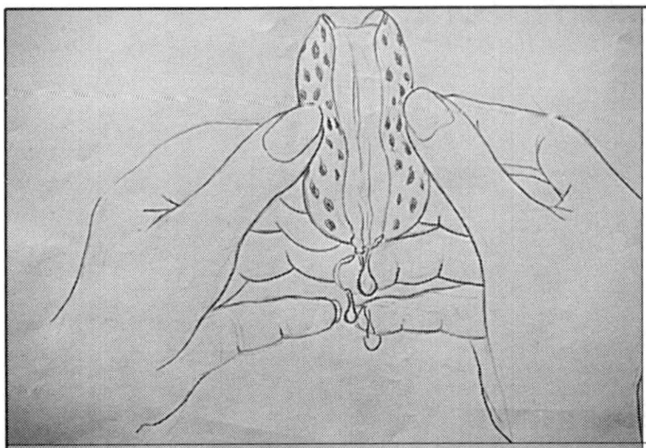	镜头 1: 一双手打开一粒花生,花生中流出金黄色的油滴。(背景淡蓝色) 2 ″
	镜头 2: 一盘排列整齐的红色大虾,上面有一层金色的油光。 画外音:不冒烟。 3 ″
	镜头 3: 一个小女孩边吃边竖起大拇指说:“好吃!” 2 ″
	镜头 4: 品牌标识:莱阳鲁花。 画外音:鲁花压榨花生油 3 ″

图 9—1

(2)照片型故事板

即用照片来制作的故事板画纲。见图9—2。

镜号	画面内容	图　　像	声　　音
1	华灯满天的城市大街上,一位送肯德基的工人。		画外音:1987年我满怀期待来到中国。 (背景音乐起)
2	肯德基来华时的庆祝仪式上,舞狮子的热闹场面。		音效:爆竹声。
3	肯德基店中工人们正在用心制作产品。		画外音:对我来说不只是让你吃得安心。
4	肯德基倡导的健身活动,篮球场上热闹的场面。		画外音:更为健康生活提倡天天运动。 音效:打篮球的声音。
5	新疆的一对夫妇开着摩托车买回来大桶的肯德基。		画外音:24年来,在700多个城市和乡镇……
6	某地的肯德基店。		画外音:已超过3200家餐厅遍布中国……

镜号	画面内容	图　　像	声　　音
7	某地的肯德基店。		（背景音乐）
8	某地的肯德基店。		（同上）
9	一位美女吃肯德基的蛋挞，很享受的样子。		（同上）
10	肯德基的标识。		画外音：我们的未来在中国。肯德基感谢中国！

图 9—2

当然，各种文案都各有优势和作用，要根据需求来制作，以满足不同的要求。

另有一说法认为，故事脚本是指按照文字脚本的时间长度和节奏，把文字描述视觉化。它主要是向客户提案用的。有时是将主要的画面绘制出来，有时是用数字拍摄与电脑合成的形式。它比分镜头更清楚地将创意内容展现出来，更方便了客户的直观感受和准确理解。下面选取了一个电视广告的部分故事板画面以供参考。见图9—3。

珠江啤酒电视广告脚本(部分)

镜号	画面内容	图　　像	声　　音
1	镜头从珠江啤酒瓶身的标识拉开	珠江啤酒	激情澎湃的音乐贯穿始终
2	一个运动场士多店的凉伞下坐着几个穿着板仔衫的 BMX 青年		(同上)
3	一个青年将手里的珠江啤酒端到眼前，从瓶口角度望着不远处的 BMX 同伴，由于视觉错位，不远处的 BMX 青年好像在珠江啤酒的瓶口上做着高难度的平衡动作。动感字幕：创新是挑战自我	 	(同上)

镜号	画面内容	图　像	声　音
4	镜头从金牌珠江啤酒瓶身的标志拉开	珠江啤酒 PEARL RIVER	镜头从金牌珠江啤酒瓶身的标志拉开

图9—3

（资料来源：www.chinaadren.com/html/file/2006—8—29/2006829152140.html）

第三节　不同类型电视广告的文案写作

不同类型的电视广告，它的文案写作是不一样的，也就是需要在写作时根据不同类型电视广告的特点进行考量和斟酌。

一、证言型电视广告的文案写作

证言型电视广告即以企业与消费者中间人的身份来介绍产品，或是以消费者的身份来证明产品的优势。具体来说有名人证言广告与凡人证言广告两种类型。

（一）名人证言型电视广告的写作

名人证言电视广告是指用名人或专家来推荐产品，从心理学的意义上讲是利用名人或专家的光环效应来影响消费者的心理需求。在文案写作上要注重体现名人的优势特色，特别是要把这种特色与产品顺畅地联系在一起。

案　例

"王石·全球通——中国移动通信·我能"电视广告文案及评析

整个广告文案中最精华的内容就是它的画外音（王石独白）："每个人都是一座山。

世上最难攀越的山，其实是自己。往上走，即便一小步，也有新高度。做最好的自己，我能！”

这个广告词真实地传达了王石这位特立独行的传奇式人物的精神境界和人生追求，同时又能与全球通产品不断前进的核心理念相融通。它从切合“商务＋运动”这一营销诉求点的角度来说，选择王石的商业精英形象，并非该广告的最大亮点，更能契合该广告诉求对象心理期待的是王石身上乐观、自信、积极、坚定的“我能”精神和这种精神折射出的人格魅力。

日前，由地产巨头王石作为主角的全球通广告，在各大电视台频繁播出，而最能触动你我的莫过于“做最好的自己，我能”这句广告语。这则印有鲜明“我能”标签的广告，高度契合了全球通所传递的品牌精髓，挥洒了一种坚如磐石、自强自信的品质——人生路上，每向上一小步，都会有新的高度。

众所周知，全球通在移动通信业务上一直走在行业的前沿，而服务理念由“物本”向“人本”的转变虽是全球通品牌打造道路上的一小步，却也使全球通进入了一个新的阶段，它通过“我能”这个以第一人称表达的概念与客户建立起更为紧密的关系，王石的代言更使客户对“我能”精神的解读形成强烈的共鸣。

（资料来源：百度网）

（二）凡人证言型电视广告

即指以普通人的身份来说明产品的效果和优势。其文案中要以平凡的特色来感染和影响消费者。

案　例

大宝电视广告

镜头 1：几位女士在一起聊天。

镜头 2：其中一位女士一边梳头一边问道：“唉！你老公最近脸色不错呀！”

镜头 3：大宝产品。

镜头 4：女士一边搓脸一边对身旁的女友说道：“他呀！天天都用我的 SOD 蜜。”

镜头 5：一位男士正在梳头，旁边的一位男友正伸手去偷拿桌子上放着的 SOD 蜜，被他发现：“嗨！又用我的呀！你的呢？”答：“都让我老爸用啦！”

镜头 6：一位女士正在细细地在脸上搓着。旁边的朋友走过来问道：“嗨！怎么样？”答：“吸收特别快。”

镜头 7：又走过来两位年轻女士，说道：“挺舒服的。”

镜头 8：一位男士拿着一瓶大宝对朋友说：“我跟媳妇说，你也弄瓶贵的。唉！人家就认准大宝了。”

镜头9:大宝产品

镜头10:一群年轻人快乐地说:“大宝天天见!”

镜头11:一位男士手拿大宝说:“大宝呀! 天天见!”

简评:在这个文案中,以平凡人家的消费生活体现产品的定位和特色,其中的表演和所有的语言都是从普通人的身份出发,使广告在平凡中体现它对目标受众的感染力和影响力。

二、解说型电视广告的文案写作

即指以画外音的形式与画面紧密结合,以此来传达广告信息。具体地说,它又可以分为第一人称解说和第三人称解说。不同的解说类型在文案写作上也是有不同的表现方式和特点的。

(一)第一人称解说型

即站在“我”的角度上来说明和证实产品的消费价值和效果的电视广告。其最突出的特色就是以真实、质朴的语言来打动受众的心。因此,这类广告的文案在写作时要注重准确地描述画面、细腻地表述语言,以求达到最佳效果。

案例

南方黑芝麻糊广告文案

镜头1:(遥远的年代)麻石小巷,天色近晚。一对挑担的母女向幽静的陋巷走去。(画外音,叫卖声):“黑芝麻糊哎——”(音乐起)。

镜头2:深宅大院门前,一个小男孩用力拨开粗沉的樘栊,挤出门来,深吸着飘来的香气。(画外音,男声):“小时候,一听见黑芝麻糊的叫卖声,我就再也坐不住了……”。

镜头3:担挑的一头,小姑娘头也不抬地正在瓦钵里研芝麻。另一头,卖芝麻糊的大嫂热情地照顾食客。

镜头4:(叠画)大锅里,浓稠的芝麻糊不断地滚腾。

镜头5:小男孩搓住小手,神情迫不及待。

镜头6:大铜勺被提得老高,往碗里倒着芝麻糊。

镜头7:(叠画)小男孩埋头猛吃,大碗几乎盖住了脸庞。

镜头8:研芝麻的小姑娘投去别致的目光。

镜头9:几名过路食客美美地吃着,大嫂周边蒸腾着浓浓的香气。

镜头10:小男孩大模大样地将碗舔得干干净净(特写)。

镜头11:小姑娘捂嘴讪笑起来。

镜头12:大嫂爱怜地给小男孩添上一勺芝麻糊,悄悄地抹去他脸上的残糊。

镜头13:小男孩默默地抬起头来,目光里似羞涩、似感激、似怀想……

镜头14:(叠画)一阵烟雾过后,字幕(特写):"一股浓香,一缕温暖"。(画外音,男声):"一股浓香,一缕温暖。南方黑芝麻糊"。

镜头15:(叠画)产品标板。

镜头16:推出字幕(特写):南方黑芝麻糊广西南方儿童食品厂。

(资料来源:百度网)

这则广告文案是以第一人称自述的方式来讲述自小时候对南方黑芝麻糊的深厚感情,纯朴而真诚,感人至深。

(二)第三人称解说型

即从"他人"的角度来传达产品信息的电视广告。它的特点在于要以"旁人"的视角来客观、真实地阐述信息内容。其文案在写作时要描述准确、语言清晰,突出这类广告客观性的特点,以求能给受众可信的感觉。

案　例

安泰人寿电视广告

轻松的音乐中,江边的椅子上坐着一些休息和观景的人们,这时一个中年男士正拿着一张报纸和一位老人坐在一起。他抬眼看看老人,慢慢向老人靠近,一会儿便拿出针线,亲自给这位老人缝身上要掉下来的扣子。画外音:"他这么和善让人感到奇怪吗? 他为什么要对陌生人这么和善呢? ING人寿保险。"

这则广告以比喻的方式表达了安泰保险公司对所有客户都会友善相待的服务精神。广告一开始的几个镜头画面可能会让人感觉不知所以,制造了一种悬念。但它最后出现的画外音,即是第三人称解说词,让人们恍然大悟,也点明了主题。

还有一种比较常见的解说型广告,是专门为特技广告做解说的。汽车、家电、化妆品等产品广告有时会用到这种形式。

案例

(澳大利亚)一个牛奶品牌的电视广告

一群牛走进了一个健身房,它们在跑步机、旋转训练机、垂直蹬脚机等各种健身器上锻炼身体,去洗桑拿浴,还到户外去比赛跑步、游泳……广告语:“牛奶的原汁原味,比同类产品少70%的脂肪。REY低脂牛奶。”

这则广告运用了特技的手法制作,奶牛被拟人化处理,并运用第三人称解说点明了广告文题。

三、示范型电视广告文案的写作

即利用电视媒体来形象地展示示范产品实用效果的具体情况,这种广告的文案在写作上要重点体现示范的过程和效果。

案例

飞利浦电熨斗电视广告

一只电熨斗在工作,它所到之处都会发出“哧啦”的熨烫声,从衣服的袖口、领子、衣袋到每个纽扣处都能熨得很平整。画外音:“领口、衣袋、纽扣襟,新前端‘新型’设计,体贴衣物每处细节。”这时,熨衣服的妈妈拿起刚熨好的小衣服给正在玩玩具的孩子,并说:“好啦。”孩子接过衣服给她手中的玩具小熊穿上,原来是妈妈熨的是玩具小熊的衣服。画外音:“全新飞利浦雅智电熨斗,尖端蒸汽,强力可见。”见图9-4。

图9—4

这则广告全部的过程都是在展示产品工作的情景，细致地表现出产品示范效果及强力优势，广告最后才展现所熨衣服是个极小的玩具衣服，让人们更能感受到产品的独特优势，从而也给人以深刻印象。

四、世俗故事型电视广告的文案写作

即将产品的使用和效果等信息放在生活的场景中表现，从而达到既亲切又可信的效果。这种类型的广告文案就要突出生活的真实感和朴实感。

案 例

恒生保险电视广告

一个父亲带着自己的儿子去理发，但是孩子就是不理，还躲到理发店的椅子下面不出来，父亲使出各种招数——翻弄小人书、学狗叫、学小动物、学打枪等来哄他，但他就是不合作。这时父亲开始吓唬他，做出要打他的手势，孩子哭了起来……画面出现字幕："做到的，一定为你做。"画面转换，小男孩头发已经理好了，而且很开心的样子。旁边的父亲也理了和他一样的发型，很是搞笑的样子。字幕："恒生在乎你，恒生银行。"

这则广告以一个生活中的情景来比喻恒生银行的服务理念——"做到的，一定为你做"，让受众通过一个朴素而真实的生活场景，去深切感受企业对这一理念的诠释，从而更具体地对企业有深刻的印象。

1. 传奇故事型电视广告的写作

就是用传奇式的故事来表现广告信息。这种广告文案要突出传奇点，以感染受众。

案 例

(英国)壳牌润滑油电视广告

一个漆黑的夜晚，天空中下着雨，郊外荒芜人迹的公路上，一辆轿车在急驶。车内有一家三口人，丈夫在开车，旁边和车后座上有已经熟睡的妻子和孩子，不时有各种可怕的动物在车子周围出现，十分恐惧。画外音："很多人夜行时都会遇到无数危险……"正当车行驶时，忽然前方出现一辆大卡车，眼看一场车祸就要发生，轿车和大卡车急刹车都停住了。车内的妻子和孩子也惊醒了。画外音及字幕："壳牌让您及全家免除危险。”

简评：这则广告讲述了一个发生在充满黑暗、恐惧和危险的雨夜中，惊心动魄的传奇故事，同时将产品的优质性能置入其中，画面给人极强的视觉冲击效果，情节则使产品能让受众顺利接受。

2. 噱头故事型电视广告的文案写作

噱头指滑稽的表演或鬼点子，在这里就是利用受众的好奇心，以带有神秘色彩的故事来传达广告信息，从而影响受众的心理。这种广告文案的写作要突出噱头点，强化制造悬念的效果。

案 例

西门子冰箱电视广告·鱼的新鲜旅程篇

大海中，一只大渔船正在作业，许多工人们在用力地拉网。海中好多的鱼都在网中难以逃脱，这时一只大红鱼咬开了渔网，冲出了海面，工人们很是惊讶。只见这只鱼像是长了翅膀一样从城市的上空飞过，引来无数路人惊奇的目光……最后，大红鱼钻进了一台冰箱里。画外音并字幕：“真空科技，捕获新鲜。西门子真空0度保鲜冰箱。”见图9－5。

图9—5

这则广告通过一只大鱼的旅行制造了一个悬念，人们很是惊讶这只鱼是要干什么？它怎么会飞出水面？它要到哪里去呢？这一系列的疑惑带着人们看到广告的最后，原来是西门子冰箱的保鲜功能，让人们会觉得冰箱里的鱼就像飞行的大红鱼一样新鲜，不会在捕捞、保藏的过程中失去新鲜，它能让鱼像自己刚从海里出来的一样新鲜。这种带有悬念的创意和比喻式的表现让人耳目一新。

五、场面型电视广告的文案写作

场面是指叙事性文学作品或戏剧、影视作品中，人物之间在一定的时间和环境中互相发生关系而构成的生活情景。它是构成影视作品的重要元素。一般它是作为一种背景、氛围、情景的意义而存在，并与其他元素相配合来表现作品的思想。如果在电视广告作品中，这一元素的作用被放大成为唯一的、重要的元素，这就是场面型广告。一般在形象广告中中远景镜头多些。

案　例

可乐经典电视广告

画面中平静的一个小城市，忽然有好多人从四面八方涌出，好像发生了什么事一样向一个方向跑去，还隐约可以听见空中传来大喇叭在喊着什么。画面转到一处广场，这里聚集了许多人，有人在吹哨子指挥着，人们有的忙着往地上倒白灰、有的忙着换衣服、有的拿着大瓶的可乐跑来跑去……渐渐地，地面上出现一个白灰画出的可乐瓶子和一只大杯子，一部分穿深红色衣服的人们站在可乐瓶子里，然后向那个大口的杯子方向跑去，而从广场的上方看去，就像是一个被打开的可乐正向杯子中倒入液体。这时，又有许多人拉开一面大旗在舞动，原来旗上是可乐的品牌标识图。广场上人群喝着可乐，欢呼雀跃，……最后，画面为那个广场上的可乐瓶中的液体全部倒入了杯中。

这则广告以人群在广场中的拼图活动的大型场面为主线，展示出受众对产品的喜爱，对企业活动的积极参与。所选用的镜头多是远景和中景，拍摄手法以俯拍为主，让人们感觉到作品的场面宏大、气势磅礴。

六、MTV 型电视广告的文案写作

即音乐电视，是指用最好的歌曲配以最精美的画面，使原本只是听觉艺术的歌曲，变为视觉和听觉结合的一种崭新的艺术样式。如果在广告中以这种形式来表现，就是 MTV 型广告。在文案写作时即要注重音乐的魅力，又要强调画面与音乐的结合及其冲击力。一般企业的形象宣传广告采用此种形式多一些，也有一些是专门为产品做的。

案 例

上海力波啤酒电视广告·我爱上海

镜头1:男主角走在大街上,用手机拍下街景。

镜头2:看着一杯啤酒。

镜头3:啤酒的泡沫中渐显出上海外滩的景象。

镜头4:一位女士牵着狗在大街上走。

镜头5:举起啤酒干杯。

镜头6:机场候机室内许多人拉着行李急匆匆走过。

镜头7:三杯啤酒及天空上飞过的飞机。

镜头8:高楼大厦的城市。

镜头9:男主角站在大街上看着有关房产的书,身边的公共汽车上写着"看房车。"

镜头10:许多人在球场看球。

镜头11:球场上正在比赛网球。

镜头12:举起啤酒杯。

镜头13:男主角骑着自行车在街头驻足看墙上的海报。

镜头14:海报上有关驾照考试的信息。

镜头15:啤酒托盘中、啤酒瓶上出现动车飞驰的形象。

镜头16:大街上一辆超大婚车开来。

镜头17:许多对新人走下车,携手前行。

镜头28:一对新人亲吻。

镜头19:啤酒瓶、环形建筑、几个年轻人一起托着篮球……

镜头20:大家共同举起啤酒干杯。

歌词:每天在黄浦江畔,外滩的外面是海,所有的精彩是因为我碰上很好的年代。哪里都想去就去,机会它说来就来。大腕儿再怎么厉害,也要来上海比赛。早晚我会有车,跑得跟世界一样快。多少条马路,多少种海派,世界其实很小,上海倒是个很大的舞台。这里有力波啤酒,有我更好的将来。

这则广告是力波啤酒系列广告中的一个,它用很真实的场景、很平实的真心话语道出了人们热爱上海,愿意在这里打拼的心情,以歌词和镜头画面的顺畅结合表达了对这座城市的真切感受,朴实无华的语言、简明直白的镜头予人以心灵上的沟通,亲切可信。

七、动画型电视广告文案写作

动画的英文有:animation、cartoon、animated cartoon、cameracature。其中,比较

正式的"animation"一词源自于拉丁文字根的anima，意思为灵魂；动词animate是赋予生命，引申为使某物活起来的意思。所以animation可以解释为经由创作者的安排，使原本不具生命的东西像获得生命一般的活动。广义而言，把一些原先不活动的东西，经过影片的制作与放映，变成活动的影像，即为动画。"动画"的中文叫法应该说是源自日本。第二次世界大战前后，日本称以线条描绘的漫画作品为"动画"。

动画是通过把人、物的表情、动作、变化等分段画成许多画幅，再用摄影机连续拍摄成一系列画面，给视觉造成连续变化的图画。早期，中国将动画称为美术片。现在，国际统称为动画片。

动画是一门幻想艺术，更容易直观表现和抒发人们的感情，可以把现实不可能看到的转为现实，从而扩展人类的想象力和创造力。

案 例

De Lijn电视广告·蚂蚁篇

在一只蚂蚁的指挥下，一大群蚂蚁排成一行正在辛苦地往洞穴中搬运各种食物，这时，最后一只小点的蚂蚁忽然像是被什么吸住了，企图艰难地向前走，但就是走不动。原来后面有一只庞大的食蚁兽正用力地吸这只蚂蚁。指挥的蚂蚁看见后，立即发出命令，召唤前面正在工作的蚂蚁们来帮忙。蚂蚁大队迅速赶来并组成一个大圆球，直接冲向食蚁兽的鼻孔，一下子就把它的鼻孔堵住，很快大食蚁兽被憋死了。广告语：集体出行，更明智的选择！

De Lijn是比利时一家提供公共交通服务的公司。为了提倡人们多乘坐公交车，将"人多力量大，人多更安全"作为自己提出的广告理念，并制作了一系列的动画广告片，非常形象地表达了这一思想。

当然，每类不同的广告都要在它的文案中有所体现，要突出不同类型广告的特色，以求达到广告效果。

第四节 电视广告语言的创作

创意和编写电视广告语言是电视广告创作中不可或缺的重要构成要素。电视广告语言包括广告口号(广告语)、人物对白、独白、歌词、画外音和字幕等形式和内容。当然也并不是所有的形式和内容在每个广告中都有所体现，它们的写作也各有特点和原则。

一、电视广告口号(广告语)的写作

电视广告口号即广告语,是广告文案写作中的重要内容之一,它是应用于一系列广告中的一个强有力的短句或片语,目的是对企业或产品特点进一步提炼,使其高度浓缩、朗朗上口,使用在不同的媒体广告或系列广告的不同版本中,是一股强大的传播力量。

(一)电视广告口号的概念

电视广告口号是一种较长时期内反复使用的特定的商业用语。

(二)电视广告口号的作用

电视广告口号在整个广告中的作用是很突出的,它的作用就是以最简短的文字把企业或商品的特性及优点表达出来,给人浓缩的广告信息。概括地说有以下几点:

1. 电视广告口号传达了产品品牌的特色

电视广告口号表述产品品牌的价值和品牌的性格,好的口号提升品牌利益点。如耐克最经典的一句:"Just do it."表达品牌的价值追求;海尔的口号:"真诚到永远!"表达的是真诚与消费者沟通;中国移动的"动感地带'我的地盘我做主'",则强调产品可以使消费者有自由掌控、自由运用的空间等。这些都对品牌的内涵和价值进行了更形象化的描述,赋予产品以特色意义,从而提升了消费的品质。

2. 电视广告口号展示企业的形象风格

企业的文化理念、价值观念和行为准则都可以通过广告口号来传播。如飞利浦电子有一个表达企业能做好的姿态:"让我们做得更好!"以此作为企业沟通的态度、信念核心的支持点和产品价值的体现。又如爱多 VCD 的:"我们一直在努力!"表达了企业不断前进,永不止步的信念。李宁服饰的:"一切皆有可能"和阿迪达斯的:"没有不可能!"都体现出企业的自信,并彰显出世界体育运动者们的奋斗精神。

3. 广告口号给消费者有力而充分的消费理由

广告口号会时刻提醒消费者喜欢这个品牌的理由。如戴比尔斯:"A diamond is forever——钻石是永恒的。"(在中国的经典口号:钻石恒久远,一颗永留传。)这个口号极富感染性,使一颗小钻石的价值得以升华到爱情永恒。如今钻石珍贵无价,它深远的含义超越了它自身的价值。再如上海大众帕萨特的口号"成就明天",让人联想到具有远大追求的成功人士权威而专业的特性。早年的威力洗衣机:"献给母亲的爱!"则将亲情赋予产品上,让消费更有爱的体验。

4. 突出广告的核心信息

广告口号本身就是广告中的核心信息,如企业精神、产品定位、消费意义等内容,因此在创作这些内容时，必须以此内容为核心，如“不求天长地久，只愿一生拥有”、“以产业报国，以振兴民族工业为己任”、“以科技为本”等，广告要围绕这些核心信息进行创意和表现。

5. 强化主题，画龙点睛

在整个电视广告的情节中，它有强化主题，画龙点睛的作用，是对整个广告的最终总结和提升，也有对受众的提醒作用。如诺基亚“科技以人为本”、爱多 VCD“我们一直在努力”、乐百氏“27 层净化”等。

6. 营造气氛，渲染情感

广告口号往往是整个电视广告中核心的内容，因此它与画面、人物等元素配合，对整个广告中的气氛和情调都有积极影响和核心作用，如康师傅冰红茶“冰力无限”、美的“爱她，就给她新鲜的”、南方黑芝麻糊“一股浓香，一缕温暖”等。

广告口号的作用很多，在广告文案创作中要认真考虑这些内容，以便使广告语更有意义。

二、电视广告口号创作原则

电视广告口号的创作要遵循以下几条原则：

1. 简短易记 口语风格

即要精炼、简明、易记、易传等。依据心理学的原理，设计广告语时一般字数以 7 个单位左右的字词为最好。

2. 突出特点 富有个性

即要产品或企业最具特色的、最精华的表现字词。如“只溶在口，不溶在手”、“味道好极了”、森玛服饰“穿什么，是什么”等，都体现出产品的个性。

3. 阐明利益 激发兴趣

即“KISS 原则”——Keep It Sweet and Simple，它从内容到形式上对优秀广告口号提供了创作标准，它要求广告口号甜美、简洁。甜美就是广告口号要让消费者感觉到一种纯净、永恒的美好意境，能够产生一种美好的联想。

4. 情感亲和 感人肺腑

广告口号要贴近生活，以真情实感来打动人。即广告口号最好用最好懂的语言、最容易理解的内容、最能打动人的意义来创作，它既是大众化的、生活化的语言，又要别具特色。如碧桂园：“给你一个五星级的家”，丰田汽车：“车到山前必有路，有路必有丰田车”，三星集团：“三星技术，为生命服务”等。

5. 号召力强 促发行动

广告口号要有能提示购买，启发行动的意义，即能用刺激性的语气来鼓动受众产生购买欲望和行为，这也是对广告目的的最终突显。如："送礼就送脑白金"、"只要可口可乐"、"登月之前，请来瑞士一游"等。

6. 适应媒体 长期使用

广告语的创作要有战略性的眼光，要使之后能形成一系列的广告创意思路和主题，即要有前瞻性、指导性的价值和意义。如耐克的"Just do it"就有不同时代、不同国家、不同内容的各种电视广告，但都能体现这一主题。百事可乐的"渴望无限"也是如此，它在不同时期都会运用名人做一系列的广告来宣传这个主题思想。

当然，这些创作原则都是需要在实践中灵活运用的，只有切合实际的创作才会有最大效益。

案例1

优秀广告口号集锦

晶晶亮，透心凉——雪碧汽水广告

头屑去无踪，秀发更出众——美国宝洁公司飘柔洗发液广告

输入千言万语，打出一片真情——四通打字机广告

一股浓香，一缕温暖——南方黑芝麻糊广告

三星技术，为生命服务——韩国三星集团企业形象广告

贝尔南部电话公司，您的最佳伙伴——贝尔南部电话公司企业形象广告

百万的企业，毫厘的利润——奥尔巴克百货公司企业形象广告

登月之前，请来瑞士一游——瑞士旅游广告

一卡傍身，世界通行——美国运通信用卡广告

四海一家的解决之道——国际商用机器公司(IBM)网络服务广告

金利来，男人的世界——金利来领带

一天一个，健康快乐——西德苹果广告

一口清凉一口爽——泰奇饮品广告

当太阳升起的时候，我们的爱天长地久——太阳神口服液广告

新事业从头做起，旧现象一手推平——某理发店广告

让母亲重温年轻的梦——伊桑化妆品广告

一笔勾销——攀特牌涂改笔广告

"酱"出名门，传统好滋味——某酱菜广告

海里游的，这儿都有——新加坡海鲜餐馆广告

与"狼"共舞——狼牌运动鞋广告

除了钞票,承印一切——法国一印刷厂广告

我说我的眼里只有你——娃哈哈纯净水广告

维维豆奶,欢乐开怀——维维豆奶广告

车到山前必有路,有路必有丰田车——丰田汽车广告

牙好,胃口就好——蓝天六必治牙膏广告

人头马一开,好事自然来——人头马 XO 广告

案例 2

中外银行广告语比较文/高丽华

中国工商银行—您身边的银行,可信赖的银行

中国农业银行—大行德广,伴你成长

中国银行—选择中国银行,实现心中理想

中国建设银行—善建者行

光大银行—超越需求,步步为赢

招商银行—因您而变

北京银行—北京人心中的银行

纽约城市银行—“城市”永远不会沉睡

美国联合储蓄银行—除了你自己以外,你可以在这里储存一切

美国国家银行—这里绝对安全,不存在任何假如

美国储蓄银行—世界上最好的书:你自己的存折

英国标准渣打银行—历史悠久的,安全可靠的英资银行

英国巴克雷银行—假如没有巴克雷,您恐怕要迷路

上述为中国和外国十几家银行的广告语。俗话说,不怕不识货,就怕货比货。一比便知哪则广告语更有文化内涵、更有创意。

广告语,是企业精神理念的提炼和品牌核心价值的体现,优秀的广告语能够准确传达银行的服务宗旨,对银行价值理念进行持续的宣传,从而加深顾客对银行及其服务的整体印象。随着银行业竞争日趋激烈,各家银行更加重视广告语的创作与表达。那么,优秀的银行广告语应该具备哪些特征?中外银行的广告语又有哪些差异呢?

主题明确,体现银行核心价值

广告语是品牌核心特性的高度概括,是品牌标志性符号的一部分。银行广告语应做到主题清晰、信息集中,使顾客明确了解银行的品牌概念。但是,有些银行广告语追求空洞的形式,将主题“置之度外”。

中国银行广告语“选择中国银行，实现心中理想”，就属于无主题式广告语，给人以盲目拔高的感觉。顾客需求千差万别，中国银行何以了解每位顾客心中的理想？即使了解，单凭中国银行的产品和服务，又怎能承载如此广泛的顾客的“心中理想”？中国银行的这句广告语显然对顾客做出了不负责任的承诺。

广告语如果没有明确的主题做支撑，难免给人以夸夸其谈、空洞乏味之感，体现不出银行的品牌核心价值，也很难让顾客形成深刻的记忆。国内银行应找到自身正确的战略定位，体现银行的核心价值，制定符合银行服务理念、主题明确的广告语，以在银行顾客心中确立核心竞争优势，而不是打出一些空洞的广告语，为顾客许下不能兑现的虚假承诺，令顾客感到茫然和失望。国外有些银行在这方面做得就比较专业。例如，纽约城市银行（花旗银行）的广告语——“城市永远不会沉睡（The city never-sleeps）”。纽约城市银行斥巨资建立了一套完善的基础设施和高效稳定的应用系统，确保每一个客户打电话到呼叫中心，任何时刻都会有人接听，真正做到了“城市银行永远不会沉睡”，广告语巧妙地嵌入了品牌名称，主题明确，恰如其分地表达了花旗银行的核心优势，从而加深了消费者对品牌名称和服务优势的记忆。

美国泽西联合银行在市场宣传中，打出了“银行不应让人久等”、“珍惜你的时间——如你的金钱”等主题极为明确的银行广告语。泽西联合银行为了与大银行进行竞争，确定了凸显自身核心优势的战略定位——办理业务快速，这与大银行反应缓慢、手续繁多的服务形成了鲜明的对比。广告语突出了泽西银行战略定位的优势主题，也切实从顾客的角度出发，表达出了顾客的心声和愿望，使得银行广告语深入顾客的内心。英国老牌银行标准渣打银行广告语“历史悠久的，安全可靠的英资银行”，突出了英国标准渣打银行的历史悠久，给顾客完全信任的感觉，是顾客值得依赖的老牌银行。

银行的广告语应主题鲜明、重点突出，将银行的核心优势直接展现给顾客，从而赢得顾客的青睐。再如，作为中国首批股份制商业银行之一的兴业银行，其广告语“服务源自真诚”主题明确，充分突出了银行自身的优势——真诚，展现出其真诚为大众服务的形象，同瑞士银行的广告语有异曲同工之妙。

在商言文，包涵浓郁的文化底蕴

伴随着我国人民的知识水平和文化素质普遍提升，银行在品牌建设方面也应契合这一普遍趋势，用文化武装银行广告语，使银行的广告语具有文化底蕴，将银行的品牌文化建设提升到一个新的阶段。

中国建设银行的广告语——“善建者行，善者建行”，将中国传统文化与银行的现代经营理念结合得恰到好处。广告语取自老子《道德经》的内容“善建者不拔，善抱者不脱”。这条“以善为先，以经营为本”的广告语，具有深刻的传统文化底蕴，弘扬了中国传统文化的精髓，为建设银行的宏伟建设蓝图注释出了全新的经纬脉络。采用简单的文言文句式，具有一语双关的作用："善建者行"令顾客联想到建设银行的名称："行"字既可以看作银行的"行"字，又可以读作很行的"行"(xing)。"善建者行"还能让顾客产生多重联想："善建房者行"、"善建修养者行"等，广告语的文化内涵得到深化。后半句"善者建行"巧妙地将银行定位为"善者"，与前半句广告语文字相同，排列不同，亦展现了中国建设银行的大品牌形象。

国外银行的广告语中，包含文化底蕴的广告语也时常可见。新加坡大华银行广告语"大华誉海外，谨记陶朱训；华夏开分行，未忘轩辕志"，广告语虽长，却包含了浓郁的中国传统文化气息，容易激发海外华人的文化认同感。荷兰银行的广告语——梵高的首选银行。梵高是享誉世界的绘画艺术家，在出生地荷兰更是家喻户晓，与荷兰的郁金香、风车齐名，更是荷兰绘画艺术的代表性人物，是荷兰人民引以为豪、备受尊崇的艺术家。"梵高的首选银行"既包含了文化的成分，让银行的形象具有浓烈的文化艺术气息，提升了银行的品牌形象和银行在顾客心中的文化档次；又不乏诙谐幽默感：梵高理财都会首选荷兰银行。

世界银行业实力最新排名全球第一的中国工商银行，其广告语"中国工商银行——您身边的银行，可信赖的银行"，前半句"您身边的银行"使顾客感觉到了亲切感，容易给顾客形成良好的印象，但是"可信赖的银行"似乎有些牵强附会。我国大部分银行都属于国有银行，通常情况下不会发生倒闭现象，因此我国大部分银行都属于可信赖的银行，工商银行再把这一点作为广告语中突出的要点，显然优势不够突出，属于泛泛而谈。总体而言，这则广告语内涵比较空洞，仍然没有突出作为中国乃至全球规模最大的商业银行所应具有的企业文化内涵。尤其是此前其广告语"中国工商银行——八十年叶茂根深，造福于国计民生"，令顾客感觉广告语还停留在喊口号的低层次，既没有显示工商银行作为一个大企业的企业文化内涵，也没有突出银行的经营理念和服务宗旨，是银行广告语中的一大败笔。

此外，广告语强调文化底蕴，并不意味着可以滥用文化概念。例如北京银行广告语"北京人心中的银行"，杭州城市合作银行广告语"杭州人自己的银行"，虽然迎合了本地文化的喜好，但是这种过分强调地域文化的"定性文化"，显然有"排外"和"自闭"情结。

通俗易懂，具有文化适应性

银行广告语是传达银行长期经营理念的口号性语句，应通俗易懂，使顾客清晰地明白广告语传达的内容。加强广告语的文化内涵固然重要，然而过分附庸风雅反而造成顾客理解的困难。例如，中国农业银行的广告语"大行德广伴你成长"，"德广"出自《庄子·外篇·天地第十二》中的"故其德广"。乍看起来，这则广告语出自我国古代经典著作，具有文化底蕴，但是细细推敲，却难免产生疑惑："大行德广"放在这里到底是什么意思？是农业银行对客户的恩惠很多？抑或是农业银行认为自己身为大银行，道德广泛？我们不得而知，相信银行的顾客对这一广告语也会感到费解，不知对其作何解释。对于仍然处于品牌建设阶段的银行业来说，广告语故弄玄虚，很难获得消费者对企业经营理念的认同。

对于“服务至上”的银行业来说，通俗易懂的广告语更能体现银行亲切、体贴的服务，易于传播的广告口号，更能让人们轻松地记住银行的经营理念和服务宗旨。美国运通银行黑卡的业务包罗万象，广告语“出门别忘了带上它(Don't Leave Home Without It)”，就是提醒顾客：持有一张美国黑卡，相当于拥有一个私人助理。美国国家银行强调安全性，广告语“这里绝对安全，不存在任何假如”，表明它是绝对值得顾客信赖的银行。英国曾经盛极一时的巴克雷银行广告语“假如没有巴克雷，您恐怕要迷路”，突出了巴克雷银行在指导顾客理财和投资方面的重要性，顾客在巴克雷的指导下不会迷失理财和投资的方向。上述通俗易懂的表达方式，拉近了银行与顾客的关系，在顾客眼里，银行就像是顾客的老朋友。

持久统一，具有独特可识别性

广告语是竞争对手无法轻易复制的特殊承诺，它所传递的企业精神及品牌文化是长远的。因此，银行广告语应具有持久性和可识别性，应该相对统一和稳定。例如，作为享誉全球的世界性银行汇丰银行，从上世纪90年代末开始逐步打造单一品牌。2002年，汇丰提出“环球金融，地方智慧”的广告语，立志打造拥有“环球金融、地方智慧”的银行，随着汇丰银行的全球业务扩张，这句广告语一直沿用至今。

但是，大陆许多银行的广告语却普遍出现频繁更迭的现象，使得人们对这些银行的广告语混淆不清、不易记忆。例如，位列我国四大银行之中的中国农业银行和中国工商银行，广告语数量都甚为可观：

中国农业银行——现代网络银行，网络通八方，网点遍城乡

中国农业银行——可移动的银行

中国农业银行——呵护家园，关爱永远

中国农业银行——一脉相通，唯我知心

相信专业，相信农行缘结农行，地久天长(幸福相伴)……

中国工商银行——再加一个，储蓄使你的财富增值

中国工商银行——让希望与您更近

中国工商银行——八十年叶茂根深，造福于国计民生

中国工商银行——您身边的银行，可信赖的银行……

仅从上述列举，足以看出两家银行广告语变化数量之多、变化速度之快。但是，大银行的形象和地位并不是通过银行广告语的更换速度和总体数量来体现的。这种“走

马灯”似的更换广告语的做法，顾客无法形成深刻的品牌印象，造成银行核心价值和银行整体形象定位的混淆。

简洁凝练，富有感情

研究发现，人们观看广告感兴趣的时间不超过45秒，因此，广告语的长短通常以6－12个字(词)为宜。广告语应力求使用简洁凝练、便于记忆、易于传播的语言，使顾客一看即懂，过目不忘。

招商银行的广告语“招商银行，因您而变”，清楚地表达了招商银行的服务理念：实施多样化的服务，时刻适应顾客需求的变化。招商银行在广告语中包含了对顾客的感情，示意顾客招商银行尽量拥有让每位顾客都满意的服务，使顾客具有银行归属感，体会到银行对每一位顾客的重视，提高了顾客对银行的忠诚度和满意度。

建行的一则广告语“要买房，到建行”，简单有力、定位明确、直击人心，直截了当地解决百姓最关心的问题。

相比而言，中国银行的广告语“止，而后能观。风动，竹动，心动；有节，情意不动”，广告语言复杂，广告文案冗繁，广告蕴涵的深层意义很难得到理解。

一则好的银行广告语要抓住顾客“一瞬间的感动”，富有感情的广告语能够为银行赢得意想不到的客户，提高顾客对银行的忠诚度，提升银行在顾客心目中的美好形象。二战期间建立的瑞士银行，以“安全、稳妥”闻名于世，在它成为世界各地资金聚集的安全港和人们喜爱的保险箱的同时，没有忘记回馈给它的客户以温暖。充满真情的瑞士银行的广告语“诚心诚意，紧密相系”，成为瑞士银行对顾客的长久承诺。中国交通银行的广告语“百年之交，心心相通”，把银行和顾客的沟通，看做是心与心的交流，温情流入顾客的心中，感受到来自银行的温暖。美国一家银行的广告语“品尝巧克力的滋味不错吧。现在我们的银行也能给你这种感觉”。这家银行原有客户偏于老龄化，使用这则诙谐幽默、富有青春气息的广告语，能够带给顾客清新、朝气、甜美的感觉，从而吸引年轻顾客的加入。

卓尔不凡，富于创新

广告语是消费者对一个品牌的广告印象最深刻、记忆最长久的部分，因此，只有不同凡响、独特新颖的广告语，才能够达到上述效果，从而满足受众的好奇心和模仿性，引起顾客的注意力和兴趣，唤起顾客心灵上的共鸣。

台新银行玫瑰卡的广告语“认真的女人最美丽”，女性顾客对于“认真”所受到的赞扬，容易对银行产生强烈的认同感和良好的印象；新加坡大华银行女士信用卡的广告语“男人没份”，巧妙运用了女性市场细分的策略，突出了女士专用信用卡的产品概念；美国储蓄银行广告语“世界上最好的书——你自己的存折”，创意新颖独特，令人耳目一新。目前国内一些银行广告语，创新的程度还很不够，广告语无论是语言表达还是品牌概念均流于一般。例如,“握住农行手,永远是朋友”、“烟台商业银行,伴您走向辉煌”、“招商银行,为您成就未来”、“中国建设银行,幸福千万家”、深圳发展银行“汇集今日智慧,创造明日财富”、上海浦东发展银行“笃守诚信,创造卓越”等,广告语平淡无奇,缺乏亮点,体现不出银行产品或服务的独特价值。

(资料来源:百度网)

三、人物对白和独白

人物对白和独白都是人物语言的表现形式。对白是人物之间的语言沟通,它有心理表白,传达信息、推进情节等作用,是文学作品中人物语言的表现形式之一;独白指人的自思、自语等内心活动,通过人物内心表白来揭示人物隐秘的内心世界,能充分地展示人物的思想、性格,使读者更深刻地理解人物的思想感情和精神面貌。人物对白和独白要以体现人物身份、性格以及与产品的关系为主要原则,这样才能使这些语言的运用顺畅、自然而又合情理,并能积极推动广告目标的实现。

案 例

优乐美奶茶电视广告

周杰伦和一女孩手中都拿着优乐美奶茶并肩坐在一起,女孩深情地问道:“我是你心里的什么?”周杰伦说道:“你是我的优乐美啊!”女孩嗔怪道:“原来我是奶茶啊!”周杰伦说道:“这样,我就可以把你捧在手心了。”女孩开心地笑了。周杰伦说道:“奶茶,我喜欢优乐美。”

图 9—6

这则广告运用简明而深情的对话表明了一对恋人的心情，也强化了受众对产品的记忆。整个作品情景温馨，再加上周杰伦的名人效应，使广告对年轻的目标受众有一定的影响力。见图9-6。

四、画外音的创作

广告中的画外音不同于一般影视作品，它常常会起到画龙点睛的作用。有时一则广告中没有其他的语言，甚至只有很短的一句画外音，但全部广告就此一目了然了。

(一)画外音的概念

画外音通俗点理解就是注解，题外话。事实上它就是旁注与补充，以便人们对事实能更详细、明确地理解。它原是话剧、电影以及电视节目中采用的一种技巧，解说人的声音总是在剧情展开之前就已传出，有时往往是剧情发展的一种补充，从而使观众产生一种幻觉，似乎剧情只是解说人讲述的事情的扩展。

一说画外音是指影片中声音的画外运用，即不是由画面中的人或物体直接发出的声音，而是来自画面外的声音。旁白、独白、解说是画外音的主要形式。画外音摆脱了声音依附于画面视像的从属地位，充分发挥声音的创造作用，打破镜头和画面景框的界限，把影视作品的表现力拓展到镜头和画面之外，不仅使观众能深入感受和理解画面形象的内在含义，而且能通过具体生动的声音形象获得间接的视觉效果，强化了影片的视听结合功能。画外音和画面内的声音及视像互相补充，互相衬托，可产生各种蒙太奇效果。

(二)画外音创作的原则

画外音的创作要从广告创意和表现的角度进行考量，也要遵循一定的原则，以求达到广告的目的。

1. 要与画面相配合

画外音要讲清画面的内容，帮助受众理解所传播的广告信息。

2. 要突出核心的信息

画外音要强调最重要的信息点，以引起受众的注意。

3. 要弥补画面的不足

即画外音是在用听觉来补充视觉不易表达的内容，揭示和深化电视广告的主题，进一步强化信息的内容。

案　例

西门子3D空气冷凝式洗衣干衣机电视广告·衣服篇

一个宁静的夜晚，女主人正在房间中熟睡，可她身上的衣服像是被脱掉一样，渐渐地离开了她的身体，所有的衣服都疯狂地向外跑去，有的艰难地走过钢丝绳、有的在高空中漫步、有的在楼宇中穿梭……克服了重重困难，终于它们钻进了一个滚筒洗衣机中。第二天，女主人醒来发现自己的衣服都没有了，当她正疑惑着向窗外寻求时，无意间发现对面楼中的窗户里，有一位男士正拿着几件女士内衣看着……画面最后出现产品，画外音："衣服酷爱西门子。"字幕："西门子3D空气冷凝洗衣干衣机。"

这则广告基本上没有语言出现，只是在最后才出现画外音，它与之前的悬念式广告内容相呼应，使整个广告在最后时刻一下子明朗起来，给人以深刻印象。

4. 要能从心理上感染、刺激、诱导消费者

画外音要有语言冲击的效果和意义，如可以通过语言来设置悬念、渲染气氛、刺激欲望等，从而达到从心理上对消费者的影响。

5. 尽量采用口语化、大众化的语言

画外音在设计上还要注意强调定位和强化主题，切忌出现声画重复的效果。

案　例

百威啤酒电视广告

一个人正骑着自行车走在路上，车的后架上带着一箱啤酒，这时一只蚂蚁看见了，赶紧叫来一群同伴搬来大石头放在路中间。当车子经过时，被石头垫起，一瓶啤酒从箱子里跳出来，被蚂蚁们高兴地拉走了。画外音："百威啤酒，美国销量第一。"

这则广告以一个动画故事的形式来表达产品的魅力，广告中没有语言，但情节很是清晰和搞笑。广告中画外音即是广告语，它没有太多的啰嗦，简明扼要地强调产品的市场地位，强化了主题和记忆效果。

广告画外音最能体现作品的主题思想，只要设计合理就一定会有事半功倍的效果。

五、广告歌词的创作

广告歌词的创作也是一件创意性的工作，它要以体现产品特色、唤起受众注意和增强记忆效果为主要目的。

(一)广告歌词的特点

广告歌词不同于一般的歌词，它因为有特定的目的和要求而具有自己的特色。

1. 必须传达广告信息，并体现品牌的特性。

2. 必须通俗易懂，简短易记。不要出现难懂、生癖的词汇。曲子也要上口易唱，可以考虑时尚的音乐和流行歌曲。

3. 必须有感染力、诱惑力和冲击力。

4. 必须突显品牌的记忆效果。

广告文案在写作时，一定要考虑歌词的这些特点，以保证广告的效果。

(二)广告歌词的功能

结合广告歌词的特点，可以知道它在电视广告中通过与画面结合，能够达到不可低估的效果。

1. 突显品牌和产品个性。

2. 提高记忆效果。

3. 刺激消费欲望。

案　例

立邦漆电视广告

镜头1：一位男士把一盆蓝色漆用力向外泼出。蓝天下、大海上一群海鸟儿飞过。

镜头2：一片黄色的麦田中，有人正骑车穿过。

镜头3：一个运动员从跳台上跳入水中，字幕："灵感，自由我色彩。"

镜头4：一位男士在房间的落地窗前，房间的颜色是浅蓝与白色相间的。

镜头5：蓝蓝的大海中一个人正在劈波斩浪，奋力向前。

镜头6：一位女士向前方泼出一片白色的漆。一个小女孩在吹蒲公英。

镜头7：孩子们穿着白色的衣服。一位女士穿着白色的裙子，手中牵着一匹白马。

镜头8：一位女士身子向下，向绿草地垂下她的秀发。字幕："灵感，纯净我色彩。"

镜头9：白色为主色调的大客厅中，女主人穿着白色的长裙。

镜头10：一片绿漆泼过。

镜头11：一位美女头上是一片绿色的头发。

镜头12：变色龙在树枝上爬过。

镜头13：一片绿色的植被。字幕："灵感，自然我色彩。"

镜头14：一位男士提包从楼上下来。

镜头15:一片黄色漆泼过。

镜头16:黄色的背景墙下,一位音乐人正在欣赏音乐。

镜头17:穿着一身黄色衣服的人身上到处都花蝴蝶。字幕:"灵感,时尚我色彩。"

镜头18:一间房子中黄色漆面的墙,主人正在看书。

镜头19:红色的漆泼过。

镜头20:身穿红色的人礼服在拉琴。

镜头21:穿着红裙子的人在跳舞。

镜头22:满脸画着红色彩的球迷们在场上呼喊着。字幕:"灵感,激情我色彩。"

镜头23:各种颜色绚烂呈现。

镜头24:立邦漆标识,广告语并字幕:"我的灵感,我的立邦漆。"

画外音:"我的灵感,我的立邦。"

歌词:"闪耀更多,迷茫更少。没有忧虑,充满灵感。激发我们无穷无尽的想象。激情满怀,与生俱来。新的奇迹,跃然而生,缤纷的色彩闪耀,在每个人的心田……"

这则广告中画面利用各种颜色与各种场合、情景相搭配,很顺畅地表现主题:我的灵感,我的立邦。广告的歌词则是对这一主题以另一种方式进行诠释和传达,声、画、色融为一体,突出了主题理念,也形成了对受众的视觉冲击。

不难看出,广告歌对整个广告的意义是很大的,有时它甚至可以是一条主线,连贯画面,表达主题,并会对受众记忆产生一定的效果,所以才会有一些经典的广告歌流传广泛,让人终生难忘。

六、字幕的创作

字幕也是电视广告中的构成因素之一,它对广告效果同样有影响。

(一)字幕的概念

字幕是指在电影银幕或电视机荧光屏下方出现的外语对话的译文或其他解说文字,以及影片的片名、演职员表、唱词、对白、说明词等人物介绍、地名和年代等。在电视广告文案的创作中,除了歌词及语言的字幕外,还有一些表现品牌、产品个性、广告语等内容,这是字幕创作的主要内容。

(二)字幕的作用

一般的电视节目中,将节目的语音内容以字幕方式显示,可以帮助听力较弱的观众理解节目内容。另外,字幕也能用于翻译外语节目,让不理解该外语的观众,既能听见原作的声带,同时理解所说的内容。在电视广告中字幕还有更重要的功能,如表现品牌名称和产品特性的字幕,帮助受众理解和记忆重要的广告信息。概括地说,字幕具有强化创意主题、强调商品品牌和参与画面构图的重要功能。

从字幕对画面造型的意义上说，首先，字幕作为语言的视觉版本，将语言原封不动地呈现于电视屏幕上方便观众认知和理解。对于歌词来说，字幕的配合尤为重要。这是因为在广告歌中，语言的发音超越了人们日常对话的维度，容易夹杂在乐器声音中为人所忽视或误解。其次，字幕可以参与画面构图，使画面完美和谐、顺畅。同时，中国的书法艺术充分体现了象形文字在构图上的表现力。在电视广告中，文字不仅可以改变字体字号，还可以选择多种进入和退出画面的方式，是视觉设计上重要的环节。

(三)字幕创作时应注意的事项

1. 文字不宜多，字体不宜小。
2. 字体易认。
3. 色彩要区别于背景色。
4. 出字要巧妙。
5. 构图要灵活。
6. 用光线进行辅助造型。
7. 字幕停留时间适当。

在进行电视广告的字幕创作时，只要遵循一定的原则，并始终以广告目标为准绳，就能创作出符合创意要求的字幕。

案　例

横滨轮胎电视广告

房前的一棵大树上有一个用轮胎做的秋千，一个人从早晨就在上面荡来荡去，一直到夕阳西下了，还没有下来。晚上了他还在上面荡着……字幕："横滨轮胎，真正防滑。"

某促销电视广告

寒冷的冰雪天里，空地上立着一台冰箱，旁边有一个大罐子，一个人穿得严严实实的，从里面艰难地钻出来，走到冰箱前，打开冰箱门，从里面拿出一条冰鱼，又钻进了罐子里。字幕："诱人的低价位。"

这两则广告没有语言，只有最后出现的字幕，广告片从一开始就制造了一个悬念，片尾要是不出字幕，人们就不知道到底要说什么，这时字幕有了点睛之意义，让人们在恍然大悟后，对商品有了较深的记忆效果。

总之，在电视广告文案创作时，要根据不同的创意要求和不同文案内容的特点进行撰写，以求保证最终的效果。

思考题：

1. 通过选取一个电视广告来编写不同形式的文案脚本。

第十章　电视广告的制作流程、拍摄准备及后期编辑

本章重点

- 电视广告制作流程的内容和原则
- 电视广告拍摄准备的内容
- 电视广告中演员的选择
- 电视广告画面语法的内容和技巧

相对于其他媒体广告的创作，电视广告的创作是一个比较复杂的过程。这个过程有一定的工作程序，即电视广告的创作是一个按照一定流程逐步完成的过程。

第一节　电视广告的制作流程

电视广告的创意和制作都比其他广告要复杂得多，是一个有很多工序的过程，目前国内外都有一些较为固定的制作流程。

一、美国李奥贝纳公司的电视广告制作流程

第一步：创意概念构思

第二步：广告公司内部对创意概念进行检讨

第三步：向广告主提案

第四步：挑选制作公司

第五步：制作估价

第六步：评估制作公司的议价案

第七步：拍摄前的准备

第八步：开拍日

第九步：检视毛片

第十步：剪辑

第十一步：粗剪、音影同步配合、音效混合

第十二步：加视觉效果

这个流程中略去了创意前期的产品分析和市场研究的环节，更多是从广告公司与广告主沟通的过程着眼的。

二、国内体系流程

第一步：分析产品

第二步：研究市场，确定目标

第三步：广告策略

第四步：广告创意（提交文案、创意说明和画纲）

第五步：提案（讲解广告策略、广告创意及广告表现）

第六步：拍摄准备（演员、服装、道具、棚景、外景、广告音乐、歌曲等）

第七步：拍摄过程（摄像、摄影）

第八步：后期制作（冲印、转磁、合成、录音、剪接、编辑、看样、修改等）

这个流程更细致地分解了电视广告的全过程，更利于初学者的理解和学习。

三、电视广告创意制作流程的原则

电视广告的创意制作流程无论是国内的还是国外的，都要在开始前，从整体上考虑以下几点原则：

1. 把握动态演示、着重情感诉求

要注重利用电视媒体的优势，特别是以动态画面来吸引受众的注意，同时着重考虑对情感诉求的利用，通过刺激受众的视听感受来促进产品信息的接受。

2. 要适时对准目标

无论是创意还是表现，都要以分析市场和目标消费者为前提，如果偏离了目标受众，再好的创意和表现也是无法达到广告的最终目的。

3. 信息要简明单一

电视广告虽然可以让创意有更广阔的空间和想象力，但是电视广告的时间是极有限的，要在不到30秒的时间内准确传递商业信息，更广泛地影响目标受众，就必须把最重要的信息传递出来，信息要简明扼要，其重点要单一、突出特色。

4. 发挥电视广告在整个广告活动中的龙头作用

随着市场的不断发展和成熟，企业单一的广告策略是不可取的，整合营销也正日益成为一种企业的促销方案。电视广告在整个广告策略中一定要处于龙头地位，这一方面是因为它自身的感染力和影响力强；另一方面是因为广告策略本身是一个系统，在这个系统中电视广告以其自身的优势居于龙头地位。一个产品的电视广告播出后，销售现场、路牌、车体、招贴画等广告形式都可以直接截取电视广告中的精彩画面或重要的镜头。这样既可以及时提醒消费者电视广告中的信息，增强了消费者对广告和产品的熟悉感，也能节省制作其他媒体广告的费用。

5. 注意广告投放的频次和效果

电视广告要产生效果，不仅与广告本身的创意和表现有关系，而且与它投放的频次有必然的联系。这其中包括电视广告投放的时间、频率、位置等，因此在电视广告的投放前期，要研究市场特点、竞争者广告的投放情况、消费者的收视特色等，只有对这些情况都有一定的把握，才能更好地达到广告效果。

6. 重制作、巧播放

电视广告的制作是一个复杂的过程，对其中的每个环节都要认真研究和把握，同时制作是一个方面，播放是另一个方面，播放的时间和空间不合适，一样达不到效果。

总之，要学习电视广告的创意和制作，就必须先从整体上认识电视广告的特色、分类和流程，不能忽视任何一个方面，以保证广告效果的完成。

第二节 电视广告的拍摄准备

电视广告的拍摄是一个细致而庞大的工程，为了确保广告拍摄任务的完成，之前的准备工作是非常重要的。

一、组建拍摄团队

电视广告的拍摄离不开一个技能全面、配合默契的制作班子，它通常包括以下人员：

（一）制片总监

也称制片人、制片主任等，是整个拍摄团队的管理核心。它的工作将贯穿整个拍摄任务的始末，其职责主要包括：协助导演制订摄制计划，决定拍摄时间、场地，选择、决定演员、编制经费预算和为演职人员付酬等重要事务的决策。

（二）导演

这是整个拍摄工作的灵魂，主管整个拍摄工作，也是拍摄质量的主要责任承担者，它的工作决定着整个拍摄的成败，它也是整个拍摄团队的业务权威和直接领导者。其职责主要包括：依据电视广告文学脚本，写出分镜头脚本；在此基础上，按照构思和思路进行再创作，使广告脚本得以形象化体现；向全体摄制组成员阐述创意，以及如何使创意屏幕化的构想和意图；选择、决定拍摄场地，挑选、决定演员，启发、指导演员表演，指挥、调度所有创制人员按自己的构想和意图，从不同的角度体现创意，为整个电视广告片的摄制质量和传播效果负全面责任。

（三）摄影师

广告影片的全部拍摄工作是由摄影师来承担的，其工作质量的高低将直接影响广告的画面效果。因此，摄影师在整个拍摄团队中也占有非常重要的地位，可以说它是摄制组中仅次于导演的第二号业务权威和指挥者。当他与导演的意见取得共识后，摄制组所有成员都需听他的指挥。电视广告拍出后的视觉效果、构图质量、创意体现等，关键取决于摄影师的技术和创造性。因此，摄影师必须通晓影视语言，掌握蒙太奇思维规律和思维方法，了解各种镜头的含义与功能，并掌握各种拍摄技巧和特技摄影；熟悉所有摄影、摄像设备、灯光照明设备、技巧以及摄影速度与灯光配合规律等。

以上三个职位的工作是最重要的。

（四）灯光师

也叫照明师、“鱼叉人”（即 gaffer，这是因为灯光师搬移灯光设备时，不是去攀登梯子，而是直接用一根长杆或者鱼叉 gaff 来勾动和调整，因此获得了鱼叉人的称呼），它也是摄制组的重要成员，它负责拍摄现场的所有灯光设施，只有他的配合，摄影师在拍摄过程中才能得心应手。灯光也是影视艺术特有的语言要素，其本身不仅可以使影像十分清晰，而且可以表达一定的含义。同时它又是一种技巧，对电视广告拍摄的视觉效果有着重大的影响。

（五）美工师

其职责是按照脚本的描述和导演的要求，绘制各种场景所需的布景、幕布、美术图案、符号及其他平面挂图等。

（六）化妆师及发型师

这是负责演员的美容、美发内容的。其职责是：依据脚本的要求，将演员的容貌特征改变成与整个广告片的时间、地域、民族、身份、年龄等相符的内容，特别是在拍摄化妆品的广告时，演员的化妆方面就有特殊的要求，这时化妆师的工作尤为重要。

(七)服装师

顾名思义,服装师就是负责拍摄时的服装问题,具体说就是按照剧本或导演的要求,为广告中不同的人物提供符合身份、年龄、职业等特点的服装,以达到拍摄的艺术氛围和逼真效果。尤其是广告中有历史人物时,就要特别注意服装上的特色表现。

(八)道具师

道具是电视广告中重要的视觉构成元素,是环境造型及人物造型的重要组成部分,是场景设计的重要造型元素。道具师就是在广告拍摄团队中按照导演或摄影师的要求,寻找、制作和搬运拍电影所需的各种道具的人员。道具的质量和特点都会对整个广告片有所影响。

二、拍摄前会议——PPM 会议

一个电视广告创意要能够得以最好表现就必须对拍摄前进行充分的准备。PPM 会议是电视广告拍摄前的重要筹备工作之一,它的成功召开对整个广告片的成功有积极的意义。

(一)PPM 会议的含义

PPM 会议(Pre—Production Meeting),即制作前会议,是拍摄制作前沟通创意和制作的准备会议,通常由广告代理公司主持召集,在电视广告拍摄前与制作公司及导演和主要的创作人员对广告片拍摄计划及拍摄方案等细节进行沟通和确认。

PPM 会议最主要的目的是在拍摄之前,将所有的细节进行探讨、协商,确认广告片最终成片要达到的效果。这是电视广告拍摄之前的重要的沟通准备会议,在这个会议上涉及的所有问题都会影响到最终的电视广告是否能够精确的、精彩地完成。

(二)PPM 会议的内容

PPM 会不仅要确认一支广告片拍摄制作的所有构想、设计、预算、时间计划等,还要商议广告片能否紧扣创意核心诉求并在导演的工作台本(分镜头)中清晰流畅简练地表达出来,电视广告风格样式的设计是否符合产品的市场定位和个性定位。

概括地说主要是包括:

1. 电视广告创意意图的说明和创意脚本讲解;
2. 逐格讨论分镜头拍摄脚本,明确各成员的职责和任务;
3. 确定各场景和镜头的拍摄时间表;
4. 明确拍摄进度表。

(三)PPM 会议的参加成员及安排

参加 PPM 会议的成员主要有:广告公司的客户代表、创意人员代表、如客户部 AE、创意总监、艺术指导、文案人员等;企业代表,如企业的营销部门或广告部门的人员;广告制片公司,如制片人、导演、摄影师、灯光师、道具师等。

PPM 会议时间通常安排在正式拍摄之前,召开的次数往往不只一次。召开的地点最好安排在制作公司、广告公司和客户人员都方便到达的地方。

三、电视广告中演员的选择

演员的挑选主要是由导演主持、制片人召集,具体方式是由导演确定一个表演方式或故事情节,参选的演员们按照要求依次进行表演,导演决定入选名单。

(一)电视广告中人物运用的重要性

电视广告中人物的运用是很重要的,具体地表现在以下几个方面:

1. 突出产品特性

电视广告中的最终目的是促销商品,因此,人物形象的运用要为这一目的服务。在广告片中,人物形象直接影响视觉效果,要充分运用这一特点来表现产品的特性,从而达到促销的目的。

2. 提高受众的注意

电视广告中的人物是吸引受众关注的重要元素,特别是名人、明星的出现,会对其"粉丝"直接产生影响。此外,人物是电视广告片中的重要表现元素,它可能通过各种表演来吸引受众的眼球,同时他的身份、个性、年龄等还可以形象地与产品联系在一起,体现产品的特色,赋予产品生命,使其"活"起来,从而给受众以深刻印象。

3. 激发受众的欲望

受众的消费欲望是其购买商品的重要心理前提。在电视广告中借助人物的表演,真实再现产品的消费情境,制造身临其境的感觉效果,直接影响受众的心理感受,促使其形成消费欲望,这是人物在电视广告中运用的重要意义。

4. 强化情感迁移

广告中使用的人物往往是有一定影响力的名人或明星,这些人不仅会使产品有了"生命",而且还能通过他们本身的感染力和吸引力影响他们的"粉丝"来效仿,这就是"晕轮效应"。当人们把对名人的情感转移到他们所宣传或代言的产品上时,就是发生了情感迁移。这种情感往往还能因为人们对名人的情感而得以延续,即可以形成对品牌的一定忠诚度和好感度。

5. 传播文化精神

现代化的市场竞争更多地体现在产品附加值上的竞争,这其中的主要成分就是产品的精神价值和文化意义，而这种意义是要通过人物的表现来赋予产品的。因此，电视广告中的人物也负担着传播文化精神的重大责任。

案　例

公益电视广告·季羡林孝顺父母篇

画面开始是在一片树林中，季羡林先生正在林中仰望，画外音："古人说，树欲静而风不止，子欲养而亲不待。"画面转换为老先生的书桌、花镜、著作的封面……画外音："这是我永久的悔。小时候，家里极端贫穷，麦子面、棒子面都很少吃到，偶尔弄到点白面，母亲从来不尝一口，都给我解馋了。"此时画面为旧时的破房子、燃烧的炊火、干裂的棒子面饼子……画面中再次出现一片树林，画外音："家境贫困，儿子远离，母亲受尽了苦难。"画面中出现老先生回忆的样子、母亲渐远的背影、清华大学的校园、母亲的坟墓……画外音："她好像是一辈子都没有笑过。我曾下决心，一旦大学毕业，立即迎养母亲。然而母亲没有等到那一天就离开我走了，永远永远地走了。"老先生说道（字幕）："哀哀父母，生我劬劳。（哀叹父母生我养我备受劳苦。）尊敬父母是应该的，没有什么别的可讲的。他今天老了做不了事情了，但是他过去做过。现在讲以德治国。德，这个字含义很多。起码这一条：孝顺父母。"画面出现字幕："尊敬老人，孝顺父母。中华传统美德。"

这则广告所选用的人物就是著名学者季羡林先生，他本身就是传统文化的研究者和代言人，他的出现和自身的经历有一定的说服效力。因此，聘他作为广告人物也是一个符号和形象，这是与广告主题——提倡中华传统美德相符合、相一致的，而且有助于给人以心灵启发、情感触动和积极联想。见图 10－1。

图 10—1

(二)演员的类型

在电视广告中,演员主要有三大类:

1. 背景性形象,也可称为边缘性形象

这类广告中演员不占主导地位,只是作为陪衬角色而存在。

案 例

海飞丝电视广告·范冰冰篇

画面开始是范冰冰站在房间的落地窗前,用手指在玻璃上划过,又用手触摸自己的秀发,画外音:"城市细微污染物残留在头皮,头屑反复出现。"画面转换为产品,画外音:"含植物精华的新海飞丝植物净翠系列,净化连肉眼都看不见的污染残留。"画面中范冰冰把头发拉起,露出洁白的头皮,画外音:"看不见头屑。"这时,画面中范冰冰又走在绿色的植被中,黑发飘逸,画外音:"净化的世界。新海飞丝植物净翠系列。"

这则广告中虽然用了名人的形象,但它主要是以理性诉求来传播广告信息的,人物在这其中只是一个陪衬的角色,即是以其来帮助说明产品的功效,以利于受众的理解,提升其知名度,而不是作为整个广告片中的主角。

2. 主体性形象,也可称为中心性形象

这类广告中的演员是整个作品中的主角,处于中心的地位。

案 例

n自由洗发水电视广告·徐静蕾

广告开始是一个命名为"电话亭的故事":街头的一个电话亭旁边,男主角气愤地对女主角(徐静蕾饰)说:"你要等就等吧!"女主角回答:"我会的!"此时音乐起。女主角一直站在那里等着,不论黑夜、下雨……这期间,画面中出现女主角洗发的样子。终于,男主角又回来了,说道:"我爱你!"女主角答道:"我也爱你,再见!"画面转换为产品及广告语,画外音:"让我做主! n自由洗发水。"

这则广告以男女恋人的故事为主要内容,人物在其中为主体性形象,广告的主题及产品的定位是在人物的故事中得以表现和诠释,给人以深刻印象。

3. 示范性形象,也可称为演示性形象

这类广告中演员以示范使用产品为主要任务,是消费者代表或产品代言的身份。

案　例

某品牌洗衣粉电视广告·野果篇

一位老者展开一块白色的手帕，然后把它放在面前的桌子上，并从旁边的一个碗中拿出一些红色的野果子，放在手帕上。接着，他用手帕把野果包上，并用一个擀面杖在上面擀了几下，然后打开手帕让人们看上面已经沾满了红色。他把这个上了色的手帕放入一个有水的大碗中，并向其中倒入了一些冰块。随后，他从旁边拿出一袋洗衣粉，打开后崴了一勺，放在大碗中，用搅拌器搅动几下，然后把手帕从大碗中拿出。展开一看，手帕洁白如新。

这则示范性广告中的人物就是示范性的形象，他的主要任务就是通过示范来表现产品的特性，以此来传达广告的信息。

(三)电视广告中选择演员的基本要求

电视广告中的演员不同于一般的影视作品，他们最主要的任务是宣传产品信息，体现广告创意。因此，对电视广告中的人物有一些特定的要求。

1. 演员形象必须与产品形象相吻合，其特征鲜明，容易识别

由广告主仔细挑选，充分体现企业、产品的个性。最好是这个演员对此类产品有独特的代表性，是其唯一的代言人。

2. 演员形象必须与消费者相似，真实而亲切

广告演员与消费者在年龄、性别、地域、心理等上的接近性。广告演员的个性特征能够同商品的个性特征融合。他们一定是目标消费者的代表人物，能让消费者十分熟悉，并有亲近感。

3. 演员形象必须迎合受众心理

电视广告中的人物形象要能引起受众的心理兴趣和一定的喜好度。

4. 演员形象必须符合民族特征

电视广告的产品如果有一定的地域特点或民族特征，它所选用的演员也一定要突出这一特点。

案　例

力士电视广告·杨幂篇

画面中杨幂好像一个秀发大师正在工作，她说道："我坚信，一头健康、光泽的秀发是女人的头等大事。"画面出现字幕："一个对秀发执著的发型师。"画面一转出现一位

男士用手拿起杨幂的发梢部说道："你头发……"，画外音："为什么这一厘米的距离就没法靠近呢？"画面为字幕："没有人可以靠近她的最后一次一厘米。"画面转换为一位男士面对同行说道："叫我 YER。"女主角的画外音："YER 一年前出了一场车祸。"画面中杨幂和一位男士在镜子前，男士说："我回来了，你可以不认我。"杨幂流下热泪。最后画面出现字幕："LUX 力士，首部秀发态度时尚微电影——爱至毫厘，恋上发梢。8 月 23 日全网钜献。"

图 10—2

力士多年来执行名人路线，它常常会根据不同的地域、不同的时代来选择它不同的代言人。在中国，从近代它就聘用了蝴蝶、阮玲玉，在现代它又聘用了潘红、张曼玉、蔡依林等多位大腕名人为其代言。随着电视剧《宫》的热播，它又以杨幂为形象代言。这些人物既是时尚、流行的代表，也对它的年轻受众有一定的影响力，符合了名人代言的原则，有助于广告效力的发挥（见图 10－2）。

（四）电视广告中演员形象选择的误区

在电视广告的演员选择问题上，往往会进入下列误区中：

1. 演员形象背离产品形象

人物形象虽然鲜明、特色也突出，但就是与产品无关，常会让消费者感到莫名其妙，这往往是电视广告中常犯的忌讳。如名人为低档产品或大众消费品做广告，很难让人不生疑。

2. 演员形象淹没产品本身

人物形象太过鲜明和靓丽常常会喧宾夺主，遮掩产品的信息，导致受众对人物的心理感受远远超过对广告的认知，这也是电视广告创作中常发生的问题。

3. 演员形象缺少文化底蕴

如果广告以丰厚的文化作为创作的前提，就不能随意选择名人。对那些只是在演艺界出名，但并没有什么文化背景，也不能代表广告中所传递的文化思想的名人，就不能轻易聘用，否则会影响广告自身的文化色彩。

总之，电视广告中演员的选择是一件重要的事情，这不仅关系到整个广告的最终效果，甚至关系到企业的命运。因此，谨慎把握，用心选择才能保证事半功倍的效果。

第三节 电视广告的后期编辑

通过拍摄得到前期的镜头材料后，创作者们就要以此为素材、以广告创意和广告目的为宗旨、以广告主题为线索开始电视广告的后期制作。

一、后期编辑中的基本句型

后期制作的一个重要内容就是把拍摄的镜头资料按照创意的要求进行编辑，通常编辑镜头的方式有三种。

（一）前进式句子

用几个镜头表现同一对象时，如果从全景开始，经过中景、近景到特写，视点是从远到近，逐步前进的，即前进式句子。

（二）后退式句子

如果从特写开始，经过近景、中到全景、远景，即后退式，它是下降的情绪发展曲线。

（三）复合式句子

在实际的影视作品中，镜头的进退常常不是单一进行的，即进退相间、交替出现的情况更多一些，这就是复合式句子，又叫环形句子。

案 例

新 Rexona 增白型电视广告

镜头 1：（特写）在超市中一位戴帽子的抢劫者恶狠狠地大喊："举起手来，所有人。"

镜头 2：（全景）超市中有人们正在购物。

镜头 3:(特写)那名抢劫者很凶的表情。

镜头 4:(中景)恶狠狠的抢劫者拿出手枪向上空开了一枪。“嘭”的一声,超市购物的人们惊恐地举起双手。

镜头 5:(中景)收银台的工作人员们也吓得举起了双手。

镜头 6:(中景)抢劫者看看自己的枪,哈哈大笑。

镜头 7:(近景)举着双手的人们惊恐的表情。

镜头 8:(近景)一位女士双手只是举在胸前,吓得哆嗦的样子。

镜头 9:(近景)抢劫者走到这位女士面前。

镜头 10:(特写)抢劫者对那位女士很凶地吼道:“怎么你没听到吗? 啊!”女士吓得不停地哆嗦着,很痛苦的表情。

镜头 11:(特写)周围举着手的人们侧目而视。

镜头 12:(特写)抢劫者很凶地看着她,不断地大声吼着。

镜头 13:(近景)女士吓得举起了双手,很痛苦地哭喊着。

镜头 14:(特写)抢劫者吃惊地瞪大眼睛看着她的腋下。

镜头 15:(特写)举起手的人们也吃惊地侧目而视。

镜头 16:字幕:New Rexona White. 新 Rexona 增白型。

……

这则广告中各种镜头的剪接方式很是灵活,有前进式、后退式和复合式,完整地叙述了故事,给人以顺畅的视觉感,同时又很巧妙地表现了产品的功效。

当然,不同的句子会对受众产生不同的情绪影响。一般地讲,前进式句子是上升的情绪发展曲线,后退式句子是下降的情绪发展曲线,环形句子则是抛物线的情绪发展曲线。在电视广告的剪接时,要依据为广告创意服务的原则,灵活地把握。

二、电视广告画面剪接方式

电视广告的画面在剪接时,常是借鉴影视作品的手法,主要有以下几个方式。

(一)积累效应与剪接

当画面在屏幕上显现时,画面的内容便引起受众的注意力,影响着受众的情绪。影响的程度随着画面内容逐步被受众所理解而逐步上升。当画面的内容已完全被理解时,受众的情绪便会逐渐下降,这就是内容调子曲线。

如果在内容调子曲线上升到最高峰的时候剪接镜头,转换到下一个镜头,不仅可以避免受众对画面失去兴趣,而且可以使下一个镜头的内容调子不再从零开始,而是紧承上一内容调子的高峰点上升,这种现象叫做情绪积累。通过这样一次次的情绪积累，可以使受众情绪高潮迭起。

这种通过剪接把几个镜头的内容调子累加起来的效果叫剪接调子。反映剪接调子的曲线，称为剪接调子曲线。

积累效应剪接的适当利用，使电视广告创作者能够利用它创造出理想的剪接调子。

案　例

新型避孕套Sanamed Duo电视广告

一位父亲在急促地敲门，女儿用床单裹着身子，打开门惊叫道："爸爸，你好……"。父亲气愤地吼道："那个混蛋在哪儿？"他径直奔向房间里。躲在衣柜中的小伙子吓得在衣服间哆嗦着。父亲卷起衣袖，到处翻找着……，当他向衣柜走去时，女儿嬉笑着不让他靠近，但在父亲气愤的目光中，她也只好躲到一边去了。父亲用双手使劲拉柜门，但怎么也打不开，原来两扇柜门是用一个避孕套系住了。柜中的小伙子放心地长出了一口气……广告语："如此有耐力，让你的生活安全。新型避孕套Sanamed Duo"。

这则广告以一个故事来诉求，在这个故事中随着情节的发展，积累效应明显，但就在情节的最关键时刻，故事出现转机，顺利推出产品。这种剪接手法在广告中最常用。

（二）叙述剪接点

用来叙述一个事实的发展情节的画面，叫做叙述画面。把若干叙述性镜头按事物发展的逻辑顺序排列，以达到把事物表现清楚的目的，这称为叙述性剪辑。叙述画面的内容调子向上升的过程，就是受众领会画面内容的过程。如果内容调子曲线开始下降，即受众已经领会了画面内容，镜头就要及时转换。在电视广告的剪接时，要考虑到目标受众的文化水平以及对商品信息的感知时间。

（三）情绪剪接点

除叙述性功能外，影视镜头还有描述性的功能，用来描绘某种情绪、氛围或形象。描述性镜头或者表现情绪静止的主体（如商品），或者表现情绪变化的主体（如人）。对于情绪静止的主体，一般仿照叙述性镜头处理剪接点，但对于欣赏性镜头就需要长一点。

对于情绪变化的主体，其剪接点由以下两个因素决定：

1. 主体情绪发展所经历的时间长短

即要受众有一定的时间来感受和体验镜头中的情绪。

2. 内容的安排和节奏的需要

有时为了渲染气氛而安排一组与情节无关的画面甚至慢镜头，或者为了体现一种诗意的风格而减少镜头的数量，但相对增加镜头的长度，此时的剪接点自然不同于叙述性镜头。

案　例

统一方便面电视广告

镜头1：蓝天下枯草一片的平地，远方有一片山峰。

字幕：北方的山

镜头2：蓝天下一片枯黄的树干。

字幕：北方的树

镜头3：夕阳下的野外，一条路伸向远方，一辆马车驶过。

字幕：北方的路

镜头4：黄色的枯草地上，站着一群农民。

字幕：北方的人

镜头5：一位农村老大爷，手中拿着一只白色大茶缸，慈祥地笑着。

镜头6：一群村里的孩子们，每个人也都拿着一只大茶缸笑着。

镜头7：一对年轻人在一堆高高的玉米前，端着大碗，用筷子挑面的动作。

镜头8：野外，用木头支起锅，下面烧着柴火，人们围坐在一起吃着自己碗中的面。

镜头9：每个人都吃得热气腾腾的。

镜头10：一位穿着军大衣的年轻女子站着用筷子正挑着碗中的面吃着。

镜头11：一位年轻男子坐在亭子下吃着碗中的面。

镜头12：各种不同的人吃面的样子。

……

尾镜：产品及字幕：统一辣酱面、统一炸酱面。

这则广告是将不同的叙事镜头连接在一起来表现产品的，每个镜头都表现性质一样的内容，它们之间是并列关系，目的是在连续镜头中激发和强化受众对产品的美好情绪。

三、画面语言的节奏

不同景别、不同长度镜头的巧妙组合，能造成一定的节奏感，而不同的节奏感能对观众的心情产生不同的影响。因此，每一部电视广告作品中都应有独特的内在节奏和外在节奏。

（一）内在节奏

除了情调和表演的力量外，每一个镜头都有一种内在的运动，即内在节奏。内在节奏更多地和叙述的内容相关联，通过摄像机的运动、运作、对话内容等因素具体表现出来。

（二）外在节奏

它主要指视听形式本身形成的节奏，比如短镜头组接、快节奏的音乐等。一般地，内在节奏会决定外在节奏，有时为了更好地表现情节和渲染气氛，激烈的情节也会用慢镜头来表现，如武侠剧中的打斗情景会以一些慢镜头展现。

案 例

芬必得电视广告·甄子丹篇

画面开始是一个俯拍镜头，展示事情发生的地点，接着是甄子丹和对手打斗的动作镜头，最后他在乱箭如雨的危急情形下，从城墙上纵身跳下，可是城墙下也是一片箭头向上的箭林，要是他落下来也会掉到这上面而身亡。就在这千钧一发的时刻，镜头转换为一个剧务人员正在城墙下拉着绳子，使甄子丹不会掉下来。画外音："是他们的坚持，保障我的安全。"接着画面中出现甄子丹在休息时问他身边正在准备吃药的剧务："怎么又吃药呀？"答："没办法，腰背关节痛又犯了。"甄子丹说："吃药要安心，止痛药有这个。"他将产品放在对方的手中。画外音："芬必得牌布洛芬缓释胶囊，持续12小时去痛，一粒更安心。"

这则广告中前面的镜头是用几个连续的武打短镜头剪接来表现情节的，紧张而激烈，节奏感强，明显是一种外在节奏。后面镜头一转，变成了拍摄电影的现实场景，几个相对平静的情绪画面、人物之间的轻松对白和画外音对产品功效的解说，构成另一种完全不同于之前的舒缓、轻松的节奏，这是作品的内在节奏，它的目的就是表述清楚广告的信息。作品中两种不同节奏的运用分别有不同的意义，前面的外在节奏是为了以剧情的效果来吸引受众的关注，而后面的内在节奏则以传递广告信息为目的。两者的顺畅结合，达到了既能在极短的时间中吸引注意又能将广告信息轻松地传达出来的效果。见图10－3。

图 10—3

四、连续构成

把表现同一对象的两个以上的画面按时间先后顺序纵向排列叫连续构成。

(一)连续构成基本定势

1. 在动作过程中切换

画面中主体的动作过程,由于惯性,能有效地消除从一画面突然转换到另一个画面的跳动感,而且最引人注目,所以动作能把上下两个镜头有机地连接在一起,使得受众不易察觉镜头的转换,或不会觉得镜头转换得突然。

在动作过程中选择的切换点,称为动作切换点。用来转换镜头的动作,其幅度越大,动感越明显越好。最佳的动作转换点在主体的动作转换时。

切换时需要注意技术性的问题。一是当主体由静到动时,剪接点应选在动起来的一瞬间。如第一个镜头表现一辆停着的轿车(全景);第二个镜头表现这辆车向远方开去(远景)。第一镜头应该在轿车开动后剪接,第二镜头则应该从轿车开动后开始。

当主体由动到静时,剪接点应选在静止之前,而不应选在静之后,例如,第一镜头表现一辆迎面而来的汽车(全景),第二镜头表现汽车停在眼前(近景)。第一镜头应在汽车运动中间段,第二镜头应该保留车停下来之前的一段运动镜头。

2. 出画与入画

表现主体从甲处到乙处时,为了省略从甲到乙的过程,往往采用走出画面与走进画面的方法。在入画时,方向要一致,即遵守轴线规律。

在剪接走出画面的镜头时,不要让主体完全超出画面,而是应该让主体保留一部分在画面内；在剪接走进画面的镜头时，也不要从全空的镜头开始，而应从主体已进入画面一点点的地方开始，这种连接称为交错连接法。它能保证流畅的效果。

3. 从空镜头开始

在影视作品中一般开始的镜头多以空镜头开始，以交代作品的背景和环境。在电视广告中，由于时间的限制及产品性质又多是家用产品，开始时多是直接表现产品的空镜。在故事型的广告中也有类似于影视作品的空镜头作为开始镜头。

（二）连续构成的模式

1. 从局部开始

即在连续构成的句子中，第一个镜头不是中全景，而是用特写，并用后退叙述式句子来表现，叫做从局部开始。

2. 结束于局部

即用前进式句子把连续的最后一个镜头处理为特写。在局部结束有利于跟下面的镜头相连接，因为表现局部的镜头甩开了环境，在它之后接上任何环境的镜头都不会使受众感到突变。

在电视广告的作品中，由于特写镜头对表现产品有重要意义，这些方式常常用到。

案 例

欧宝汽车电视广告

镜头1：（空镜、全景）一辆轿车从远处而来。

镜头2：（空镜、近景）车子的侧面。

镜头3：（全景）车子停在一座房子前面，房前还站着一位男士。男士走向车子。

镜头4：（近景）一位女士从车中出来，手扶车门，很高兴地和男士打招呼。她关上车门，与男士热情拥抱。

镜头5：（中景）男士用手摸着车的前身，围着车走着、仔细端详着。女士在旁边开心地看着。

镜头6：（全景）男士用双手使劲地按压着车的前轮胎。

镜头7：（中景）女士用得意的眼光看着他，欣喜地笑着。

镜头8：（全景）女士跟着身后的男士要向房间走去。

镜头9：（中景）但男士又看看车玻璃，不停地用手摸着车，依依不舍地欣赏的样子。

画外音：有没有一种车直接占据了你的心。

镜头10：（全景）这时，男士用脚踢了一下车的后轮胎。

镜头11:(全景)女士一见吃惊地张大了嘴,并很是气愤地朝男士踢去,还用手上的包打他。

画外音:我们制造你的车,欧宝汽车。

尾镜:(空镜)停在房子前面的汽车。

这则广告的画面构成基本上运用了以上的几种方式,车辆行进的全景,与近景相接,给人以汽车顺畅前进的感觉。接着剪接一个停车、人物从车中下来的近景,使整个过程较全面。广告以只是汽车行驶的空镜头开始,尾镜也是在同样的画面中结束,保持了整个作品的完整性,也突出了产品的形象,强化了受众的视觉效果。

(三)连续构成的规则

要把连续构成的画面连接得合理顺畅,就必须遵守以下规则:

1. 景别必须有明显的发展。

2. 不能全景接全景,中景接中景,以免画面有跳动感。

不同于一般意义上的影视作品,在电视广告作品中,由于它自身的特色限制,有时也会违背这些构成原则。

五、对列构成

影视画面上的各种形象,不仅是不断发展的,也是不断更换的。在更换的过程中,由于形象间相互的呼应、对比、譬喻、暗示,就能创造性地揭示出形象间的有机联系,这种现象就是对列关系。

(一)对列构成的概念

把表现不同对象的画面横向连接叫对列构成。对列构成的形式即是指动与静画面的多样式相接方式,形式不同,所形成的节奏、传达的气氛和情绪是不一样的。

1. 动接动

动接动有两种情况:一是两个在视觉上都有明显动态的画面连接。它是不同主体画面的连接,运用上下画面逻辑关联因素进行过渡,采用"切"的技法,节奏明快、流畅。如奔跑的人与奔驰的汽车相接,这种"主观角度"的联想,是借助于观众的联想;二是运用动作剪接点使两个画面相接,这是两个画面同一主体的动态相接。诸如一个人"进门"、"关门"、"坐下"之类的几个动态镜头连接就属此类。这一技法运用的关键是要找准动作速度快、幅度大的那些转折点,以明显的变化引起注意,收到最佳的衔接效果。

2. 静接静

这是在视觉上没有明显动感的画面相接的形式。它们相接不强调运动的连贯，系采用“切”的技法实现彼此的联结。这种联结借助事物内部的对比、隐喻、抒情、心理诸因素作为连贯条件，其组接效果是节奏流畅而情调含蓄。

3. 静接动

这是动作不明显的画面与动作十分明显的画面相接。这种衔接推动了情节加剧发展，压缩屏幕时间，视觉效果简明而洗练。如田径比赛画面的组接，前一画面是等候发令枪声的运动员，后一画面则是枪响后奔跑的运动员。

4. 动接静

这是在动感明显的画面后接静感明显的画面，通常造成明显的停顿效果。但这一技法要慎用，因为两画面不易寻找到应有的逻辑关系，以致隔断动作、情节上的连贯。

不同于一般的影视作品，为了在有限的时间内，突出表现产品及广告主题，在电视广告中，这四种形式都会用到。

案 例

雕牌洗衣粉电视广告

广告从一个女儿给妈妈打电话开始，她说道：“妈，我也想回家。”画面转换为妈妈在家中打电话的情景，她对着电话说：“没事、没事。我知道你很忙……”画面中女儿正拿着一大沓的宣传单在街头发放，画外音：“独立，让我坚强。中秋节还是忍不住想家，想妈妈一直用雕牌洗衣服的样子，想爸爸做的红烧肉。”画面为静止的雕牌产品标识和妈妈用雕牌洗衣服及爸爸在家中炖肉的情景。画面再次切换为女儿在街头工作的情景。晚上，她拖着疲惫的身子回自己的住所，当她爬上楼梯时，好像觉得自己的房中有什么不对的地方，她满心狐疑地向上走着。就在她打开门的瞬间，看到爸妈正在房间中做饭，她亲切地喊道：“爸！妈！”爸妈相视一笑，爸爸还急忙说：“你妈非要来。”女儿眼中充满泪水……画外音：“中秋节你在想念父母，父母也在想你。雕牌愿家家团圆！”尾镜是雕牌产品及标识的静态画面。

这则广告中灵活地运用了动静画面的结合，顺畅地表述了一个感人的亲情故事，触动人的心灵，同时也突出了产品的形象，完成了广告的目的。见图 10－4。

图 10—4

(二)对列构成的方法

对列构成的方法主要有以下几种:

1. 偷换连接法

即把前一组镜头的最后一个动作或形象,偷换成下一组镜头的第一个动作或形象,这样使过渡显得自然且有令人惊喜的效果。

2. 因果连接法

即前一镜头与后一个镜头之间有因果关系。

3. 声音连接法

即两个画面是靠声音来连接的。

案 例

丰田汽车电视广告

画面开始是一片田野中,有红色的卡车正行驶的一条道路上,车中有两位男士。这时画面一转,在前方的路旁停着一辆车,一位女士穿着很性感的衣服正在打开的车机盖前查看车的情况。这时,她也看到有一辆卡车开了过来,就径直向这辆车走去。车上的两位男士也看见这位性感的女士,就准备在那位女士面前停车,这时突然开车的男士使劲一打方向盘,猛然将车快速从女士身边开过去。车上的另一位男士一脸不解的样子,朝着旁边开车的男士吼道:“你干什么?你疯了吗?”对方平静地答道:“是个陷阱。”“陷阱?”那位男士一边开车一边接着说:“你见过抛锚的丰田车吗?”这时,镜头又转回到田间的那条路上,那位女士自己揭下了面具,露出了本来的男性面目,望着远去的汽车，气愤地将面具摔在地上……

这则广告中运用了因果连接法——美女撕下面具，露出本来的男性面目；偷换连接法——本来是看见美女在修车，应该停车帮助，但却加速将车开走等，这些方法的运用使广告情节起伏，给人以悬念、惊奇的心理感受，可视性强。

(三)对列构成的类型

1. 镜头之间的对列

把两个镜头对列起来就能产生有意义的效果，如特写的蚊香与熟睡的孩子两个画面对列，让受众感受到蚊香的作用。

2. 句子间的对列

即两个句子(可能是多个画面)之间的穿插对列关系。如在电影《赤壁》中，往往是一件事件发生后，用两个句子来表现刘备与孙权双方的反应情况。

3. 段落之间的对列

由于时限性的制约，这种形式在电视广告中少见。

4. 镜头内部的对列

即在镜头中展示两种内容的组合关系。如洗衣粉广告中常会把一块有“污渍”的布头放在不同的两个盆中搓洗，最后展现效果：一个用了广告产品的洗得干净如新，而另一个则洗不干净。这就是通过镜头的对列来强调产品的效果。

5. 声画对列

即声音与画面的对列关系，这部分内容在声音部分已经阐述得比较全面，在此不再赘述。

案 例

卡尼尔男士动能保湿泡沫洁面乳电视广告

画面开始是一个静态的绿色背景，上面有绿色的叶子。字幕：男士天然护肤新生代，接着画面被均分的两个部分，一边是城市中的街头一角，一边是代言人王力宏用手指着自己的脸在说道：“外界的污染会堆积在皮肤里。”画面一转为镜子前的王力宏，他一边用手擦着镜子上的水汽，一边说：“洗脸，怎能光洗表面?”画面变化为动画背景及产品标识，画外音并字幕：“全新卡尼尔男士动能保湿泡沫洁面乳，天然能量，瞬时清除浊质。”王力宏洗脸的画面，画外音：“动能排浊，净爽到底。”尾镜是王力宏静态的近景画面。

图 10—5

这则广告通过产品与代言人使用的镜头连接，对列构成了完整的信息内容，突出了产品的优势和代言人的魅力，给人深刻印象。见图 10－5。

六、电视广告剪辑原则

剪辑电视广告必须符合电视广告的特点，强调其有效性和识别性。电视广告一般要在开始 3—5 秒钟内吸引观众的注意力，才有可能达到广告的目标，因为电视广告对人的心理影响过程是：

惹起注意→引起兴趣→创造欲望→保持记忆→诱导行动。

根据电视广告创意规定的节奏、气氛、情绪来编织电视广告的韵律，使活动的图像更活跃，充分挖掘画面的表现力。

1. 画面变化不宜过快，否则，易使观众眼花缭乱，尤其是表现广告商品的特写镜头，一定要稳并有一定的认知时间，要让观众看得准，认得清，记得住。

2. 镜头出入点一定要选准，画面衔接流畅，人物动作不能“跳”，不使人有生硬、别扭之感。

3. 使用特技手法表现广告商品信息要贴切。切忌不管什么商品，从头到尾都用特技，翻来覆去耍花样，易使观众产生逆反心理，不利广告的信息传播。

4. 尽量减少磁带磨损次数，确保图像质量。

七、镜头的衔接转换技巧

这是一种光学技巧，这种技巧包括渐隐、渐显、化、切换、叠印等等内容。

（一）渐隐

即淡出、渐暗，是指画面由明亮清晰而渐渐隐去、消失、变暗。它的作用相当于舞台上的幕落，表示某一情节的告一段落，与下一个画面存在着时间的间隔。渐隐的技巧往往可以造成忧郁深沉的格调、引人深思的余韵，以及离情别绪的感触等。电视广告中采用渐隐技巧，可以表现对旧产品或信息的告别等。

（二）渐显

即淡入、渐明，与渐隐相反，是指画面由空白处或黑暗中逐渐浮现出来直到非常清晰。其作用相当于舞台上的幕启，表现另一段情节的开端，已经与前一段情节有一段时间间隔。渐显与渐隐的技巧结合运用，可使叙事层次清晰、段落分明。在电视广告中，可以用渐隐和渐显来表现消费者使用某种产品前后的变化，以突出产品的优点和给消费者带来的利益等。

（三）化

即化出化入，或溶变，是指前一个画面渐渐暗淡隐去（化去）的同时，后一个画面已开始渐渐清晰地显现（化入）出来，两个画面有一段短暂的重叠隐现，即化。其作用在于表现时间和空间的自然过渡，意味着两个事物有着内在的密切联系。在情节性广告中，化的技巧很有用武之地。

（四）切换

即切，是指不采用任何光学技巧，将一个画面简单地切入另一个画面，或由一个镜头直接转换成另一个镜头，即切换。切换过程中没有任何时间的间隔，是最快的画面转换，它相当于一个逗号或一个隔点，其作用在于入出境要表现的事物迅速直接地展示出来。多用于同时性的表演、同时发生的事件、加速表演的过程、创造紧张的节奏。电视广告中常用此法。它不仅可以加快表演进程、有效地传达商品信息，而且可以创造现代化的节奏、烘托时代气氛。

（五）叠印（叠化）

即叠加，是影视制作中一种特有的形式和技巧，它指两个或两个以上不同时空中的不同景物或人物的画面重叠在一起，印在一条胶片上，两个重叠画面的内容之间具有内在的有机联系，这种技巧称之为“叠印”。其作用在于同时从不同角度来观察描绘同一事物或表现同一人物或事物在不同的时间跨度、背景下的变化，或表现人物的回忆、梦幻等意识活动。在电视广告中采用叠印方法，也可以将人的意识活动镜头化，增强广告的情节性和观赏性。有些广告也常用叠印方法，将歌曲字幕或广告口号等与流动（或定格）的画面加以合成，以强化观众的记忆。

(六)分割画面

在屏幕上同时出现两幅或多幅同一影像,或同时出现两幅或多幅不同影像的画面,构成多屏,以实现某种特殊效果,如并列、对比、类比,或介绍空间不同人物的活动等。在电视广告中有些企业的系列产品 ,可以通过分割画面的办法同时展示在屏幕上,也可以展示产品使用前后的变化。

案 例

新天干红葡萄酒电视广告

镜头1:张曼玉走进一个旋转门。

镜头2:(化)她坐在一家饭店里。

镜头3:(快切)她在座位上,端着酒杯正四下望着。

镜头4:(切)远处一位侍者端着托盘正走过来。

镜头5:(叠)梁朝伟坐在一张桌前,手中拿着笔,边想边写什么东西。

镜头6:(切)侍者来到张曼玉面前,把托盘中的东西放在桌子上。(渐隐)

镜头7:(渐显)梁朝伟好像在桌上找什么东西。他抬眼看向对面。

镜头8:(切)张曼玉也正好向他这边看过来。(渐隐)

镜头9:(渐显)在一家影像店里两人又不期而遇。

镜头10:(快切)两人相视而笑。(渐隐)

镜头11:(渐显)一个餐桌上放着一瓶新天干红葡萄酒和酒杯。

镜头12:(切)两人紧紧依偎在一起在餐桌前讨论着什么,梁朝伟手中拿着一些纸。(渐隐)

镜头13:(切)新天干红葡萄酒

……

这则广告以一个爱情故事来表现,它的镜头画面在连接时用到了很多手法,比一般的电视广告作品要更全面一些,这不仅完美地演绎了爱情故事,也使产品给人以深刻印象。

以上这些方法常常综合运用,并在实践中不断创新,核心的出发点就是为广告创意服务。

综上,电视广告的后期制作是作品能够成功的一个关键,只要多学习相关的影视理论,结合案例分析,并多参加创作实践活动,就能得到不断地提高。

思考题：

1. 电视广告的制作流程是怎样的?
2. 电视广告的拍摄准备工作有哪些内容?
3. 电视广告的画面语法的内容有哪些?
4. 结合电视广告实例分析解读作品的画面语法内容。

参考文献

一、图书

1. 姚力著:《广播电视广告原理》,高等教育出版社,2009 年版。
2. 路盛章著:《电视广告创作》,中国广播电视出版社,2000 年版。
3. 李谋著:《CF 大透视——影视广告创作指南》,中国摄影出版社,2000 年版。
4. 和群波著:《影视广告制作教程》,中国传媒大学出版,2006 年版。
5. 朱月昌著:《广播电视广告学》,厦门大学出版社,2000 年版。
6. 冀志枫著:《蒙太奇技巧浅探》,中国电视出版社,1982 年版。
7. 聂鑫著:《影视广告学》,文化艺术出版社,1999 年版。
8. 马中红著:《广告文案创意新论》,上海三联出版社,2006 年版。
9. 任远著:《电视编辑学》,北京师范大学出版社,2002 年版。
10. 颜伯勤著:《成功广告 80 例》,中国友谊出版社,1995 年版。
11. 高志宏、徐智明著:《广告文案写作——成功广告文案的诞生》,中国物价出版社,1997 年版。
12. 马谋超著:《广告与消费心理学》,人民教育出版社,2000 年版。
13. 陈培爱著:《中外广告史》,中国物价出版社,1997 年版。
14. 钟发谦著:《媒体与广告》中国人民大学出版社,2001 年版。
15. 马梅编著:《广播电视广告概论》,合肥工业大学出版社,2009 年版。
16. 冯江平主编:《广告心理学》,华东师范大学出版社,2007 年版。
17. 朱羽君、王纪言、钟大年著:《中国应用电视学》,北京师范大学出版社,1993 年版。
18. 张凤铸著:《影视基础理论和技巧》,湖北教育出版社,1986 年版。
19. 王健著:《广告创意教程》,北京大学出版社,2004 年版。
20. 李中华著:《中国文化概论》,中国文化书院,1987 年版。
21. 初广志编著:《广告文案写作》,高等教育出版社,2005 年版。
22. 桂青山主编:《影视学科资料汇评——影视基础理论编》,北京师范大学出版集团,2011 年版。
23. 李运林、徐福荫主编:《电视教材编导与制作》(第二版),高等教育出版社,2004 年版。

24. 聂艳梅、林永强著:《电视广告创意——打造更具实效的电视广告》,中国市场出版社,2009 年版。
25. 张印平著:《电视广告创作基础》,暨南大学出版社,2005 年版。
26. 姚力著:《广播电视广告学》,吉林大学出版社,2000 年版。
27. 丁俊杰著:《现代广告通论——对广告运作原理的重新审视》,中国物价出版社,1997 年版。
28. 郭庆光著:《传播学教程》,中国人民大学出版社,1999 年版。
29.《最新广告策划创意与经营运作实用手册》编委会:《最新广告策划创意与经营运作实用手册》,青海人民出版社,2004 年版。
30. 凌继尧著:《美学十五讲》,北京大学出版社,2004 年版。
31. 张法著:《中国艺术:历程与精神》,中国人民大学出版社,2003 年版。
32. 彭吉象主编:《中国艺术学》,高等教育出版社,1997 年版。
33. 何建平编著:《广播电视广告》,中南大学出版社,2009 年版。
34. 何平、孙莎岚著:《中国艺术简史》,四川出版集团,四川文艺出版社,2009 年版。
35. 邵培仁等著:《媒介生态学——媒体作为绿色生态的研究》,中国传媒大学出版社,2008 年版。
36. 支庭荣著:《大众传播生态学》,浙江大学出版社,2003 年版。
37. 林少雄、吴小丽主编:《影视理论文献》,上海大学出版社,2005 年版。
38. 祁聿民、苏扬、李青著:《广告美学:原理与案例》,中国人民大学出版社,2003 年版。
39. 张印平、马持节编著:《电视广告创意与制作》,暨南大学出版社,2009 年版。
40. 胡菡菡编著:《广播电视广告》,南京大学出版社,2007 年版。
41.〔台〕樊志育著:《广播电视广告》,中国友谊出版社,1995 年版。
42. 顾伟列著:《中国文化通史》,华东师范大学出版社,2005 年版。
43. 王宏建主编:《艺术概论》,文化艺术出版社,2010 年版。
44. 彭吉象著:《影视美学》,北京大学出版社,2002 年版。
45. 蔡贻象著:《影视广告美研究》,中国广播电视出版社,2004 年版。
46. 全国广告专业技术人员职业水平考试参考教材编审委员会编著:《广告文案》(广告师),中国工商出版社,2011 年版。
47. 全国广告专业技术人员职业水平考试参考教材编审委员会编著:《影视广告》(广告师),中国工商出版社,2011 年版。
48. 全国广告专业技术人员职业水平考试参考教材编审委员会编著:《广告专业综合能力与法律法规》(助理广告师 . 广告师),中国工商出版社,2011 年版。
49. 李宗诚主编:《广告文化学》,郑州大学出版社,2008 年版。
50. 冯江平主编:《广告心理学》,华东师范大学出版社,2003 年版。
51.〔美〕霍珀・怀特著,〔台湾〕邱顺应译:《如何制作有效的广告影片》,企业管理出版社,2001 年版。
52.〔美〕阿尔伯特・拉斯克尔著,焦向军等译:《拉斯克尔的广告历程》,新华出版社,1998 年版。
53.〔美〕大卫・奥格威著,林白译:《一个广告人的自白》,中国友谊出版公司,1991 年版。
54.〔法〕让・波德里亚著,刘成富、全志钢译:《消费社会》,南京大学出版社,2006 年版。

55.〔美〕杰克逊·李尔斯著，任海龙译:《丰裕的寓言——美国广告文化中史》，世纪出版社，上海人民出版社，2005年版。

56.〔美〕克劳德·霍普金斯著，邱凯生译:《我的广告生涯和科学的广告》，新华出版社，1998年版。

57.〔美〕乔治·路易斯著:《蔚蓝轨迹》，海南出版社，1996年版。

58.〔英〕丹尼斯·麦奎尔著，崔保国、李琨译:《麦奎尔大众传播理论》，清华大学出版社，2006年版。

59.〔美〕里斯，特劳特著，王恩冕、于少蔚译:《定位》，中国财政经济出版社，2002年版。

二、影视资料来源

1. 2003年AD盛典

2. 广告饕餮之夜

3. 2003年莫比广告获奖作品

4. 龙吟榜

5. 疯狂广告网

6. 中国长城广告奖作品

7. 优酷网

8. 土豆网

9. 百度网

后　记

河北师范大学广告系于1994年建立，经过近20年的发展，为全国广告业界培养了大量人才。作为一名广告系的教师，每每想到这些总会感到一丝欣慰。在多年的广告教学中，对这个新兴专业的快速发展也有不少喜悦和感慨，自己总想为广告专业的发展多付出一些。正是基于这种最纯朴的专业情感，梳理了这些年《电视广告》教学的经验，博采多家之长，并结合广告发展实践，在注重理论与实践相结合、创新与发展相统一的基础上，完成了本教材的撰写。

《电视广告》这门课程在建系时就作为专业课开设了，但由于条件的欠缺，教材和视频资料都很有限，开始时只能借鉴相关的教学资料，视频则更多是一些光盘，教学内容受到限制，侧重于讲解电视广告创意方面。随着条件的不断改善，课程的内容和定位更加明确，注重从学生本身的学业基础、专业特色、知识构架等多角度去考量，使这一课程在不断建设中得以完善。2010年度该课程获得校级精品课建设资助项目，这为课程建设和发展提供了有力的保障。

《电视广告》作为一门实践性很强的专业必修课，更强调与现实业界的发展相接轨。为此，我在授课时就注重业界发展的动态，强化学生的实践能力培养，更多地让学生参与到教学过程中来，特别是针对学生缺乏影视知识的特点，采用多看、多做、多分析的方法，培养学生画面思维的习惯和能力等，这些做法取得了较好的效果。在本教材编写时，更突出了实践性和发展性，强化了案例教学的特点，将最经典、最新颖和最有代表性的案例引入教材，并对其进行了深入的分析和解读，以帮助学生从分析作品入手来学习创作电视广告的方法。

同时，为了方便师生使用这本教材，在中国传媒大学出版社的网站上链接了教材的课件和视频资料，以供参考之用。

本书的视频资料及画面截图由河北师范大学新闻传播学院广告系 2008 级赵宏强同学编辑提供，对此，深表感谢！

此外，还要特别感谢中国传媒大学出版社吴磊老师，她对本书的出版给予了细致的指导和审校；感谢学院马世昌老师的多次指教；感谢资料室钟树梅老师提供了大量的资料帮助；感谢学校教务处和科技处对本教材出版的各方面支持；感谢我爱人张文洲和女儿张航的亲情关注……正是在大家的热情关注和支持下，才会有自己成果的完成。

当然，由于本人才学疏浅，书中难免存在不完善之处，敬请专家、学者及广告界师生给予批评指正。

孙会

2012 年 2 月

图书在版编目(CIP)数据

电视广告/孙会著. —北京:中国传媒大学出版社,2012.2(2015.1重印)
ISBN 978-7-5657-0374-4

Ⅰ.①电… Ⅱ.①孙… Ⅲ.①电视—广告学—高等学校—教材
Ⅳ.①F713.80

中国版本图书馆 CIP 数据核字(2011)第 232011 号

电视广告

作　　者	孙　会
责任编辑	吴　磊
责任印制	曹　辉
出 版 人	蔡　翔
出版发行	中国传媒大学出版社
社　　址	北京市朝阳区定福庄东街 1 号　邮编:100024
电　　话	86—10—65450528　65450532　传真:65779405
网　　址	http://www.cucp.com.cn
经　　销	全国新华书店
印　　刷	北京艺堂印刷有限公司
开　　本	787×1092mm　1/16
印　　张	19.5
版　　次	2012 年 2 月第 1 版　2015年1月第3次印刷
书　　号	978-7-5657-0374-4/F·0374　定　价　45.00 元